Knaur

Über die Autorin:

Belinda Rodik ist als freie Journalistin, Werbetexterin und Drehbuchautorin tätig und beschäftigt sich seit zehn Jahren intensiv mit Tarot und Astrologie. Zur Zeit ist sie Vorsitzende des Deutschen Tarotvereins und hält Vorträge und Seminare zu Tarot und Astrologie.

Belinda Rodik

Der Tarotkurs für Einsteiger

Knaur

Besuchen Sie uns im Internet:
www.droemer-knaur.de

Originalausgabe Oktober 1999

Umschlaggestaltung: Peter F. Strauss
Redaktion: Alena Saglova
Satz: Setzerei Vornehm GmbH, München
Druck und Bindung: Ebner Ulm
Printed in Germany
ISBN 3-426-86204-2

2 4 5 3 1

Inhalt

Willkommen zum Tarotkurs! ... 9

Das Grundwissen – Die Karten ... 13

Teil I

DIE GROSSEN ARKANA ... 19

Der Narr ... 22
Der Magier ... 27
Die Hohepriesterin ... 31
Die Herrscherin ... 37
Der Herrscher ... 42
Der Hierophant ... 47
Die Liebenden ... 52
Der Wagen ... 56
Die Kraft ... 61
Der Eremit ... 65
Rad des Schicksals ... 69
Gerechtigkeit ... 75
Der Gehängte ... 79
Tod ... 83
Mäßigkeit ... 88
Der Teufel ... 92
Der Turm ... 98
Der Stern ... 102
Der Mond ... 106
Die Sonne ... 110
Gericht ... 113
Die Welt ... 116
Die 22 Stationen des Lebens ... 121

Teil II
DIE KLEINEN ARKANA 127

Übersicht 129

Der Satz der Münzen 131
Zwei der Münzen 132
Drei, Vier und Fünf der Münzen 136
Sechs, Sieben und Acht der Münzen 144
Neun und Zehn der Münzen 150
Die Hofkarten – Bube, Ritter,
Königin und König der Münzen 155
As der Münzen 164

Der Satz der Stäbe
Zwei, Drei und Vier der Stäbe 167
Fünf, Sechs und Sieben der Stäbe 174
Acht, Neun und Zehn der Stäbe 179
Die Hofkarten – Bube, Ritter,
Königin und König der Stäbe 184
As der Stäbe 193

Der Satz der Schwerter
Zwei, Drei und Vier der Schwerter 195
Fünf, Sechs und Sieben der Schwerter 202
Acht, Neun und Zehn der Schwerter 209
Die Hofkarten – Bube, Ritter, Königin
und König der Schwerter 215
As der Schwerter 224

Der Satz der Kelche
Zwei, Drei und Vier der Kelche 226
Fünf, Sechs und Sieben der Kelche 233

Acht, Neun und Zehn der Kelche 239
Die Hofkarten – Bube, Ritter,
Königin und König der Kelche 244
As der Kelche 252

Teil III
DAS LEGEN UND DEUTEN DER KARTEN 255

Bevor es losgeht – die wichtigsten Fragen 257
Das Rüstzeug zum Legen der Karten 262
Die Legemethode – das Keltische Kreuz
in zweifacher Form 264
Die Auslage der Karten und die Bedeutung
der einzelnen Positionen 265
Übung 268

Die ersten Schritte in der Deutung der Karten 270
Wie untergliedert sich die Deutung der Karten 270
Die logische Abfolge innerhalb des Kartenbildes 271
Die Elementeverteilung 275
Die Quersummenkarte 276
Übung 278

Die Kombination von Großer und Kleiner Arkana 279
Die Bedeutung der Karten auf den
Positionen 1, 2 und 4 284
Die Bedeutung der Karten auf den
Positionen 5, 3 und 6 290
Die Bedeutung der Karten auf den Positionen 7 und 8 295
Die Bedeutung der Karten auf den
Positionen 9 und 10 300

Legebeispiele – Einführung 306
Kartenbild 1 – Neuer Beruf 308
Kartenbild 2 – Partnerschaft 313
Kartenbild 3 – Bewerbung 318
Kartenbild 4 – Finanzielle Krise 327
Kartenbild 5 – Wohnung 332
Kartenbild 6 – Firmenfusion 337
Kartenbild 7 – Gehaltserhöhung 342
Kartenbild 8 – Privatleben 346
Kartenbild 9 – Berufsleben 352

Teil IV
LÖSUNGEN ZU DEN ÜBUNGEN ... 359

Willkommen zum Tarotkurs!

Bücher über den Tarot gibt es mittlerweile zur Genüge, doch immer wieder kommt es vor, daß die interessierten und wißbegierigen Tarotschüler solche Bücher entmutigt und enttäuscht zur Seite legen und damit auch den Tarot wieder vergessen oder lieber einen aufwendigen Kurs besuchen.
Warum ist das so? Nun, bislang gab es kein Buch, das wirklich so aufgebaut ist wie ein persönlicher Kurs. Zudem konnte ein Buch nicht den Lehrer ersetzen, der aufkommende Fragen sofort beantworten kann.
Der Ihnen vorliegende Tarotkurs in Buchform ist in dieser Hinsicht absolut neu. Er basiert auf jahrelanger Kurserfahrung, so daß die am häufigsten gestellten Fragen gesammelt und die Antworten in das Buch integriert werden konnten.
Hinzu kommt, daß Sie mit diesem Kurs immer dann arbeiten können, wenn es in Ihren zeitlichen Rahmen paßt! Der Aufbau des Buches ist auf den Tarotinteressierten zugeschnitten. Schritt für Schritt möchte ich Sie auf das große Ziel hinführen: die Tarotkarten sinnvoll legen und deuten zu können und sie möglicherweise auch für Meditationen und zur Bereicherung Ihres Unterbewußtseins und Seelenlebens verwenden zu können! Dafür ist es wichtig, daß Sie sich immer wieder verdeutlichen:

Der Tarot ist eine Sprache. Die Karten sind die Vokabeln.
Das Legen und die Deutung ist die Grammatik.
Jeder kann es lernen!

Wie ist der Tarotkurs aufgebaut?

Wie jeder vernünftige Sprachkurs ist auch der Tarotkurs nach einem bestimmten Schema aufgebaut.
In dem nachfolgenden Kapitel »Das Grundwissen – Die Karten« werden Sie zunächst mit der grundlegenden Unterscheidung der Karten in Große und Kleine Arkana bekannt gemacht und kurz in das wichtigste Hintergrundwissen zum Tarot eingeführt.
Im darauffolgenden ersten Teil des Kurses wird Schritt für Schritt auf die Symbolik jeder Karte des Großen Arkana eingegangen. Das Verständnis der Symbolik wird durch kurze Exkurse in Mystik, Zahlensymbolik, astrologisches und anderes notwendige Hintergrundwissen unterstützt. Ebenso wird im zweiten Teil mit allen Karten der Kleinen Arkana verfahren.
Noch spannender wird es schließlich im dritten und letzten Teil des Kurses, in dem wir uns mit dem Legen der Karten beschäftigen und anhand zahlreicher Beispiele die Deutung der Legebilder erlernen.
Am Ende eines jeden Kapitels finden Sie Übungen, bei denen Sie das eben Gelernte unter Beweis stellen können.
Die Lösungen zu diesen Übungen befinden sich am Ende des Buches ab Seite 359.

Wie lernen Sie mit dem Tarotkurs?

- Lernen Sie regelmäßig, aber nie zu viel auf einmal. Überfordern Sie sich nicht. Bedenken Sie: Wie lange würde ein normaler Kursabend dauern? Vergessen Sie aber auch nicht: Ein Kurs findet regelmäßig statt!

- Der Tarot ist eine Sprache, die nur darauf wartet, von Ihnen erlernt zu werden. Doch keine Angst – es gibt nicht unzählige Vokabeln, und die Grammatik ist mit einiger Übung in ihren Grundzügen leicht zu erfassen. Übung macht auch hier den Meister.
- Auch wenn Sie etwas nicht ganz verstanden haben, gehen Sie ruhig einen Schritt weiter – manche Dinge klären sich wie von selbst, wenn Sie weiter fortgeschritten sind! Jedem Kapitel und jeder Karte sind bereits zu Beginn Deutungsbeispiele angefügt, die Sie nicht gleich verstehen und noch weniger auswendig lernen müssen. Vielmehr geht es darum, Ihnen ein Gefühl für die Karten zu vermitteln. Keine Karte des Tarot hat nur negative Bedeutungen (mit Ausnahme des Teufels) – die Wandlungsfähigkeit der Karten und ihrer Aussagen sollen Ihnen mit den Deutungsbeispielen nahegebracht werden.

Was benötigen Sie zusätzlich, um mit dem Tarotkurs beginnen zu können?

1. Das Datenblatt, welches Sie auf Seite 20/21 finden, sollten Sie unbedingt kopieren. Sie brauchen während des gesamten Tarotkurses pro Kapitel ein neues für Notizen.
2. Unbedingt nötig ist ein Kartenset, und zwar die Rider-Waite-Karten. Es geht nicht darum, daß andere Kartensets schlechter wären, sondern darum, daß gerade der Tarotforscher A. E. Waite sehr stark mit Symbolik arbeitete und diese auch in seine Karten einfließen ließ. Möglicherweise erscheinen Ihnen die Waite-Karten ein wenig naiv oder zu bunt, doch gerade darin liegt der Schlüssel! Farben und jedes noch so kleine Detail auf den Karten erleichtern Ihnen den Zugang,

um die Symbolik entschlüsseln zu können und damit die Bedeutung der Karten zu erlernen. Später, wenn Sie geübter sind, können Sie zu jedem Set greifen, das Ihnen persönlich am meisten zusagt.

3. Halten Sie immer einen Stift bereit.
4. Verwenden Sie das Datenblatt, das im ersten Teil auf Seite 20/21 eingefügt ist. (Wer seine natürliche Scheu, in ein Buch zu schreiben, nicht überwinden kann, der kann es gerne kopieren.)

Ich wünsche Ihnen viel Spaß mit dem Tarotkurs und gutes Gelingen!

Das Grundwissen – Die Karten

Die Unterscheidung der Karten

Nehmen Sie alle Karten zur Hand, gehen Sie sie langsam Karte für Karte durch und betrachten Sie sie genauer. Fällt Ihnen der Unterschied auf? Denken Sie ruhig ein wenig darüber nach!
Fällt Ihnen kein Unterschied auf? Dann sortieren Sie doch die Karten folgendermaßen: alle Asse, Könige, Königinnen, Ritter und Buben auf einen Stapel. Alle Karten, die keine Beschriftung im unteren Bildteil tragen, kommen auf einen zweiten Stapel. Die übriggebliebenen Karten bilden den dritten Stapel.
Bei diesem dritten Stapel handelt es sich um die 22 Großen Arkana (Arkana: lat. Geheimnis). Sie stellen die Archetypen dar, grundlegende Situationen und Personen im Leben, von denen wir alle eine gleiche oder zumindest ähnliche Vorstellung haben. Z. B.: Mutter, Vater etc.
Die restlichen beiden Stapel bilden zusammen die 56 Kleinen Arkana. Sie sind folgendermaßen unterteilt:

Asse	Hofkarten	Zahlenkarten
vier Asse jeder Farbe	Könige, Königinnen, Ritter und Buben	Die Karten von Zwei bis Zehn

Bei jeder Kartenlegung liegt der Schwerpunkt auf den Großen Arkana, die Kleinen Arkana werden zur näheren Definition der Großen Arkana herangezogen.
Über die Karten müssen Sie nicht mehr wissen. Im folgenden ersten Teil des Buches werden wir uns fast ausschließlich mit den Großen Arkana beschäftigen.

Das Grundmuster der Karten

Das sogenannte *Diamantbild* zeigt Ihnen das Grundmuster, das Ihnen den Aufbau der Großen Arkana verdeutlichen kann. Merken Sie sich dieses und Sie werden ab sofort den Ablauf im Tarot-Zyklus der 22 Großen Arkana mit Leichtigkeit erkennen. Außerdem brauchen Sie dadurch später nie mehr verzweifelt nach der Numerierung der Karten zu spicken.

Das Diamantbild

Bitte beachten Sie gleich vorneweg:
Das Diamantbild ist kein Legesystem, sondern soll Ihnen in ganz einfacher Form das erste Verständnis für die Karten nahebringen.

Der Tarot ist nicht nur ein einfaches Kartenspiel zum Legen, Deuten und Weissagen. Hinter den Karten verbirgt sich vielmehr eine komplette Philosophie. Wer diese versteht, wird auch später keine Probleme haben, mit den Karten zu arbeiten.
Der Tarot ist ein Zyklus. Der Narr steht außen vor – alleine durch seine Numerierung mit der Null wird dies verdeutlicht. Nehmen Sie den Narren als Helden einer Geschichte, der ein Leben mit all seinen Höhen und Tiefen durchlebt, angefangen bei der Karte 1. Die Geschichte endet mit der Karte 21. Die Karten dazwischen sind die Stationen eines Lebens. Sie können jedes Leben anhand der Karten nacherzählen. Begebenheiten, Abenteuer und Verluste – alles findet sich darin wieder, auch die Entwicklung des Menschen vom Kind zum Erwachsenen und schließlich zum gereiften Dasein.

Das Diamantbild zeigt Ihnen nun diesen Lebenszyklus in ganz einfacher Form. Nehmen Sie dazu die Karten Der Narr, Die Hohepriesterin, Der Magier und Die Welt und legen Sie diese wie unten gezeigt auf:

Die beiden Karten Der Magier und Die Hohepriesterin stehen als Symbole für das Bewußtsein und das Unterbewußtsein eines Menschen.
Die Welt ist das höchste Ziel, das ein Mensch in seinem Leben erreichen kann. Die Welt vereint in harmonischer Weise das Bewußtsein und das Unterbewußtsein, was durch die zwei Stäbe in ihren Händen symbolisiert wird.
Der Narr ist der Held der Geschichte, deshalb steht er über den anderen Karten. Sein Ziel ist die Vereinigung von Bewußtsein und Unterbewußtsein, um Die Welt zu erreichen.

Der Narr ist eins mit Freude und Freiheit, er ist nicht gefangen in den Verwirrungen des täglichen Lebens. Wagt er den Sprung in die Entwicklung des Lebens, dann steht an erster Stelle die Bewußtwerdung – Der Magier. Diesem folgt das Reich des Unterbewußten – Die Hohepriesterin. Werden diese grundsätzlichen Dualitäten miteinander vereint, folgt darauf Die Welt – die Einheit. Diese führt unweigerlich wieder zurück zum Narren – doch diesmal ist er ein Weiser, der seine Erfahrungen gemacht hat, sie bewußt hinter sich läßt, auf seine wiedererwachten Instinkte hört und damit die Weisheit erlangt.

Hintergrundwissen

Ursprungsmythen des Tarot

Der Ursprung des Tarot liegt ebenso im dunkeln wie der Ursprung des Namens. Die Tarotforscher können sich hier nur auf Mythen und Legenden stützen.
Laut den einen stammt er aus Ägypten, laut anderen aus Persien oder Indien; er habe seinen Ursprung in der hebräischen Mystik; bei den Zigeunern oder gar im legendären Atlantis.
All diese Mythen und Legenden haben nur eins gemeinsam: den Glauben, daß es sich beim Tarot um ein komplexes, okkultes Wissenssystem handelt.

Die Archetypen

Als Archetypen bezeichnet man Urbilder der Seele, die im Unterbewußtsein eines jeden von uns gespeichert sind. Beispielsweise Mutter, Vater, Der Held, Der Teufel etc.
Den bereits im alten Griechenland bekannten Begriff des *Archetypus* (»Urbild«) prägte in unserem Jahrhundert der

Schweizer Psychoanalytiker C. G. Jung. Er selbst beschäftigte sich zwar nie wirklich mit dem Tarot, wurde aber wegen seinem besonderen Interesse für okkulte und paranormale Phänomene, die er psychologisch zu erklären suchte, von seinen Kollegen zuerst skeptisch betrachtet. Der Schüler Sigmund Freuds ist und bleibt trotz alledem der wegweisendste Forscher auf dem Gebiet der Psychoanalyse.
C. G. Jung äußerte sich über den Tarot: *»Es hat auch allen Anschein, als ob die Bildserien des Tarot Abkömmlinge der Wandlungsarchetypen wären.«* (Aus: *»Über die Archetypen des Unbewußten«*.)
Der große Tarotgelehrte Paul Foster Case war einer der ersten, der die Jungschen Archetypen mit dem Tarot in Verbindung brachte, und seit den 70er Jahren sieht die Tarotforschung gerade in den 22 Großen Arkana die symbolische Darstellung der Archetypen.

Dualismus

Dualismus – die philosophische Lehre von zwei Gegensätzen, die trotzdem miteinander verbunden sind. Z. B. Gott und Satan, Licht und Dunkelheit, gut und böse. Das eine braucht das andere, um überhaupt zu existieren.
Dualismus ist in allen Religionen und Mythen vertreten – denken Sie z. B. an Yin und Yang. Auch in unseren Märchen treten ganz klare Figuren auf – entweder Gut oder Böse; es gibt keine Mischformen wie im wirklichen Leben.
Wir begegnen dieser Problematik nicht nur in Mythen, sondern auch in unserem Alltag. Sie kann sich z. B. in unseren Hoffnungen und Wünschen einerseits und unserer Realität andererseits zeigen. Auch werden ein Bild, ein Roman oder ein Film niemals die Wirklichkeit selbst sein, sondern immer nur ein unzureichendes Abbild der tatsächlichen Wirklichkeit – auch das ist Dualität.

Auch Körper und Geist stehen sich oft als unversöhnliche Gegensätze gegenüber (z. B. in der Mystik), die es zu vereinen gilt. Der Tarot stellt einen westlichen Weg hin zu dieser Vereinigung dar.

Übung

1. Was bedeutet Arkana? lat. Geheimnisse
2. Wie werden die Karten unterteilt?
3. Wie viele Große Arkana gibt es? 22
4. Wie viele Kleine Arkana gibt es? 56
5. Was sind Archetypen?
6. Was bedeutet Dualismus?

Herzlichen Glückwunsch! Sie haben die erste Lektion geschafft!

2. 22 große, 56 kleine Arkana
Hofkarten
Zahlenkarten
Asse

5. Urbilder der Seele, die im Unterbewußtsein gespeichert sind

6. philosophische Lehre von Gegensätzen (zwei)

Teil I

DIE GROSSEN ARKANA

DATENBLATT

Welche Symbole kommen mir auf der Karte bekannt vor und was bedeuten diese Symbole?

Neue Symbole:

Vorherrschende Farbe auf der Karte und was bedeutet diese Farbe bzw. welches Gefühl löst sie in mir aus?

____

____

____

____

____

____

____

Was könnte die Karte aussagen?

____

____

____

____

____

____

____

____

Der Narr

Wie Sie bereits erfahren haben, könnte Der Narr auch am Ende der 22 Großen Arkana durchgenommen werden, doch betrachten Sie den Narren als den Helden einer Geschichte, der Sie nun für die nächsten 22 Stationen begleiten wird. Darum beginnen wir auch mit dem Narren!

Nehmen Sie die Karte des Narren zur Hand und studieren Sie sie ganz genau. Was fällt Ihnen auf? Was gefällt Ihnen an der Karte? Welche Empfindungen haben Sie, wenn Sie den Narren ansehen? Versuchen Sie, Ihre Gefühle in Worte zu fassen. Notieren Sie sich eventuell auch ein paar Stichpunkte, die Ihnen markant und wichtig erscheinen. Betrachten Sie zuerst die Karte aus Ihrem Set, gehen Sie erst dann dazu über, das oben dargestellte Bild zu betrachten!

Haben Sie Ihre Notizen aufgeschrieben? Gut, gehen Sie jetzt weiter zu der Illustration. Hier sehen Sie den Narren, markiert durch viele Nummern. Diese Nummern werden es Ihnen erleichtern, die nachfolgend beschriebenen Symbole zu finden (manche sind sehr klein dargestellt).

Gehen Sie Symbol für Symbol durch. Betrachten Sie alles sehr genau und lesen Sie erst dann weiter. Achten Sie auf die Numerierung und lassen Sie sich dieses Mal einfach führen. (Ab der nächsten Karte sind dann Sie gefragt!)

Und nun – auf zum Narren und hinein in den Zyklus des Tarot!

Die Symbolik des Narren im einzelnen

Die Darstellung des Narren erfuhr eine der größten Änderungen im Laufe der Geschichte des Tarot. Früher als zerlumpter, manchmal alter Bettler oder Wilder Mann dargestellt, wird er seit dem Tarot de Marseille (ca. 1760) meistens als fröhlicher junger Mann mit einem Tier zu Füßen gezeigt.

Null: Durch ihre Kreisform das Symbol der Ewigkeit.
Kopfbedeckung: Die Feder an seinem Hut (z. B. Rider-Waite-Tarot) symbolisiert seine Verbindung mit dem himmlischen Geist, dem Unbewußten, manchmal auch Luftschlössern und Visionen.
Kleid: Seit dem Tarot de Marseille wird Der Narr in bunter Kleidung dargestellt. Dies gilt als Symbol dafür, daß er sich außerhalb gesellschaftlicher Normen und Gesetze bewegt. Trotz der bunten Farben zeigt sein Kleid eine Art Muster – Symbol dafür, daß er eine Brücke zwischen Unterbewußtsein und Bewußtsein herzustellen vermag.
Schwarzer Stock/Stab: Symbol der Macht. Er trägt ihn locker über seine Schulter und zeigt damit, daß er seine Macht zwar mit sich trägt, aber auch sehr locker nimmt. Die Farbe Schwarz ist hier das Zeichen für das Unbewußte.
Beutel: Symbol der Erfahrungen, die Der Narr auf seiner Wanderschaft bereits gemacht hat. Diese Erfahrungen nimmt er mit sich, trägt sie aber locker und nimmt sie damit leicht. Seine früheren Erfahrungen ziehen ihn nicht hinunter.
Hund: Das Tier ist immer Symbol unserer Instinkte.
Weiße Rose: Alchimistisches Symbol der Weisheit. Diese hat Der Narr mit Hilfe seiner Instinkte und seiner Erfahrungen erlangt.

Blickrichtung: Er geht nach rechts und bewegt sich damit auf die Bewußtheit zu. Dadurch, daß er voranschreitet, soll das Wachsen des Bewußtseins durch gemachte Erfahrungen verdeutlicht werden.
Berge im Hintergrund: Symbole der Vermittlung zwischen den Dualitäten.
Archetyp: a) des Hofnarren. Fähig, Illusionen zu durchschauen, das Böse fernzuhalten (auch im Tarot ist Der Narr die einzige Karte, welche den Teufel in seiner Aussage mildern, wenn nicht gar »besiegen« kann). b) des Egos. Nach Jung: *»Nicht ich schaffe mich, ich geschehe vielmehr mir selber.«*

Die Deutung

- Auf die eigenen Instinkte vertrauen und auf sie hören, Mut, Optimismus, kindliche Freiheit mit der Erfahrung eines Erwachsenen, der Glaube an uns selbst. In einer Legung kann Der Narr durch seine Position anzeigen, wo eine Brücke geschlagen werden muß, um den Übergang von einer Lebensphase zur nächsten zu bewältigen. Spontaneität, Fröhlichkeit und unbekümmertes Losgehen auf ein Ziel.
- Wird in einer Legung nach einem Kind gefragt, so steht Der Narr für das Kind!
- Bezieht sich eine Frage auf einen Kinderwunsch, sollte Der Narr immer erscheinen – am besten als positives Endergebnis!

Hintergrundwissen

Symbolik

Ohne die Grundzüge der Symbolik zu kennen, erschließt sich die Weisheit der Tarotkarten keinem! Daher ist es absolut nötig, daß wir uns schrittweise an die Symbole des Tarot herantasten, die sowohl die Farben als auch die Zahlen, Positionen der Figuren auf den Karten und die abgebildeten Landschaften umfassen, um diese symbolisch zu erkennen und damit auch zu entschlüsseln! Für den Tarot von hauptsächlicher Bedeutung sind zwei Gebiete der Symbolik: Farbsymbolik und Zahlensymbolik (Zahlenmystik).

Farbsymbolik

Die Farbsymbolik des Tarot ist eine Mischform der astrologischen, alchimistischen und christlich-kabbalistischen Farbsymbolik.

Jede Tarotkarte der Großen Arkana ist vornehmlich von einer oder zwei Farben dominiert. Doch auch die Farbgebung der Kleidung, der Umgebung etc. ist maßgeblich entscheidend. In den nächsten Lektionen werden Sie alle für den Tarot wichtigen Farben kennenlernen.

Gelb

In der Farbsymbolik ist diese Farbe dem Geist zugeordnet. Sie sehen, die beherrschende Farbe im Hintergrund des Narren ist Gelb – er ist ein Produkt des Geistes und lebt in einer Welt der Phantasie und der Kreativität.

Doch zuviel von Gelb, und man wird redselig und möglicherweise auch sarkastisch. Bisweilen kann ein Zuviel dieser Farbe bewirken, daß die Zunge geschliffen scharf wird und man einigen Menschen verbal empfindlich zu nahe tritt.

Zahlenmystik

Die Null

(von lat. nulla figura = kein Zeichen)

In früheren Zeiten wurde die Null durch einen Punkt symbolisiert. Nach kabbalistischer Tradition wird auch Gott mit einem Punkt symbolisiert. Sie können nun den Narren als »Gott« im Sinne von Anfang und Ende betrachten oder als Mittelpunkt des gesamten Kreislaufs der Karten.
Zahlensymbolisch ist die Null das Chaos, die Idee vor der Tat. Auch Der Narr steht außerhalb des Tarotzyklus.
Erst der Tarotforscher Eliphas Lévi ordnete dem Narren die Null zu, da Der Narr ohne Zahlzuordnung war. (Da Der Narr im italienischen Tarot noch keine Numerierung besaß, erhöhte er den Wert jeder Karte, mit der er in Verbindung auftrat. Denken Sie an die Funktion des Jokers in herkömmlichen Kartenspielen.)
Mit der Null wird symbolisiert, daß Der Narr zugleich Ende und Anfang des Tarotzyklus ist. Er steht als Figur am Beginn seiner spirituellen Reise und hat sie gleichzeitig bereits hinter sich.

Übung

Versuchen Sie, die folgenden Fragen zu beantworten, ohne dabei in Ihre Notizen oder in das Buch zu »spicken«! Viel Erfolg!

1. Was bedeutet der kleine Hund zu Füßen des Narren?
2. Welche Hauptfarbe beherrscht die Karte des Narren?
3. Was bedeutet die Null?
4. Welchen Archetypus verkörpert Der Narr?
5. Was bedeutet der Stab und hat es Aussagekraft, wie Der Narr ihn hält? Wenn ja, welche Bedeutung kommt dem zu?
6. Was sagt die Farbe Gelb aus?
7. Welche sind die Hauptbedeutungen des Narren?
8. Warum wird Der Narr den Abhang nicht hinabstürzen?
9. Kann Der Narr auch negative Bedeutungen haben?

Der Magier

Sie haben nun bereits einen großen Schritt nach vorne getan und wissen jetzt, wie Sie die Symbolik einer Karte entschlüsseln und sich damit auch Zugang zur Aussage dieser Karte verschaffen können.
Erinnern Sie sich daran, daß alles auf der Karte symbolischen Charakter hat: Farbe, Motive, Blickrichtungen, Gegenstände, Tiere, Personen und deren Kleidung.
Betrachten Sie nun die Karte des Magiers. Studieren Sie sie genau und gehen Sie zum Datenblatt über. Notieren Sie alles, was Ihnen an der Karte auffällt. Und haben Sie auf keinen Fall Scheu davor, alles zu notieren, auch wenn Sie lediglich die Symbole aufschreiben und deren Bedeutung möglicherweise nicht wissen. Das ist selbstverständlich. Doch vielleicht finden Sie ja sogar Symbole, die Sie von der ersten Karte bereits kennen? Und Sie sollen natürlich auch Ihre eigenen Gedanken einbringen – denn so wird Lernen zum Spiel. Viel Spaß!

Die Symbolik des Magiers im einzelnen

Die Reise unseres Helden, des Narren, beginnt nun mit dem Magier.
Nehmen Sie Ihre Notizen zur Hand und vergleichen Sie, was Sie selbst bereits wußten oder erarbeitet haben! Sie werden staunen und sich ziemlich gut fühlen, denn einige Dinge konnten Sie bereits finden und wiedererkennen!

Vorherrschende Farbe: Gelb. Der Magier ist die Karte der Intelligenz, der bewußten Erschaffung von Dingen, daher ist Gelb seine Farbe, denn sie steht für Kreativität und Geist.
Zahl Eins: Bereits die aufrechte Schreibweise der Eins verdeutlicht ihre Symbolik: Durch die Eins werden Himmel und Erde miteinander verbunden, sie ist das Zeichen des Bewußtseins des Menschen.
Lemniskate: Das Zeichen über dem Haupt des Magiers wird auch die kosmische Acht genannt und ist das Zeichen der Unendlichkeit. Die Lemniskate symbolisiert auch die unendliche Schöpfungskraft des Magiers.
Kleidung: Ein roter Mantel ist immer Symbol der Macht. Die Macht des Magiers ist die Macht über die Natur. Das weiße Kleid ist ein Symbol für die Reinheit seines Geistes.
Stab: Symbol der Macht. Er hält seine Macht bewußt (rechte Seite) in Händen und deutet damit in die Höhe, was zeigt, daß er Ideen aus dem Reich der Phantasie holt. Mit der anderen Hand zeigt er zu Boden und deutet damit darauf hin, daß er seine Ideen auch manifestiert, auf den »Boden der Tatsachen« bringt!
Tisch mit den vier Symbolen: Vier Symbole liegen vor ihm. Daß alle vier Symbole der vier Tarot-Sätze vor ihm liegen, bedeutet, daß er fähig ist, alle Kräfte der Natur, der Welt für sich zu nutzen, je nachdem was er braucht.
Lilien: Symbole der Reinheit und durch die Anzahl der Blütenblätter auch der Dreieinigkeit. Auch ein Symbol der Lichtwerdung – des Beginns der Schöpfung.
Rote Rosen: Symbol der Fruchtbarkeit und der göttlichen Liebe. Alchimistisches Symbol als Sinnbild komplexer Zusammenhänge. Der Magier kann diese erfassen und in eine Tat umwandeln.
Blumengarten: Der Blumengarten symbolisiert die allgegenwärtige Natur und zeigt auf, daß kreative und emotionale Macht

in der Realität gefestigt werden müssen, wenn wir sie nutzen wollen. So wie Der Magier seine Energien gezielt zur Umsetzung einer Idee in die Realität einsetzt.
Archetyp: des Gauklers/Tricksters – hier werden von manchen Tarotautoren Vergleiche zu Merlin gezogen, der als Illusionär und Trickster auftrat, aber auch als weiser Mann mit unbegrenzten magischen Fähigkeiten.

Die Deutung

- Zum einen ist Der Magier ein Symbol für die ersten Schritte in einer Angelegenheit, dem Beginn einer neuen Lebensphase.
- Er kann auch einen Menschen symbolisieren, der sich alle zur Verfügung stehenden Möglichkeiten zunutze machen kann. Wenn er Ideen hat, müssen diese in die Tat umgesetzt werden, ansonsten würde er innerlich zerrissen werden.
- Bewußtes Handeln ist gefragt.
- In einer gerichtlichen oder gesundheitlichen Frage stellt Der Magier oft den Anwalt oder den Arzt dar.
- Ist die Karte positiv durch eine Kleine Arkana erklärt, ist der Betreffende ein Könner.

Hintergrundwissen

Zahlenmystik

Als sogenannte Grundzahlen werden die Zahlen von Eins bis Neun bezeichnet, da aus ihnen alle anderen Zahlen entstehen. Die Grundzahlen könnte man auch als die »mächtigsten« unter den Zahlen bezeichnen – wieder aus dem Grund, daß sie den Urgrund aller anderen Zahlen bilden.

Manchmal wird auch die Zehn noch als Grundzahl gesehen, da sie aber bereits in eine Quersumme »zerlegt« werden kann, gilt sie in der Numerologie eigentlich nicht mehr als Grundzahl. Die Quersummenzahl ergibt sich z. B. bei 10 folgendermaßen: 1 + 0 = 1.
Eine andere Art der Zahlen sind noch die Meister- oder Kettenzahlen. Sie bilden sich aus der Verdoppelung einer Grundzahl: 11, 22, 33 etc.

Eins
Sowohl in der hebräischen Zahlenmystik als auch bei den Pythagoräern wurde die Eins nicht als Zahl angesehen, sondern als das Alles-Seiende, das aus dem Nichts (Null) erschaffen wurde. Auch Der Magier als die erste Karte der Großen Arkana zeigt den Beginn eines Prozesses der Bewußtwerdung. Mit ihm setzt sich der Zyklus des Werdens in Gang. Nach dem fröhlichen Narren ist Der Magier zur Ruhe gekommen, und die Entwicklung beginnt. Er symbolisiert den Willen, die Idee, die aus dem Nichts kam, in die Realität zu holen, sie Wirklichkeit werden zu lassen.

Übung

1. Was sagen Rosen aus?
2. Was bedeuten Lilien?
3. Was ist eine Lemniskate?
4. Warum trägt Der Magier diese über seinem Kopf?
5. Welche Bedeutung hat die Kleidung des Magiers?
6. Worin liegt der Unterschied zwischen Magier und Narr?
7. Welche Farbe beherrscht den Magier?
8. Was bedeutet die Eins in der Zahlensymbolik?

Die Hohepriesterin

Der Magier ist Ihnen nun wahrscheinlich schon sehr vertraut. Mit ihm haben Sie die erste Karte im Zyklus des Tarot nach dem Narren kennengelernt. Oder besser gesagt: Die erste Station des Narren auf seiner Reise liegt hinter uns.
Mit der Hohenpriesterin beginnt nun die zweite Station. Während Der Magier das aktive Prinzip verkörpert und damit auch das Bewußtsein, die Handlung und die Tätigkeit, symbolisiert Die Hohepriesterin nun seine Gegenseite. Dies läßt sich auch anhand der Symbolik leicht erkennen!
Sie wissen nun bereits, wie Sie vorgehen sollen, um am meisten über eine Karte herauszufinden. Manche Symbole sind neu, andere wieder sind Ihnen schon bekannt, vielleicht in etwas abgewandelter Form. Lassen Sie sich von der Hohenpriesterin inspirieren, und finden Sie soviel wie möglich über sie heraus!

Die Symbolik der Hohenpriesterin im einzelnen

Greifen Sie nun wieder zu Ihren Notizen, und Sie werden sehen – erste Erfolge stellen sich bereits ein!
Vorherrschende Farbe: Blau. Die Hohepriesterin ist die Karte des Unterbewußten, der Kraft der Seele und der Intuition, daher ist Blau ihre Farbe. Blau symbolisiert das Denken, einen kühlen Geist und inspiriert zu höherem Wissen.
Zahl Zwei: Die Zahl der Dualität, des Gleichgewichts, aber auch des Gegensatzes. Die Dualität ist auf der Karte der Hohen-

priesterin immer wieder symbolisiert (z. B. die zwei Säulen). Die Zwei ist auch die Zahl des Mondes und der Frau.

Kleidung: Die Kleidung der Hohenpriesterin ist dem ägyptischen Isis-Kult entlehnt. Der blaue Mantel symbolisiert Schutz und Vollkommenheit. Dadurch, daß sie beinahe ganz in Blau gekleidet ist (mit dem Weiß der Reinheit verbunden), wird auch verdeutlicht, daß sie die Kraft der intuitiven Erkenntnis besitzt.

Tora: Die Rolle in Händen der Hohenpriesterin stellt die Tora, die fünf Bücher Mose, dar. Sie ist eingeweiht in dieses Wissen. Aber es ist nur ihre linke Hand zu sehen, dies bedeutet, daß uns dieses Wissen immer nur unbewußt zugänglich sein wird. (Linke Seite steht für das Unterbewußtsein.)

Mondsichel: Das erneute Aufzeigen der Verbindung des Mondes mit dem Weiblichen. Der Mond ist das Symbol des Geheimnisvollen.

Krone der Isis: Auf ihrem Haupt trägt Die Hohepriesterin die Isiskrone. Diese zeigt den Mond in seinen Phasen an und stellt erneut den Mond als Kraft der Weiblichkeit an die Seite der Hohenpriesterin.

Schleier der Isis: Die Art »Vorhang« im Rücken der Hohenpriesterin wird Schleier der Isis genannt. Er verdeckt die dahinterliegenden Wasser nicht komplett, um zu symbolisieren, daß uns die Wasser der Seele und des Unterbewußten zwar bereits etwas sichtbar werden, wir uns aber des Unterbewußtseins niemals vollständig bewußt werden können. Die Palmen auf dem Schleier der Isis symbolisieren das ewige Leben und sind damit auch Zeichen der Seele. Die andere Darstellung zeigt Granatäpfel, das Symbol der Fruchtbarkeit (hier die Fruchtbarkeit des Geistes und des Unbewußten, der Seele).

Wasser: Das Kleid der Hohenpriesterin sieht aus, als würde es zu Wasser werden, und auch im Hintergrund ist eine Wasser-

oberfläche zu sehen. Wasser ist das Symbol unserer Seele. Die Hohepriesterin ist damit Hüterin der Geheimnisse der Seele.
Boaz und Jakin: Die beiden Säulen zur Seite der Hohenpriesterin werden als »Boaz« und »Jakin« bezeichnet. Diese Namen trugen die zwei Hauptsäulen des Tempels von Jerusalem. Sie stellen erneut die Dualität des Lebens dar. Aktivität braucht Passivität, Weißes braucht Schwarzes etc.
Archetyp: Die geheimnisvolle, weise Frau (im Gegensatz zur Herrscherin).

Die Deutung

- Die Intuition soll innerhalb der gestellten Frage eine wichtige Rolle spielen. Also »aus dem Bauch heraus« handeln.
- Die Karte kann einen Menschen symbolisieren, der sehr intuitiv agieren kann.
- Unbewußtes Handeln ist gefragt. Wenn jedoch die Kleine Arkana negativ zu interpretieren ist, sollte sich der Fragende auf sein Bewußtsein stützen und aktiv eingreifen.
- Bezieht sich die Frage auf das Berufsleben, kann sie auch für einen beruflichen Vertragsschluß stehen.
- Die Hohepriesterin kann auch die Karte der Freundschaft sein. Achtung: In einer Beziehungsfrage deutet Die Hohepriesterin auf eine nicht sexuelle Beziehung hin – eine Freundschaft! (Dies kann auch bei Ehepaaren geschehen, die ihre Partnerschaft nicht mehr sexuell ausleben o. ä.)

Hintergrundwissen

Zahlenmystik

Die Grundzahl Zwei ist die Zahl der Veränderung, des Gegensatzes und der Empfänglichkeit. Sie ist in ihrer Symbolik stark mit dem Mond und damit auch mit dem Weiblichen verbunden. Bezeichnenderweise wurde die Zwei in der Zahlenmystik lange als »böse, unreine« Zahl betrachtet. Dies rührt möglicherweise daher, daß Gott am zweiten Schöpfungstag nicht sprach »Und es war gut«.

Auch in ihrer geometrischen Symbolik zeigt die Zahl erneut die Dualität an, die sie verkörpert. Sie wird durch eine Trennlinie geometrisch dargestellt. Diese Trennlinie kann aber auch als Verbindungslinie betrachtet werden. Also: die Verbindung von Gegensätzen.

In der Kabbala wird die Zwei als das Symbol der Lebenskraft in allen Lebewesen betrachtet. Da Die Hohepriesterin in enger Verbindung mit der Seele steht, kann auch sie als die Lebenskraft, die in allen Lebewesen wohnt, angesehen werden.

Farbsymbolik

Blau ist in der Farbsymbolik das Symbol für Loyalität, Vertrauen, Frieden und Schutz. Sie verleiht ihrem Träger Ruhe, Entspannung und Integrität.

Blau ist eine sehr kühle Farbe und kann bei einem Zuviel der Farbe auch in Reserviertheit und Melancholie umschlagen.

Da Die Hohepriesterin beinahe gänzlich in Blau gekleidet ist, strahlt sie Ruhe und Frieden aus, aber auch, daß sie die Macht der intuitiven Erkenntnis besitzt. Sie kann ihren Gefühlen lauschen und aus den tiefen Wassern der Seele schöpfen.

Geschichte des Tarot

Die legendäre Päpstin

Über die Karte der Hohenpriesterin wird besonders viel spekuliert. Den Titel »Hohepriesterin« führte der Tarotforscher Gebelin ein, da er einen ägyptischen Ursprung der Karten vermutete. Vorher trug die Karte den Namen »Päpstin«.

Da die ältesten uns bekannten Karten keinen Namen unter dem Bild tragen, ist es allerdings schwer zu beurteilen, ob dies auch tatsächlich die ursprüngliche Bedeutung war!

Über das Bild der Päpstin scheiden sich die Geister im Tarot: Manche Autoren sehen in ihr die legendäre Päpstin Johanna. Eine Frau namens Johanna soll im 9. Jahrhundert den Papstthron bestiegen haben und unentdeckt mehrere Jahre als Papst regiert haben. Angeblich war bis ins Jahr 1601 eine Statue Johannas als Päpstin in der Kathedrale von Siena errichtet – neben den Statuen der anderen Päpste. 1601 soll sie auf Anordnung von Clemens VIII. in die Statue von Papst Zacharias »umfunktioniert« worden sein. Des weiteren soll die Geschichte der Päpstin Johanna auch in offiziellen Dokumenten der Kirche bestätigt gewesen sein, die später (im 17. Jh.) vernichtet wurden oder verschwanden. Zumindest aber läßt sich sagen, daß die Geschichte oder die Legende der Päpstin Johanna von den Menschen bis ins späte 14. Jh. als wahre Begebenheit akzeptiert wurde. Selbst die großen italienischen Dichter der Frührenaissance Boccaccio und Petrarca sollen über sie geschrieben haben!

Dennoch scheint die zweite Version der Päpstin des Tarot schlüssiger zu sein, nimmt man den Ursprung der Karten in der italienischen Renaissance als gegeben hin. Sieht man in den Tarotkarten auch ein Dokument der Familiengeschichte der Mailänder Herzöge – der Viscontis und Sforzas –, so kann man die Päpstin als Manfreda Visconti betrachten, eine Ahnin der Visconti/Sforza-Familie, für die die Karten höchstwahrscheinlich geschaffen wurden. Sie war in der Sekte des Joachim von Fiore, der für das Jahr 1300 das Zeitalter des »Heiligen Geistes« voraussagte. Mit diesem neuen Zeitalter sollte eine neue Ära der Menschheit beginnen. Zum Zeichen dafür wurde Manfreda Visconti zur Päpstin ausgerufen – und nur wenig später vom Papst zum Tod auf dem Scheiterhaufen verurteilt (wegen Ketzerei).

Übung

1. Was bedeutet Wasser in der Symbolik?
2. Kann Die Hohepriesterin auch negativ wirken?
3. Wer war Isis?
4. Was bedeutet der blaue Mantel der Hohenpriesterin?
5. Worin liegt der Unterschied zwischen Magier und Hohenpriesterin?
6. Was sagt die Zwei in der Zahlenmystik aus?
7. Was bedeutet die Krone der Isis?
8. Warum hält Die Hohepriesterin die Tora in ihren Händen?
9. Was bedeutet die linke Seite in der Symbolik?

Die Herrscherin

Wir verlassen nun die eindeutigen Prinzipien der Dualität: den Magier als das Prinzip des Aktiven, des Bewußtseins und Die Hohepriesterin als das Prinzip des Passiven, des Unterbewußtseins.
Im Leben findet man jedoch selten derart eindeutige Charaktere. Im wirklichen vermengen sich die Prinzipien miteinander. Nichts ist eindeutig nur aktiv oder nur passiv. Mit der Herrscherin wird nun unser Held einen Sprung in das wirkliche Leben wagen. Mit der Herrscherin beginnt die Vermengung der Prinzipien, eine Mischform tritt zutage.
Die Herrscherin wird auch als sogenannte »Saatkarte« bezeichnet, da sie die Saat für eine neue Bewegung innerhalb des Tarotzyklus in sich trägt. Jede dritte Karte der Großen Arkana trägt eine Saat in sich und bringt sozusagen neuen Schwung in den Verlauf des Zyklus.
Achten Sie nun genau auf die Symbolik der Herrscherin.

Die Symbolik der Herrscherin im einzelnen

Wie bereits oben angeführt, ist Die Herrscherin eine Art Beginn innerhalb des Tarotzyklus. Die statische Welt von Aktiv und Passiv, also von Magier und Hoherpriesterin, wird nun verlassen.
Nehmen Sie nun Ihre Notizen zur Hand und gehen Sie durch, was Sie bereits über Die Herrscherin herausfinden konnten und was Ihnen neu ist!

Gelb (die vorherrschende Farbe der Karte zusammen mit Rot und Orange: Da Gelb die Farbe der Bewußtheit ist, deutet dies natürlich darauf hin, daß Die Herrscherin im Gegensatz zur Hohenpriesterin ihre Vorzüge sehr bewußt einsetzt.

Zahl Drei: In der Zahlenmystik wird der Drei die Fähigkeit zugeordnet, Gegensätze miteinander zu verbinden.

Wappenschild: Das Wappenschild, welches an der Seite ihres Thrones lehnt, ist mit dem Venuszeichen versehen. Die Venus gilt als Planet der Kreativität, der Harmonie, der Kunst, der Schönheit und der Liebe. Sie ist aber auch das Zeichen der Astarte – der Großen Göttin. Diese syrische Fruchtbarkeitsgöttin wurde später zur Ishtar, Aphrodite etc.

Venuskleid: Auch auf dem Kleid der Herrscherin findet sich das Venussymbol wieder – hier als Zeichen der Fruchtbarkeit.

Garten: Die üppige Vegetation auf der Karte spricht erneut von Fruchtbarkeit, aber auch von der überschwenglichen Art der Herrscherin. Astarte war auch die Göttin des Kornes und damit auch der Fruchtbarkeit.

Fluß: Das Wasser ist generell das Symbol der Seele, des Unterbewußten. Im Gegensatz zur Hohenpriesterin ist hier keine große Wasseroberfläche, sondern ein kleiner Fluß zu sehen. Der Fluß symbolisiert die Einheit von Wandel und Stabilität. (Der Fluß ist immer der gleiche, aber das Wasser immer ein anderes.)

Kissen: Das orangefarbene Kissen in ihrem Rücken ist Zeichen ihres Selbstbewußtseins.

Zepter: Die Herrscherin trägt ein goldenes Zepter in ihrer rechten Hand als Zeichen dafür, daß sie ihre Macht sehr bewußt (rechte Seite) einsetzt.

Sternenkrone und Halskette: Zwölf sechszackige Sterne in der Krone, auch Hexagramme oder Davidsterne genannt, symbolisieren den gesamten Tierkreis. Die Halskette besteht aus neun

Perlen als Zeichen für die neun Planeten (die Sonne ist die »Kugel« auf dem Zepter). Somit ist Die Herrscherin in das Universum eingebettet als Zeichen dafür, daß ihre Fruchtbarkeit aus dem Zusammenwirken des ganzen Lebens resultiert.
Lorbeerkranz: Lorbeer als Symbol des Sieges. Die Herrscherin hat das Universum »besiegt«, sie be-herrscht es. Hier zeigt sich auch der Doppeleffekt der Herrscherin, sie kann manchmal auch zu genußsüchtig und rachsüchtig werden. (Zum Vergleich gilt hier die »grausame Mutter Natur«.)
Archetyp: die Mutter, die Weiblichkeit in ihrer aktiven, nicht verborgenen Seite.

Die Deutung

- Die Herrscherin symbolisiert in einer Kartenlegung mit einem Mann als Fragesteller häufig die Ehefrau, Mutter oder Geliebte.
- Generell symbolisiert Die Herrscherin eine Frau, die sehr bewußt ihre weiblichen Reize einsetzen kann, die aber auch mütterliche Instinkte in sich trägt.
- Souveränes weibliches Handeln ist gefragt. (Mit sanfter Bestimmtheit.)
- Wird ein Mann mit der Herrscherin symbolisiert, so muß er darauf achten, ob seine weiblichen Seiten nun zum Einsatz kommen sollten oder nicht (je nach Aussage der Kleinen Arkana).

Hintergrundwissen

Zahlenmystik

Drei

Die Grundzahl Drei galt schon von alters her als heilige Zahl. In der Kabbala verbindet die Drei die Weisheit der Zahl Zwei mit der Erkenntnis der Zahl Eins zu einer Einheit und ist damit eine vollendete Zahl.

Die Drei spielt und spielte in vielen Religionen als Trinität, Dreieinigkeit, eine wichtige Rolle. Die Trinität: Gott-Vater-Sohn, Isis-Osiris-Horus etc. Auch in Märchen taucht die Drei oft als entscheidende Zahl auf (drei Töchter, drei Prinzen, drei Lösungen, drei Nächte muß man wachen etc.).

Das geometrische Symbol der Drei ist das Dreieck. Ein Hexagramm besteht aus zwei Dreiecken: dem mit der Spitze nach unten gerichteten Wasserdreieck und dem nach oben gerichteten Feuerdreieck.

Die Herrscherin trägt eine dreieckige Sternenkrone auf ihrem Haupt und symbolisiert damit, daß sie das männliche Prinzip (herrschen) durch ihre eigene Person mit dem weiblichen Prinzip vereinigt. Auch hier spiegelt sich die eigentliche Zahlenmystik wider: Die Drei ist die Vereinigung von Eins und Zwei.

Astrologie

Venus

In der Astrologie gilt die Venus als Planet der Liebe, der Harmonie und der Ästhetik.

Die Venus wird zwei Tierkreiszeichen zugeordnet: Stier und Waage. Die Stier-Venus symbolisiert die sinnliche Göttin, während die Waage-Venus die Ästhetik der Harmonie widerspiegelt.

Die Herrscherin wird der Stier-Venus zugeordnet, da sie in einem üppigen Garten der Sinnenfreuden regiert und herrscht.

Übung

1. Was symbolisiert Venus?
2. Wer war Astarte?
3. Was ist ein Hexagramm?
4. Wo spielen das Wasser- und das Feuerdreieck eine ganz besondere Rolle?
5. Was besagt die Drei?
6. Was symbolisiert ein Fluß?
7. Was ist ein Davidstern?
8. In welchem Zusammenhang steht Die Herrscherin mit Astarte?

Der Herrscher

Mit der Herrscherin haben Sie im Zyklus des Tarot die Welt in einer neuen Form betreten. Während Magier und Hohepriesterin noch klare polare Gegensätze symbolisieren, zeigte Die Herrscherin bereits Mischformen auf. Sie kann fruchtbar sein, aber auch überschwenglich oder genußsüchtig. Zudem symbolisiert Die Herrscherin die Frau, die Mutter. Der Herrscher ist sozusagen ihr Gegenstück auf dem Weg durch den Tarot.

Betrachten Sie den Herrscher genauer. Wie und wodurch unterscheidet er sich von der Herrscherin, der Weiblichkeit? Und welche Symbole entdecken und erkennen Sie vielleicht schon?

Die Symbolik des Herrschers im einzelnen

Ihre Notizen sind an dieser Stelle wieder gefragt. Lassen Sie sich überraschen – Sie konnten nun bestimmt schon mehr über die Karte herausfinden, als Sie vielleicht angenommen haben!

Orange: Die beherrschende Farbe dieser Karte ist Orange. Die Herrscherin hatte bereits ein orangefarbenes Kissen in ihrem Rücken, doch erst Der Herrscher wird dominiert von Orange. Die Farbe ist eine Mischung aus mächtigem Rot und kreativem Gelb und symbolisiert damit Selbstbewußtsein.

Zahl Vier: In der Zahlenmystik die Zahl der Ganzheit. Das Ende der Dualität ist die Vier, sie verbindet nun alle Einheiten zu einem Ganzen.

Roter Mantel: Symbol der weltlichen Macht (soziale und gesellschaftliche Macht).
Ritterrüstung unter dem Mantel: Symbol der Reglements der Gesellschaft, denen er sich zum Teil unterwirft, da er die Gesellschaft repräsentiert und sie beherrscht.
Bart: Symbol seiner Weisheit.
Steinerner Thron: Der Thron erneut als Symbol der Macht, da er aus Stein ist, symbolisiert er eine nach festgelegten Regeln und Traditionen ausgeübte Macht.
Widderköpfe: Vier Widderköpfe an den Seiten des Thrones betonen zum einen erneut die Vier, zum anderen symbolisiert der Widder in der Astrologie Energie, Expansion, Kraft, Vitalität, aber auch Aggression und Wut. Das Symbol des Widders ist auch die vermeintliche »Schleife« auf der Krone des Herrschers.
Zepter in der rechten Hand: Der Herrscher übt seine Macht mit voller Bewußtheit aus.
Reichsapfel/Lebensapfel in der linken Hand: Als Reichsapfel symbolisiert er erneut die Weltherrschaft. Der Lebensapfel ist eine Frucht vom Baum der Erkenntnis und steht damit sinnbildlich als Zeichen des spirituellen Wissens, das Der Herrscher unbewußt in sich trägt.
Fluß im Hintergrund: Das Wasser als Symbol der Seele ist auf dieser Karte nur sehr spärlich vorhanden. Dies bedeutet, daß Der Herrscher zur Ausübung seiner Macht nach festgelegten Normen handelt und mit seiner Seele nicht in so umfangreichem Kontakt steht wie Die Herrscherin.
Felsen im Hintergrund: Die Stärke seiner Persönlichkeit wird erneut zum Ausdruck gebracht.
Archetyp: a) der Vater, b) die Gesellschaft in Form von Regeln und sozialen Normen.

Die Deutung

- Der Herrscher stellt meist einen Mann dar. In privaten Fragen den Vater oder Ehemann, in beruflichen Fragen oftmals den Vorgesetzten.
- In Rechtsstreitigkeiten ist Der Herrscher der Richter oder aber der Richtspruch selbst. Er kann den Rechtsstreit auch übergeordnet, nicht personenbezogen repräsentieren.
- Soziales Handeln nach gesellschaftlichen Regeln ist gefragt.
- In seiner negativen Seite kann Der Herrscher auch kalt und gefühllos werden durch zu betontes Festhalten an den Regeln. Wenn die Kleine Arkana negativ ist, muß der Betreffende seine Strenge etwas lockern.

Hintergrundwissen

Zahlenmystik

Vier

Der Grundzahl Vier kommt in der hebräischen Zahlenmystik ganz besondere Bedeutung zu: Mit ihr ist alles erreicht, was man in dieser, der sichtbaren Welt erlangen kann. Dies kommt folgendermaßen zustande: 1+2+3+4 = 10, die göttliche, heilige Zahl. Durch Verbindung aller Erscheinungen dieser Welt (die Zahlen 1, 2, 3 und 4) entsteht die jenseitige, göttliche Welt, die 10.

Für die hebräische Mystik ist die Vier die Grundlage zum Aufbau dieser Welt.

Die Vier wird oftmals mit einer Ganzheit in Verbindung gebracht: Es gibt vier Evangelisten, vier Himmelsrichtungen, vier Paradiesflüsse, vier Elemente etc.

Die geometrische Darstellung der Vier ist ein Körper. Die Vier wird durch die Unterteilung in Länge, Breite, Höhe und Tiefe auch die räumliche Zahl genannt. Der Herrscher im Tarot gibt innerhalb des Zyklus der Welt die soziale Ordnung.

Farbsymbolik

Orange

Orange ist eine Mischung aus Rot und Gelb. Rot ist die Farbe der Macht, während Gelb die Farbe des kreativen Geistes symbolisiert. Zusammengenommen ergeben sie das Orange des Selbstbewußtseins.

In der Farbtherapie wird die Rückenpartie eines depressiven Patienten wenige Minuten pro Tag mit orangefarbenem Licht bestrahlt – es stärkt das Rückgrat und baut auf! Orange befreit von Depressionen, Frustration und Ängsten. Auch Die Herrscherin hat ein orangefarbenes Kissen in ihrem Rücken – es symbolisiert ihr Selbstbewußtsein!

Orange ist auch die Farbe von Arbeit, die Freude macht, Freude allgemein, Wohlbefinden, Energie, Sieg, Spiel und Bewegung. Markanterweise befreit Orange auch von Konventionen, die Der Herrscher jedoch vertritt. Das Orange symbolisiert also nicht nur sein Selbstbewußtsein, sondern auch, daß er ab und an daran erinnert werden muß, nicht zu sehr in festen Konventionen verhaftet zu sein.

Astrologie

Widder

Mit dem Widder beginnt der Tierkreis. Als erstes Zeichen steht er daher symbolisch für Expansion, das Drängen in die Außenwelt, Eroberung, Mut und Tatkraft. In seinen negativen Aspekten kann der Widder aber auch jähzornig und ungerecht werden. Dem Widder wird der Planet Mars zugeordnet. Seine Farbe ist rot. (Der rote Mantel des Herrschers.) Auch Mars symbolisiert

Entschlossenheit, Tapferkeit und pure Energie. Es mutet vielleicht auf den ersten Blick merkwürdig an, daß ausgerechnet die rege Tatkraft von Widder und Mars mit dem etwas steif wirkenden Herrscher in Verbindung gebracht werden. Doch auch Der Herrscher ist voller Energien, die er mittels der eisernen Rüstung unter seinem Mantel in Grenzen hält. Nur manchmal kann Der Herrscher eben auch richtiggehend »explodieren«.

Übung

1. Worin besteht der Unterschied zwischen Herrscherin und Herrscher?
2. Was bedeutet der Reichsapfel?
3. Was sagt der Fluß im Hintergrund der Karte über den Herrscher aus?
4. Was bedeutet die Rüstung?
5. Warum trägt Der Herrscher das Zepter in der rechten Hand?
6. Was bedeutet der steinerne Thron?
7. Haben die vier Widderköpfe eine Bedeutung und wenn ja, welche?
8. Kann Der Herrscher nur einen Menschen symbolisieren oder auch eine unbelebte Sache?

Der Hierophant

Bis Anfang unseres Jahrhunderts war die Karte des Hierophanten unter dem Namen »Papst« geläufig. Erst Waite gab ihr diesen Namen, da er befand, daß die Bezeichnung »Papst« alleine zu wenig über die wahre Bedeutung der Karte aussagen würde. »Hierophant« war der Titel der Hohenpriester der Eleusinischen Mysterien im antiken Griechenland.

Zusammen mit der Herrscherin und dem Herrscher bildet Der Hierophant eine geschlossene Gruppe innerhalb des Tarotzyklus. Die drei Karten stellen Mutter, Vater und Gesellschaft dar. (Selbstverständlich kommen ihnen auch noch andere Bedeutungen zu.)

Auch die Darstellung auf der Karte hat nun eine entscheidende Wende genommen. Fällt es Ihnen auf den ersten Blick auf? Wenn nicht, seien Sie getröstet – es ist so offensichtlich, daß man es durchaus übersehen kann! Der Hierophant ist die erste Karte, auf der mehr als nur eine Person dargestellt ist! Hier beginnt also die Kommunikation des Menschen, der aus dem Dualismus des Magiers und der Hohenpriesterin herausgetreten ist, die Welt der Eltern (Herrscherin und Herrscher) erfahren hat und nun den ersten Schritt nach draußen wagen kann – in die Gesellschaft. Doch es gibt noch viele andere Symbole zu entdecken:

Die Symbolik des Hierophanten im einzelnen

Manche der Symbole dürften nun bereits sehr geläufig sein, dennoch werden sie der Übung halber wiederholt, andere Symbole treten nun jedoch erstmals in Erscheinung.

Grau: Zwar fällt der rote Mantel des Hierophanten auf den ersten Blick mehr ins Auge, doch wer genauer hinsieht, erkennt, daß Grau die beherrschende Farbe der Karte ist. Grau als Farbe der Autorität, der Mäßigung und der Neutralität.

Zahl Fünf: Die Zahl der Glückseligkeit, da sie aus der ersten geraden und der ersten ungeraden Zahl besteht. Auch Zahl des Menschen (5 Sinne, aber auch 2 Beine + Arme + Kopf). Auch die Zahl des Geistes.

Roter Mantel: Das Symbol seiner geistlichen, spirituellen Macht.

Weißes Kleid unter dem Mantel: Betont seine reine Natur.

Krone: Die dreigeteilte Krone erinnert an die päpstliche Krone und soll durch die drei Ebenen die Trinität verdeutlichen.

Zepter mit Trippelkreuz: Das Zeichen der Macht trägt er in der linken Hand – er setzt seine Macht also nicht so bewußt und vordergründig ein wie Der Herrscher, sondern versucht auch das Herz und das Unterbewußtsein mitentscheiden zu lassen. Das Trippelkreuz besteht aus den drei übereinanderliegenden Balken auf dem Zepter. Es ist das Zeichen des Hermes Trismegistos – des dreimal großen Hermes, Erfinders und Überbringers des Wissens und der Schrift.

Erhobene Hand: Die rechte Hand bildet das traditionelle Segnungszeichen. Damit symbolisiert er, daß er Probleme erkennt und zur Lösung führen wird.

Adepten: Die beiden Adepten zu seinen Füßen betonen zum einen nochmals die Dualität, die auch durch die Säulen im Hintergrund angezeigt wird. Der Hierophant in der Mitte vermag diese aufzulösen. Der linke Adept trägt ein Kleid mit Lilien als Zeichen seiner Reinheit, der andere ein Kleid mit Rosen als Symbol für seine Suche nach der göttlichen Liebe.

Schlüssel: Die beiden Schlüssel zu Füßen des Hierophanten sind bereits in der mittelalterlichen Allegorik gängig. Es sind die Schlüssel des Papstes, die dieser von Petrus selbst empfangen hat. Im Mittelalter und auf anderen Kartensets war ein Schlüssel golden, der andere aus Silber. Der goldene ist die Autorität, die Gott seinen Vertretern verliehen hat, zu binden und zu lösen, der silberne die Weisheit, die der Priester nötig hat, um die Verschuldungen der Menschen zu beurteilen. Die Schlüssel als Symbol zum Erschließen der heiligen Mysterien.

Kirchensäulen: Das Symbol der Erfahrungen der Kirche. Durch ihre graue Farbe grenzen sie die Macht des Hierophanten ein, verstärken aber sein autoritäres Auftreten innerhalb ihrer Grenzen.

Archetypus: Geistiger Vater, geistiger und spiritueller Führer.

Die Deutung

- Es gibt zwei Möglichkeiten beim Hierophanten:
  a) Ist die beschreibende Kleine Arkana negativ zu deuten, so wirkt sich das Umfeld sehr hinderlich aus.
  b) Ist die Kleine Arkana positiv zu deuten, ist der Einfluß des negativ oder hinderlich wirkenden Umfeldes nicht so stark, bzw. die Wirkungsdauer des hinderlichen Einflusses ist nur kurz!
- Der Hierophant symbolisiert eine Person, die die Schlüssel zur Lösung bereits vor sich hat (»zum Greifen nah«), deren soziales Umfeld aber die Lösung des Problems hindert. (Das soziale Umfeld sind bei einer privaten Frage die Familie,

Freunde, Bekannte. Bei einer beruflichen Frage der Chef oder die Arbeitskollegen.)

- Nur wenn tatsächlich auf eine geistliche Angelegenheit oder eine Frage der Kirche gelegt wird, symbolisiert Der Hierophant einen Priester oder geistlichen Würdenträger!
- Aber auch die Schlüssel zur Lösung sind bereits vorhanden, doch die Zeit ist noch nicht reif.

Hintergrundwissen

Zahlenmystik

Fünf

Die Grundzahl Fünf ist nicht nur Symbol der Menschheit und des Geistes. Die Alchimisten sahen in ihr die Zahl des geheimnisvollen fünften Elementes, das den Körper als Astralgeist durchwebt.

In der hebräischen Zahlenmystik ist die Fünf auch die Zahl des Kindes (männliche Drei plus weibliche Zwei ergibt die Fünf).

Im Tarot versinnbildlicht Der Hierophant innerhalb des Zyklus die Gesellschaft, aber auch das geistige Prinzip – beide können mit der Fünf gleichgesetzt werden.

Farbsymbolik

Grau

Grau als Farbe der Autorität, der Selbstverleugnung und der Mäßigung erscheint bei mehreren Tarotkarten (z. B. Gehängter, Eremit etc.). Bei allen Karten drückt die Farbe symbolisch sehr stark den Charakter der Karte aus: sich zurückziehen, aber auch Autorität auf andere wirken lassen können.

Generell gilt bei Grau: Man sollte vorsichtig sein mit grauer Kleidung, die das Gegenüber sehr schnell einschüchtern kann – außer natürlich, es ist beabsichtigt und dient dem Eigenschutz.

Übung

1. Woher stammt der Name Hierophant?
2. Welche zwei Möglichkeiten gibt es bei der Deutung des Hierophanten?
3. Symbolisiert Der Hierophant innerhalb einer Kartenlegung einen kirchlichen Würdenträger?
4. Was bedeutet die Farbe Grau?
5. Was symbolisieren die beiden Schlüssel zu Füßen des Hierophanten?

Die Liebenden

Betrachtet man den Narren als Helden innerhalb des Tarotzyklus, dann hat er nun eine neue Station erreicht. Nach der Dreiheit von Mutter-Vater-Gesellschaft kommt nun der entscheidende Schritt in die Außenwelt. Er wird mit anderen konfrontiert bzw. es folgt die Lösung von Mutter und Vater und die Hinwendung zu einem anderen Leben.
Die Liebenden erinnern in ihrer Symbolik sehr stark an den Garten Eden, auch sind hier sehr viele völlig neue Symbole zu entdecken. Wagen Sie es dennoch, die Karte erst einmal allein zu entschlüsseln, soweit es möglich ist. Verwenden Sie die Farbsymbolik, die Ihnen bereits vertraut ist, und forschen Sie nach anderen bekannten Elementen!

Die Symbolik der Liebenden im einzelnen

Die Entschlüsselung der Liebenden ist nicht schwerer als die der anderen Karten – Sie werden sehen:
Zahl 6: Die erste vollkommene Zahl (Gott schuf die Welt in sechs Tagen). Am sechsten Tag wird der Mensch geschaffen – das Individuum. Auch im Tarotzyklus erscheint nun zum ersten Mal die eigenständige Persönlichkeit.
Frau: Die Frau befindet sich (vom Betrachter aus gesehen) auf der linken und damit der unbewußten Seite. Sie sieht zu dem Engel über ihr. Ihr Wissen ist unbewußter, freier Natur.
Mann: Auf der (vom Betrachter aus gesehenen) rechten Seite.

Er blickt nicht zu dem höheren Wesen, sondern zu der Frau an seiner Seite. Die rechte Seite symbolisiert die Bewußtheit, die Rationalität des Denkens. Durch den Blick zu ihr wird eine Verbindung zwischen den dreien geschlossen – das Individuelle ist geboren.

Baum des Wissens: Hinter der Frau befindet sich der Baum des Wissens mit der Schlange (auch Symbol der Weisheit!). Der Apfel als Frucht vom Baum des Wissens als Symbol der Fruchtbarkeit, aber durch seine runde Form auch das Symbol der Ewigkeit.

Baum des Lebens: Hinter dem Mann findet sich der Baum des Lebens. Zwölf züngelnde Flammen als Früchte symbolisieren Seelen, die durch das reinigende Feuer gehen. Nach altem Glauben sind zwölf Reinkarnationsstufen zu durchwandern, bis die Seele alle Weisheit erfahren hat.

Cherub: Hoher Engel, oftmals mit sechs Flügeln dargestellt. Er symbolisiert höheres Wissen, da ihm das Allwissen der höheren geistigen Welten zugänglich ist. Durch seine Haltung verbindet er die beiden Figuren ebenso wie die Bäume.

Violetter Überwurf des Cherubs: Violett ist die Farbe der Kunst und der Künstler, sie verbindet mit höheren geistigen Welten und wandelt niedere Instinkte in hohe Ideale um. Die niederen Instinkte des Menschen werden also durch die verbindende Geste des Engels, symbolisiert auch durch den violetten Überwurf, auf eine höhere Stufe gehoben.

Rote Flügel: Rote Flügel symbolisieren den alchimistischen Feuerzustand, in dem der Ausgleich stattfinden wird.

Berg: Symbol der Verbindung zwischen Himmel und Erde und damit Verbindung der Gegensätze.

Archetypus: Liebe

Die Deutung

- Bei den Liebenden gilt es streng zu unterscheiden, ob die Frage beruflicher oder privater Natur ist! Nur so kann der Sinngehalt dieser Karte erschöpfend erklärt werden.
- Privat:
  Eine Beziehung, eine Liebe, die entweder sehr positiv oder eher negativ zu bewerten ist – je nach Auslage der Kleinen Arkana.
- Beruflich:
  Beruflicher großer Erfolg, der gefördert oder verhindert wird, je nach Bedeutung der dazugehörenden Kleinen Arkana.

Hintergrundwissen

Zahlenmystik

Sechs

Den Pythagoräern galt die Sechs als heilige Zahl, da sie durch alle Zahlen, aus denen sie besteht, auch wieder geteilt werden kann – also 1, 2, 3.

Die Sechs ist die Zahl der Welt – Gott schuf die Welt in sechs Tagen.

In der christlichen Mystik gilt die Sechs auch als Zahl der Erlösung, da Jesus am sechsten Tag am Kreuz starb.

Für die Druiden galt die Sechs als Einheit von Himmel und Erde.

In der hebräischen Mystik entspricht die Sechs dem hebräischen Buchstaben Waw, der »Verbindungshaken« bedeutet – auch hier ist der Bezug zur Karte Die Liebenden erneut gegeben.

Farbsymbolik

Violett

In der Farbsymbolik ist Violett oder Lila eine besonders »magische« Farbe. Violett fördert die Transformation, die Verwandlung und verleiht Macht und Weisheit auf höherer Ebene.

Violett ist auch die Farbe der Kunst und der Künstler. Sie ist sehr inspirierend, doch sollte man gerade bei Violett darauf achten, nicht zu viel von der Farbe zu genießen, wenn man nicht künstlerisch tätig ist – sie kann sehr schnell in ihr Gegenteil umschlagen und depressiv und traurig stimmen.

Es ist nicht zu vergessen, daß Violett in der katholischen Kirche nicht nur die Farbe hoher kirchlicher Würdenträger ist, sondern auch Tod und Trauer symbolisiert.

Der Engel der Karten Die Liebenden symbolisiert die Verbindung von Dualitäten und die Erhebung zu höheren Welten – seine Geste deutet dies ebenso an wie sein violettes Kleid. Seine Kraft ist heilend und reinigend – Kräfte, die auch der Farbe Violett zugeordnet werden.

Übung

1. Muß in einer Kartenlegung darauf geachtet werden, ob die Frage privater oder beruflicher Natur ist, wenn die Karte Die Liebenden erscheint?
2. Was bedeutet die Farbe Violett?
3. Was sagt sie auf der Karte Die Liebenden aus?
4. Was ist ein Cherub?
5. Befindet sich hinter dem Mann auf der Karte Die Liebenden der Baum der Erkenntnis oder der Baum des Lebens?
6. Was bedeutet ein Berg in der Symbolik?

Der Wagen

Unterteilt man die 22 Großen Arkana in drei mal sieben Karten, Der Narr geht außen vor, er ist ja der Held unserer Reise, so stehen wir mit der Karte des Wagens am Ende der ersten Siebenerreihe. Eine Reihe innerhalb des Tarotzyklus wird mit ihm abgeschlossen.

Der Narr als Held begibt sich nun mit dem Wagen sozusagen auf große Fahrt. Noch mehr von der Außenwelt, aber besonders von der Innenwelt, will erkundet werden. Der Wagen ist hierfür der Beginn, aber auch das Ende einer ersten Entwicklung.

Die Karte des Wagens ist optisch sehr interessant. Studieren Sie die Karte genau und Sie werden schon viele Symbole entdecken, die zur Bedeutung und Deutung der Karte führen! Spielen Sie Detektiv und lassen Sie sich hierbei von Ihren Instinkten, aber auch von Ihrem bereits erworbenen Wissen leiten!

Die Symbolik des Wagens im einzelnen

Vorherrschende Farbe: Gelb – die Farbe des kreativen Geistes verbunden mit blauen Elementen – höheres Wissen wird erstrebt.

Zahl Sieben: In der hebräischen Zahlenmystik die Zahl des Sieges. Der Wagen wird manchmal auch als Triumphwagen bezeichnet. Aber auch die Zahl der Transformation – es findet also ein Übergang statt, wie oben bereits besprochen.

Sternenbaldachin: Der Wagenlenker befindet sich unter dem Baldachin – die Kräfte des Universums sind ihm bewußt, aber er ist nicht wirklich mit ihnen verbunden. (Dies erfolgt erst später innerhalb des Tarotzyklus.)

Sternenkrone: Im Gegensatz zur Herrscherin trägt er nur einen achtzackigen Stern in der Krone. Der achtzackige Stern ist das Symbol des Todes (im Sinne von Transformation) und das der Vermittlung zwischen der materiellen und der spirituellen Welt.

Kleidung: Die Kleidung des Wagenlenkers erfordert sehr viel Augenmerk, dann bemerkt man die zahlreichen astrologischen Symbole, die seine Rüstung bedecken. Erneut sind dies Verweise auf das Universum, mit dem er in Verbindung treten kann, denn er ist sich ihnen bereits bewußt.

Stab: Der Wagenlenker hält den Stab in der rechten Hand, ist sich seiner Macht also bewußt, doch anders als Der Magier hält er ihn nicht über dem Kopf (die Macht beherrscht den Geist), sondern er deutet mit dieser Haltung symbolisch an, daß seine Macht dem Geist untergeordnet ist.

Halbmonde an den Schultern: Nach Papus stellen die beiden Halbmonde symbolisch die Insignien Urim und Tummim dar. Diese Platten wurden auch von den israelischen Hohenpriestern verwendet, um den Willen der Götter zu erforschen. Auch der Wagenlenker begibt sich sozusagen auf eine Forschungsreise – er sucht nach dem eigenen Willen und seinem Weg.

Wagenlenker: Bereits in der Antike Symbol der Beherrschung der Triebe und Leidenschaften. Symbol der Vernunft.

Wagen: Symbol der Herrschaft über den Geist. (Der Wagenlenker hält auch keine Zügel in der Hand – er kann den Wagen mittels seiner Willenskraft lenken.) Der Wagen wirkt wie aus Stein gehauen – der Wagenlenker muß also immer darauf achten, daß sein Geist nicht erstarrt.

Wagenfront: Erneut (wie bei den Liebenden) die ausgebreiteten Flügel – Symbol des Vermittlers zwischen Materie und Geist. Das Wappenschild trägt das Symbol von Shiva und gilt als Symbol dafür, daß man mit dem Willen zum Sieg diesen auch kraft des Geistes erreichen kann.
Sphinxe: Sind generell das Symbol der Herrschaft. Bezug aber auch zur Symbolik des antiken Griechenlands, in dem Sphinxe als Allegorie für Rätsel, die kraft des Geistes gelöst werden müssen, standen. Sie wenden sich leicht voneinander ab – hier wird verdeutlicht, daß der Wagenlenker immer seinen Willen und seinen Geist unter Kontrolle halten muß, ansonsten würden die beiden Sphinxe in verschiedene Richtungen auseinanderpreschen und den Wagen zerreißen! (Gegensätze müssen im Gleichgewicht gehalten werden.) Die Sphinxe stehen also symbolisch auch für Herz und Verstand.
Stadt im Hintergrund: Hier wird nochmals deutlich, daß Der Wagen innerhalb der ersten sieben Karten einen Abschluß bildet. Der Wagenlenker verläßt die schützenden, aber auch einengenden Mauern der Stadt, um sich selbst und die Welt zu erobern.
Fluß im Hintergrund: Der Fluß ist eine Art Grenzmarke zwischen dem Wagen und der dahinterliegenden Stadt. Der Fluß als Symbol der immer gleichbleibenden, aber sich immerwährend verändernden Seele, die nun neue Gebiete erforschen wird.
Archetypus: Der Held, der Sieger.

Die Deutung

- Erneut kommt es sehr stark auf die erklärenden Kleinen Arkana an – Der Wagen kann ein Siegeswagen sein oder aber ein Streitwagen! (Filtern Sie dies bei einer Aussage zuerst heraus.)

- Mit einer positiv zu deutenden Frage ist die Aussage der Karte der Sieg, der Triumph, den man errungen hat oder erringen wird.
- Mit einer negativ zu interpretierenden Kleinen Arkana wird der Sieg verhindert. Man ist hin- und hergerissen, weiß nicht, was man tun soll. Herz und Verstand ziehen in zwei verschiedene Richtungen und drohen die betreffende Person innerlich zu zerreißen. Herz und Verstand müssen in Einklang gebracht werden, der Geist muß eingesetzt werden, damit der Sieg errungen werden kann.
- Achtung: Liegt Der Wagen auf der letzten Position eines Kartenbildes, bedeutet er immer Sieg und Triumph. Ist die erklärende Kleine Arkana negativ zu interpretieren, bedeutet dies nur einen geschmälerten, kleineren Triumph!
  Ausnahme: Der Wagen in Kombination mit der Sieben der Kelche am Ende einer Kartenlegung – dies zeigt an, daß ein triumphaler Sieg eine Illusion sein wird.

Hintergrundwissen

Zahlenmystik

Sieben

Die Grundzahl Sieben gilt auch als Zahl der Zeit, da mit dem siebten Tag die Welt in ihrer Entwicklung abgeschlossen ist.

In der hebräischen Zahlenmystik wird die Zeit als Faktor der Zahl Sieben noch mehr verdeutlicht: sieben mal sieben ergibt 49 = die letzte Zahl der diesseitigen Welt. Mit der Zahl 50 ist dann bereits eine jenseitige Welt erreicht.

In der christlichen Mystik verbindet die Zahl Sieben Körper und Geist, da sie aus den Zahlen Drei und Vier besteht.

Der Bezug zur Karte des Wagens ist also eng verbunden mit der Zahl Sieben – der Geist muß Herz und Verstand in Einklang bringen, miteinander verbinden, damit diese Welt erobert werden kann!

Übung

1. Was bedeutet Der Wagen in einer Deutung?
2. Was symbolisiert ein Wagen?
3. Was sagt Der Wagen am Ende eines Kartenbildes aus?
4. Was bedeuten die beiden Sphinxe auf der Karte des Wagens?
5. Was können sie bewirken, wenn sie nicht im Gleichklang laufen?
6. Was hat es zu sagen, daß der Wagenlenker keine Zügel in der Hand hält, um die Sphinxe zu lenken?

Die Kraft

Unterteilt man die Karten in drei Reihen à sieben Karten (Der Narr wie gesagt geht außen vor), dann beginnt mit der Karte der Kraft nun eine neue Siebenerreihe. Ein neuer Abschnitt beginnt.

Hier kommen einige neue Symbole vor, doch einige dürften nun schon bekannt sein, und es wird Ihnen Spaß machen, dies zu entdecken!

Die Symbolik der Kraft im einzelnen

Vorherrschende Farbe: Gelb im Hintergrund als Symbol des Geistes.

Zahl Acht: Die Grundzahl Acht ist die kosmische Zahl der Ewigkeit.

Lemniskate: Wie Der Magier trägt auch das junge Mädchen der Kraft eine Lemniskate über ihrem Kopf. Die Lemniskate ist Symbol der Unendlichkeit und der unendlichen Schöpferkraft.

Weißes Kleid: Weiß als Farbe der Reinheit symbolisiert die Reinheit der Gedanken und des Tuns.

Blumengürtel: Laut dem Erschaffer der Karten, A. E. Waite, stellt der Blumengürtel eine zweite Lemniskate dar.

Löwe: Tiere symbolisieren oft unsere Instinkte und Emotionen, die menschlichen Gefühle. Auch bei der Karte der Kraft ist der Löwe ein Symbol sehr starker Emotionen.

Berge im Hintergrund: Berge als Symbol der Vermittlung zwischen Himmel und Erde, aber auch Vermittlung zwischen Denken und Handeln.
Grüner Boden: Grün als Farbe des Ausgleichs, der Harmonie. Gegensätze müssen überwunden und die innere Leidenschaft (der Löwe) harmonisiert werden.
Archetypus: Stärke (reine Jungfrau bezwingt ein »Ungeheuer«).

Die Deutung

- Grundaussage: Emotionen müssen sanft unter Kontrolle gehalten werden. Man darf die auftauchenden Gefühle nicht explosionsartig an die Oberfläche kommen lassen. Dies erfordert natürlich sehr viel geistige Stärke.
- Ist die Kleine Arkana negativ zu interpretieren, dann kann dies bedeuten:

  a) Der Betreffende schafft es nicht, seine Emotionen so stark unter Kontrolle zu halten. Er verbraucht seine ganzen Energien, nur um seine Gefühle zu unterdrücken.

  b) Der Betreffende sollte seinen Emotionen mehr freien Lauf gestatten, damit Dinge bereinigt oder geklärt werden können. Auch würde ansonsten zuviel innere Kraft vergeudet werden.

Hintergrundwissen

Zahlenmystik

Acht

In der hebräischen Zahlenmystik ist die Acht die Zahl des neuen Tages. (Die Welt wurde in sechs Tagen erschaffen, ein Tag Ruhe und dann folgte die Welt.)

Da die Zahl Sieben auch die Zahl der Zeit genannt wird, da sieben mal sieben 49 ergibt und damit alle Dinge der diesseitigen Welt erreicht sind (in der hebräischen Zahlenmystik beginnt mit der Zahl 50 eine andere Welt), symbolisiert die Acht ebenfalls den Beginn eines neuen Abschnittes. Auch die achte Karte des Tarot symbolisiert eine neue Phase innerhalb des Zyklus der 22 Großen Arkana. Unterteilt man die Karten in drei mal sieben, so ist die achte Karte die erste der zweiten Siebenerreihe.

Ursprünglich war die Karte mit der Nummer Acht die Gerechtigkeit, während die Kraft die elfte Karte war. Waite vertauschte die beiden Karten aus numerologischen Gründen, ohne diese genauer auszuführen.

Farbsymbolik

Weiß

Das weiße Kleid des jungen Mädchens auf der Karte der Kraft symbolisiert die Reinheit der Gedanken und den Sanftmut, mit dem das Mädchen den Löwen (also die Emotionen) bezähmt. In der Farbsymbolik wirkt Weiß nicht nur strahlend, Distanz schaffend und reinigend, es vertreibt auch die Dunkelheit und führt zur Perfektion (wenn die Emotionen mit »dunkel« bezeichnet werden können, dann verdeutlicht das weiße Kleid des Mädchens den Charakter der Karte noch stärker).

Weiß wird oft im Zusammenhang mit Schwarz eingesetzt, um die Dualität des Lebens zu verdeutlichen. Auch auf den Tarotkarten wird diese Symbolik sehr gerne verwendet. Z. B. die beiden Sphinxe des Wagens, die beiden Säulen hinter der Hohenpriesterin etc.

Übung

1. Was bedeuten Tiere in der Symbolik?
2. Was sagt der Löwe auf der Karte aus?
3. Welche Bedeutung kommt der Farbe Weiß zu?
4. Warum trägt das Mädchen eine Lemniskate über dem Kopf?
5. Ist es immer gut, die Emotionen unter Kontrolle zu halten, auch wenn die Karte der Kraft in einem Kartenbild erscheint?
6. Worin liegt der Unterschied zwischen Wagen und Kraft?
7. Stellt die Karte der Kraft innerhalb des Tarotzyklus eine Wende dar?

Der Eremit

Betrachtet man den Tarot als Zyklus, so folgt nun auf eine Phase, in der die Emotionen nach außen drängten und mit sanfter Kraft kontrolliert werden mußten, eine Station des Rückzugs, um sich zu sammeln.

Der Eremit ist etwas einfacher zu entschlüsseln. Alleine, daß nicht zu viele Symbole auf der Karte zu finden sind, sagt bereits etwas über ihn aus – es ist eine ruhige Karte, die auch Ruhe fordert. Doch gehen Sie jetzt zuerst selbst auf Entdeckungsreise!

Die Symbolik des Eremiten im einzelnen

Der Eremit ist wie gesagt nicht mit Symbolen überfüllt, und Sie werden bestimmt schon das eine oder andere Erfolgserlebnis für sich verbuchen können auf der Suche nach bekannten Symbolen und der damit verbundenen Entschlüsselung der Karte!

Zahl Neun: Die Zahl Neun ist die Zahl des Neubeginns nach dem Untergang, aber auch die Zahl vor der Vollendung (also vor der Zehn). Zahl der geistigen Wiedergeburt.

Grauer Mantel: Der graue Umhang des Eremiten, der selbst seinen Kopf und damit seinen Geist bedeckt, symbolisiert durch seine Farbe die Macht der Autorität, aber auch die Abgrenzung. Der graue Mantel symbolisiert zudem das Bewußtsein, in welches Der Eremit gehüllt ist.

Hintergrundfarbe: Der Hintergrund ist auf dieser Karte sehr dominant, dennoch scheiden sich bei der Auslegung der Farbvariante die Geister. Manche Autoren meinen, es wäre ebenfalls Grau, andere tendieren zu Grün oder Blau. Eine Mischform von Grün und Blau würde allerdings die Aussage der Karte genau verdeutlichen: Das harmonisierende Grün als Symbol des Ausgleichs zwischen Denken und Tun und das kühle Blau als Symbol für höheres Wissen des Eremiten.

Laterne: Diese Laterne weist mit ihrem Licht dem Eremiten den Weg. Sie ist Symbol des inneren Lichtes, das mit einem inneren Führer verglichen werden kann, der uns unbewußt leitet und führt.

Sechszackiger Stern in der Laterne: Das Hexagramm, der sechszackige Stern, besteht aus einem nach unten gerichteten Wasserdreieck und einem nach oben gerichteten Feuerdreieck. Das Wasserdreieck symbolisiert hier den Rückzug von der äußeren Welt, um sich mit der eigenen Psyche zu konfrontieren. Das Feuerdreieck steht symbolisch für den geistigen Führer, der bereits Erleuchtung durch Rückzug erlangt hat.

Stab: Symbol der Macht. Der Eremit trägt ihn zwar in der linken Hand, dennoch ist er sich seiner Macht bewußt, denn er stützt sich auf diesen Stab. Seine Macht ist die des Unterbewußtseins, das er aktiviert und mit dem er anderen helfen kann. Der Stab des Eremiten wird manchmal auch mit einer Art Geheimlehre gleichgesetzt, deren Wissen Der Eremit kennt. Der Stab ist gelb als erneuter Hinweis auf seine geistige Macht.

Berggipfel: Der Eremit befindet sich auf weißen, schneebedeckten Berggipfeln. Weiß ist die Farbe der Reinheit, aber auch der Perfektion, und die Berge sind Symbol der Vermittlung zwischen Denken und Handeln, aber auch Mensch und Gott (Erde und Himmel). Das zurückgezogene Nachdenken des Eremiten soll vermitteln zwischen Handeln und Denken. Er ist hierin der perfekte Meister.

Archetypus: Der alte Weise.

Die Deutung

- Grundaussage: Sich zurückziehen vom Geschehen, in sich gehen und nur noch eine einzige Angelegenheit von allen Seiten beleuchten.
- Der Eremit symbolisiert mit einer positiv zu deutenden Kleinen Arkana einen Menschen, der sich erfolgreich in sich zurückgezogen und nur noch ein Problem beleuchtet hat, bis er es lösen kann.
- Mit einer negativ zu interpretierenden Kleinen Arkana deutet Der Eremit an, daß die Phase des Nachdenkens abgeschlossen werden sollte. Handlung ist nunmehr gefragt, da alleiniges Nachdenken nicht mehr weiterhelfen kann.
  Auch kann der Betreffende in Vereinsamung durch zu große Zurückgezogenheit verfallen.

Hintergrundwissen

Zahlenmystik

Neun

Die Grundzahl Neun scheidet bisweilen die numerologischen und zahlenmystischen Geister: Manche sehen in der Neun bereits eine Zahl der Vollendung, da sie sich aus der Acht und der göttlichen Eins zusammensetzt. Andere sehen in der Neun eine Zahl, die die Vollendung der Zehn noch nicht erreicht hat (so auch z. B. Agrippa von Nettesheim).

Allerdings gibt es auch neun Hierarchien der Engel, neun himmlische Sphären in der Kabbala, und der Rosenkreuzerorden zählte neun Grade.

Der Eremit des Tarot erlangt auf der einen Seite zwar eine Vollendung, nämlich die des Geistes, doch die letztendliche Vollendung des Menschen, die innerhalb des Tarotzyklus angestrebt wird, bleibt noch aus. So ist auch hier die Doppeldeutigkeit der Neun gegeben!

Übung

1. Was bedeutet die Farbe Grau?
2. Welche Rolle spielt die Alchimie im Tarot?
3. Was besagt der Stern in der Laterne des Eremiten?
4. Was ist die Grundaussage des Eremiten?
5. Was bedeutet die Zahl Neun?
6. In welchem Zusammenhang steht sie mit dem Eremiten?

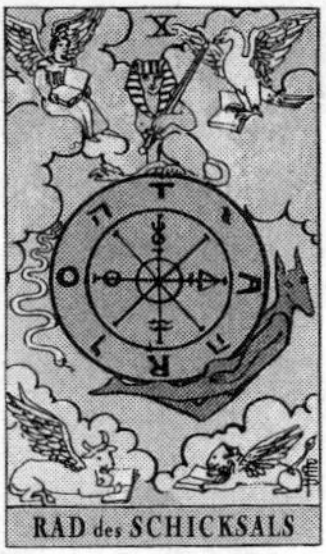

Rad des Schicksals

Eine der mystischsten Karten des Tarot kommt nun an die Reihe. Allein ihr Name bewirkt die unterschiedlichsten Reaktionen der Menschen – von großer Neugierde bis hin zu ehrfurchtsvoller Scheu. Doch es wird sich zeigen, daß wir unserem Schicksal nicht so stark ausgeliefert sind, wie die Karte vielleicht auf den ersten Blick suggeriert!
Lassen Sie sich nicht von der Überfülle der Symbole abschrecken! Zugegeben, die Symbole lassen sich nicht ohne weiteres entschlüsseln, doch den Sinngehalt der Karte dürften Sie auf alle Fälle zumindest zum Teil enträtseln. Wagen Sie es nur!

Die Symbolik des Schicksalsrads im einzelnen

Erinnern Sie sich noch daran, daß Die Herrscherin als dritte Karte der ersten Siebenerreihe als »Saatkarte« bezeichnet wurde, da sie die Frucht zu einem Umbruch in sich trägt? Nun, auch das Rad des Schicksals ist eine »Saatkarte« – sie bringt nun ebenfalls eine Wende innerhalb des Tarotzyklus. Nach ihr beginnt der Mensch nun noch mehr in sich zu gehen.
Doch lassen Sie uns zuerst nachsehen, wie weit Sie dem geheimnisvollen Rad des Schicksals bereits auf die Spur gekommen sind!
Zahl Zehn: Die vollkommene Zahl des Universums.
Hintergrundfarbe: Blau. Die Farbe des höheren Wissens, des Verstandes.

Rad: Symbol des ewigen Auf und Ab in der Natur, des Vergehens und Werdens im Leben. Auch Symbol des Universums, das sich ebenfalls in einer ständigen Erneuerung befindet.

Lateinische Schriftzeichen im Rad: Zum einen finden sich die Buchstaben »T, O, R, A« innerhalb des Rades eingezeichnet. Diese Buchstaben können als Anagramm betrachtet werden. Sie können also sowohl als »Taro«, als auch als »Rota« (Rad), »Tora« (fünf Bücher Mose), »Ator« (Ägyptische Göttin der Nacht, des Todes und Mutter des Kosmos) und »Orat« (lat. für »er betet«) gelesen werden. Mathers setzte diese Wörter zu dem Satz: »Rota Taro Orat Tora Ator« (Das Rad des Tarot betet das Gesetz der Ator) zusammen. Demzufolge ist also innerhalb des Tarot das Gesetz der Welt zu finden. Aber auch das Wort »Arot«, ein Begriff aus der zeremoniellen Magie, kann mit diesen Buchstaben gebildet werden; es ist mit dem Tetragrammaton gleichzusetzen. Manche Autoren verweisen auch auf das Wort »Rato«, lat. die Verwirklichung, und auf »Otar«, griechisch »hören«. Alle Begriffe können in sinnvolle Zusammenhänge gebracht werden, wie auch der Satz von Mathers zeigt.

Hebräische Buchstaben im Rad: Das Tetragrammaton besteht aus den hebräischen Buchstaben Yod, Heh, Vav und nochmals Heh und bildet den unaussprechlichen Namen Gottes.

Symbole in den Speichen: Alchimistische Symbole (von oben im Uhrzeigersinn), die Quecksilber, Schwefel, Wasser und Salz darstellen. Diese vier Grundelemente der Alchimie sind nötig, um das (menschliche) Gold (= die Transformation des Geistes zu höherem Wissen) zu erlangen.

Sphinx: Symbol der Seele. Hier auch das Symbol des ägyptischen Gottes Anubis, Führer der Seelen und Spender neuen Lebens.

Schlange: Symbol des Wissens, aber auch der Verführung. Hier das Symbol des ägyptischen Todesgottes Seth.

Dämon: Hier die symbolische Darstellung des ägyptischen Gottes Horus, Gott der Auferstehung.
Adler: Symbol des Evangelisten Johannes.
Löwe: Symbol des Evangelisten Markus.
Stier: Symbol des Evangelisten Lukas.
Engel: Symbol des Evangelisten Matthäus.
Archetypus: Fortuna. Schicksal.

Die Deutung

- Ein Umbruch im Geschehen kündigt sich an. Der Betreffende hat die Möglichkeit, am Rad des Schicksals zu seinen Gunsten zu drehen. (Bei positiver Kleiner Arkana.) Er kann es zu einem Glücksrad machen.
- Bei negativer Kleiner Arkana gibt es zwei Möglichkeiten: a) Der Betreffende kann nichts machen, er ist in diesem Augenblick seinem Schicksal ausgeliefert und muß abwarten. b) Das Rad des Schicksals wird zuungunsten des Betreffenden gedreht.

Das Schicksalsrad stellt auch innerhalb einer Kartenlegung immer einen Wendepunkt dar. Ob dieser positiv oder eher nicht so gut zu bewerten ist, hängt von der beschreibenden Kleinen Arkana ab.

Hintergrundwissen

Zahlenmystik

Zehn

Die Zehn wird in der Zahlenmystik als die heilige Zahl gesehen, da sie alle Zahlen in sich beinhaltet bzw. diese durch sich selbst entstehen lassen kann.

Die Zehn gilt als das Ende und die Erfüllung aller Zahlen und bildet den Beginn der Dekaden (Zehnerzahlen).
Mit der Zehn ist der Kreislauf der Grundzahlen abgeschlossen. Das Rad des Schicksals kündigt ebenfalls einen Umbruch innerhalb des Tarotzyklus an.

Tetragrammaton
Der Begriff bezeichnet den unaussprechlichen Namen Gottes, der aus den hebräischen Buchstaben Jod, Heh, Waw und Heh gebildet wird.
Alle drei Buchstaben (Heh kommt zweimal vor) sind Konsonanten, daher verbergen sie die Aussprache in sich. Der Name »Jahwe« entwickelte sich möglicherweise aus diesen Buchstaben.
In der Kabbala ist dieser Name auch Symbol der Mysterien dieser Welt, da nach kabbalistischer Sicht die Welt in vier Stufen geschaffen wurde.

Hebräische Buchstaben Heh, Waw und Jod
Allen Großen Arkana sind hebräische Buchstaben zugeordnet, die jedoch nicht von grundlegender Bedeutung für das Kartenlegen sind. Vielmehr sind sie für Tarotmeditationen gedacht. Auch umschreiben sie in einer tieferen Bedeutung die Karten in ihrem Sinngehalt.
Die hebräischen Buchstaben sind mehr als bloße Zeichen, die erst zusammengefügt einen Sinn ergeben.
Jedem Buchstaben ist ein verborgener und ein wahrer Zahlenwert zugeordnet.
Allen hebräischen Buchstaben kommt zudem eine eigene Bedeutung zu, die im Alphabet einen kompletten Zyklus der Menschwerdung beschreiben.

So bedeutet der fünfte hebräische Buchstabe *Heh* »Fenster«. Durch das Fenster kommen Neuigkeiten, aber auch Licht und Dunkelheit dringen durch ein Fenster. Innerhalb des Buchstabenzyklus öffnet sich mit *Heh* der Mensch also der Außenwelt. Der sechste hebräische Buchstabe *Waw* bedeutet »Haken«, auch »Verbindungshaken«, und deutet innerhalb des Buchstabenzyklus an, daß, nachdem sich der Mensch mit *Heh* der Außenwelt geöffnet hat, er sich nun mit Höherem verbinden kann.
Jod ist der zehnte Buchstabe des hebräischen Alphabetes und bedeutet »Hand«. Mit ihm beginnt das menschliche Tun. Das Rad des Schicksals ist die zehnte Karte des Tarotzyklus, auch sie kündet einen Umbruch hin zum Tun an.

Evangelisten und Evangelistensymbole
Siehe Tarotkurs, Teil 1, Die Welt

Übung

1. Wen stellen Sphinx, Schlange und Dämon dar und was sagen sie aus?
2. Was bedeutet die Zahl Zehn?
3. Was ist das Tetragrammaton?
4. Welche Aussage trifft das Rad des Schicksals in einer Kartenlegung generell?
5. Welche Aussage kommt dem Schicksalsrad zu, wenn die Kleine Arkana negativ zu bewerten ist?
6. Kann das Rad des Schicksals auch zum Glücksrad werden?
7. Kann der Betreffende auch am Schicksalsrad drehen oder ist man dem Schicksal hilflos ausgeliefert?
8. Wen stellen die vier Symbole in den Ecken der Karte dar?

Sie haben mit dem Rad des Schicksals einen guten Teil der Großen Arkana schon geschafft! Sie sehen also, so schwer ist es nicht, sich die Karten und ihre Bedeutungen »einzuverleiben«. Farben, Symbole und Zahlen entschlüsseln uns den Sinn und führen uns instinktiv zur Bedeutung. Das Rad des Schicksals ist beinahe überladen mit Symbolen, doch Sie haben sich nun einen großen Vorrat an Symbolbedeutungen angelegt.

Gerechtigkeit

Eine sehr mächtige Karte des Tarot tut sich nun vor Ihnen auf – die Karte der Gerechtigkeit. Zusammen mit Mäßigkeit, Tapferkeit und Weisheit bildet sie die drei (eigentlich sind es vier, doch im Tarot finden sich nur drei davon) weltlichen Kardinaltugenden.

Hier treffen Sie jetzt wieder auf sehr vertraute Symbole, verbunden mit wenig Neuem. Sie sind doch schon ein »alter Hase« im Entschlüsseln – viel Erfolg!

Die Symbolik der Gerechtigkeit im einzelnen

Fast alle Farben sind Ihnen schon bekannt, auch die Symbolik ist nicht mehr so fremd wie bei den ersten Karten. Die Gerechtigkeit läßt sich also sehr einfach entschlüsseln, doch lassen Sie sich von ihrem Namen nicht in die Irre führen! Ebenso wie das Gericht hat nämlich die Gerechtigkeit nichts mit Gerichtsbarkeit zu tun. Diese kommt der Karte des Herrschers zu.

Zahl Elf: Die Elf ist keine Grundzahl mehr. Sie zählt zu den Meister- oder Kettenzahlen. Diese entstehen durch Verdoppelung einer Grundzahl – also zweimal die Eins. Elf ist die Zahl der Sünde und der Reuigen.

Zwei Säulen: Symbol der Dualität, aber auch der Verbindung von Himmel und Erde. Es ist eine unumstößliche Verbindung – die Farbe Grau verdeutlicht dies.

Violetter Vorhang: Symbol der spirituellen Weisheit. Violett als die Farbe der Spiritualität. Die beiden Säulen halten den Vorhang als symbolische Darstellung, daß die Weisheit die Verbindung zwischen Himmel und Erde herstellt.
Figur: Sie gleicht der römischen Justitia, der Göttin des Rechts. Doch sind Justitias Augen verbunden, die Gerechtigkeit des Tarot hingegen erkennt mit offenen Augen die Wahrheit.
Zweischneidiges Schwert in der rechten Hand: Das Schwert als Symbol der Entscheidung und der Gerechtigkeit. Diese Entscheidungen werden bewußt gefällt (rechte Seite).
Waage: Symbol der Gerechtigkeit, des Gleichgewichtes.
Roter Mantel: Symbol der Macht (hier der Macht der Entscheidungen – siehe das Symbol des Schwertes).
Grüner Umhang: Grün ist die Farbe des Ausgleichs, der Harmonie. Es sind machtvolle Prozesse, von denen die Gerechtigkeit spricht. Diese müssen jedoch erst ausgeglichen, harmonisiert werden, dürfen also nicht überstürzt beschlossen werden. Diese Harmonie symbolisiert die Farbe Grün.
Krone: Symbol der Erhabenheit für die niederen Instinkte.
Archetyp: Gerechtigkeit (nicht im Sinne der Gerichtsbarkeit, sondern im Sinne der gerechten Wahrheit).

Die Deutung

- Die Ereignisse entwickeln sich so, daß sie den Taten des Betreffenden gerecht werden – ob gut oder schlecht.
  Alles, was man tut, kommt zu einem zurück. Die Macht der Karte liegt also darin, daß man die Entscheidung über den Ausgang der Dinge in Händen trägt.
- Eine Entscheidung will gefällt werden. Bevor man zur Tat schreitet, muß man mit der Waage der Gerechtigkeit alle Seiten der Angelegenheit abwägen.

Die niederen Instinkte müssen überwunden werden. Sie dürfen bei der Entscheidungsfindung keine Rolle spielen. Trifft man eine falsche Entscheidung (durch negative Kleine Arkana angedeutet), fällt diese auf einen selbst zurück.

- Achtung: Die einzige Ausnahme, in der die Karte der Gerechtigkeit mit einer Rechtsfrage zu tun hat, ist in einer Frage über eine Rechtsangelegenheit, wenn das juristische Verfahren bereits eingeleitet ist! Die Gerechtigkeit deutet dann meist auf ein gerechtes, für den Fragenden oft positives Urteil hin. Die Kleine Arkana kann dies näher definieren, bestätigen und, wenn es eine negative Kleine Arkana ist, auch ein wenig abschwächen.

Hintergrundwissen

Zahlenmystik

Elf

Die Elf ist die erste der sogenannten Meister- oder Kettenzahlen, die aus der Verdoppelung einer Grundzahl entstehen.

In der Zahlenmystik wird der Elf meist Negatives zugeordnet – so wird sie auch die Zahl der Sünde genannt. (Eine Erklärung hierfür ist, daß einer der zwölf Apostel zum Verräter wurde, ihre Zahl reduzierte sich damit auf elf. Auch wird die Zahl der göttlichen Zehn Gebote um eins überschritten mit der Elf.)

Doch ihre Bedeutung ist nicht nur negativ. So gibt es in der hebräischen Mystik elf Oberengel. Durch ihre Bedeutung als Zahl der Sünder und Reuigen steht sie auch in enger Verbindung mit der Karte der Gerechtigkeit – über unsere Taten und Handlungen wird gerecht geurteilt und ein gerechtes Ergebnis ebendieser kommt zu uns zurück. (Die Karte kann uns also zur Reue bringen!).

Farbsymbolik

Grün

Grün, die Farbe der Hoffnung und Harmonie, bringt Ausgleich, das innere Gleichgewicht und wirkt entspannend. Grün hilft auch, Probleme loszulassen, und stärkt das Nervensystem.

Der grüne Umhang der Gerechtigkeit symbolisiert den Ausgleich, das harmonische Gleichgewicht, in dem die Entscheidungsfindung stattfinden muß. In unausgewogenem Zustand fällt man oftmals ungerechte Entscheidungen, die auf uns selbst zurückfallen.

Grün ist die einzige Farbe, von der man nicht zuviel erwischen kann. Alle anderen Farben können bei einem Zuviel in ihr Gegenteil umschlagen (z. B. Rot verleiht Energie und Mut, zuviel Rot macht aggressiv und angriffslustig). Grün hingegen harmonisiert immer und bewirkt niemals das Gegenteil!

Übung

1. Was bedeutet ein Schwert in der Symbolik?
2. Was sagt eine Waage symbolisch aus?
3. Was bedeutet die Zahl Elf?
4. In welchem Zusammenhang steht die Zahl Elf mit der Karte der Gerechtigkeit?
5. Kann die Farbe Grün in ihr Gegenteil umschlagen?
6. Was bedeutet die Farbe Grün?
7. Was bedeutet eine Krone?
8. Hat die Karte der Gerechtigkeit mit Gerichtsbarkeit zu tun?

Der Gehängte

Mit dem Gehängten ist die zweite Dreiergruppe des Tarotzyklus komplett. Unterteilt man die Großen Arkana in drei mal sieben Karten, so ist in der ersten Siebenerreihe die Dreiheit Herrscherin-Herrscher-Hierophant zu finden. Sie stehen sinnbildlich für Mutter-Vater-Gesellschaft.
In der zweiten Siebenerreihe wird die Trinität von Rad des Schicksals-Gerechtigkeit-Gehängter gebildet. Sie symbolisieren ebenfalls besondere Stationen im Zyklus der Menschwerdung: Erkennen des Lebenskreises – (Rad des Schicksals) – Befreiung von der Vergangenheit durch Entscheidungen, die gefällt werden (Gerechtigkeit) – Innere Erleuchtung (Der Gehängte).
Der Gehängte ist die wohl mystischste Karte des Tarot und beschäftigt Autoren und Forscher ebenso wie Laien. Sie ist nicht symbolüberladen wie das Schicksalsrad, aber alleine der Name der Karte zieht ebenso magisch an. Vielleicht kommen Sie der Bedeutung der Karte auf die Spur – versuchen Sie es!

Die Symbolik des Gehängten im einzelnen

Die Farbsymbolik ist Ihnen nun bereits geläufig, trotzdem erwähne ich sie nochmals – Wiederholung macht den Meister … Doch das Bild des Gehängten verbirgt noch mehr:
Zahl Zwölf: Die göttliche Zahl, auch die Zahl des Himmels.
Blaues Hemd: Die Farbe Blau als kühlende, reinigende Farbe, die Schutz verleiht und zu intuitiver Erkenntnis führt.

Rote Beinkleider: Rot als Symbol für Macht, Energie und Aktivität – doch sind die Beine nach oben gerichtet. Die Aktivität strebt dem Höheren zu.
Strahlenkranz: Das Symbol der Erleuchtung.
Haltung des Gehängten: Seine Haltung mit den gekreuzten Beinen ist eine auf den Kopf gestellte Vier. Die vierte Karte ist die des Herrschers und damit der sozialen Ordnung. Der Gehängte stellt diese auf den Kopf, ohne dabei zu zerstören oder die Wertmaßstäbe der Lächerlichkeit preiszugeben. Allein die Sichtweise ändert sich.
Galgen/Baum: Der Baum ist das Symbol des Wachstums zu einer höheren Bewußtseinssphäre (auf der Karte ist der Baum nur angedeutet durch die grünen Blätter am oberen Rand). Der Galgen sieht aus wie der Buchstabe »T«, daher sah Paul Foster Case darin die symbolische Darstellung des hebräischen Buchstabens »Tau«, der das Verlassen der materiellen Welt darstellt. Der Gehängte tut dies ebenfalls – er entzieht sich der materiellen, äußeren Welt, um zu neuen Einsichten zu gelangen.
Archetypus: Die Erleuchtung.

Die Deutung

- Sich zurückziehen, um Selbsterkenntnis zu erlangen.
- Man steht nicht mit beiden Beinen in einer Angelegenheit und möchte aus Gemütlichkeit erst einmal abwarten, ob nicht jemand anderer die Dinge erledigt, die man selbst nicht erledigen möchte (bei negativer Kleiner Arkana).
- Man steht nicht in der Angelegenheit und hat den Bezug dazu verloren. Daher sollte man die Sicht der Dinge umkehren, um neue Lösungen zu finden und zu neuer Selbsterkenntnis zu gelangen, die dann zum Ziel führen kann (bei positiver Kleiner Arkana).

- Achtung: Wird eine Frage explizit auf Gesundheit gestellt, dann kann Der Gehängte einen kranken Menschen (man steht nicht mit beiden Beinen im Leben) oder eine Krankheit symbolisieren.

Zusammen mit der Kleinen Arkana Vier der Schwerter allerdings ist es bereits die Genesung von einer Krankheit!

Hintergrundwissen

Zahlenmystik

Zwölf

Die Zwölf wird als Zahl des Himmels (und damit des Universums) bezeichnet, da mit ihr das Universum (Leben) beschrieben werden kann: Der Tierkreis unterteilt sich in zwölf Tierkreiszeichen, mit zwölf Steinen ist die Himmelskönigin gekrönt, und zwölf Steine schmücken das himmlische Jerusalem. Zwölf Stunden hat der Tag und zwölf Stunden die Nacht, das Jahr hat zwölf Monate.

Auch in der hebräischen Mystik ist die Zwölf eine geheiligte Zahl: Zwölf Stämme Israels, zwölf kleine Propheten, zwölf Kundschafter werden nach Israel geschickt. Die Stämme hatten zwölf Vorsteher.

In der christlichen Mystik ist die Zwölf vor allem durch die zwölf Apostel geheiligt und dadurch, daß Jesus mit zwölf Jahren den Tempel zum ersten Mal betrat.

Der Gehängte im Tarot hat einen Strahlenkranz um sein Haupt, was auch ihn als Erleuchteten kennzeichnet und damit in enge Verbindung mit der Zwölf bringt.

Übung

1. Was sagt die Zahl Zwölf aus?
2. Wie steht sie mit dem Gehängten in Verbindung?
3. Ist das Bild des Gehängten auch in anderen Mythen zu finden?
4. Was kann Der Gehängte bedeuten, wenn die erklärende Kleine Arkana positiv zu bewerten ist?
5. Und was, wenn die Kleine Arkana negativ zu bewerten ist?
6. Was symbolisiert ein Baum?

Tod

Hier muß gleich eines vornweg geschickt werden: Sie haben bereits gemerkt, daß das Rad des Schicksals nichts mit schicksalhaften, bösen Mächten zu schaffen hat, Der Gehängte nicht röchelnd vom Galgen baumelt und demzufolge auch nicht ein ebensolches Schicksal prophezeit, und ebenso verhält es sich mit der Todeskarte: sie zeigt nicht den physischen Tod an! Vielmehr spricht die Todeskarte von einer radikalen Änderung. Ein Umbruch steht nun an. In der ersten Siebenerreihe brachten Die Liebenden den endgültigen Sprung unseres Helden in die Außenwelt, der Tod nun bringt in der zweiten Siebenerreihe den endgültigen Bruch mit dem bisherigen Leben. Doch versuchen Sie nun erst, die Symbole zu entschlüsseln. Tip: Achten Sie auch auf Details, die ganz banal erscheinen!

Die Symbolik des Todes im einzelnen

Vielleicht hat Ihnen ein Teil der Symbolik bereits die Angst vor der Todeskarte genommen – sofern Sie überhaupt Angst oder Scheu davor hatten. Doch nun geht es an die Entschlüsselung und damit Aufklärung:

Zahl Dreizehn: Zahl des Mysteriums.

Skelett in Rüstung: Das Skelett als Symbol des Todes. Die Rüstung ist wie bei der Karte des Herrschers das Symbol der Regeln und Gesetze, denen das Leben und damit auch der Tod unterliegt.

Fahne: Die schwarze Fahne des Todes mit der weißen Blume des Lebens. Hier wird bereits aufgezeigt, daß ohne Leben kein Tod und ohne Tod kein Leben bestehen kann.
Weißes Pferd: Im Gegensatz zu anderen Tieren spricht das Pferd in der Symbolik nicht von unseren Instinkten oder Gefühlen. Pferde sind Symbole des Todes, aber auch der Seelenführer. Zudem ist es das Symbol der Kraft. Die Farbe Weiß symbolisiert hier die Reinheit dieser Kraft.
Personen: Die einzelnen Figuren symbolisieren durch ihre Haltung ihre Einstellung dem Tod und der Veränderung gegenüber. Das kleine Kind gibt sich dieser mit vollkommener Unschuld hin, die junge Frau hat eine demutsvolle Haltung eingenommen, der Bischof steht aufrecht und streckt seine Hände dem Tod entgegen: er ist das Symbol des Glaubens, der uns helfen kann, die Furcht zu überwinden. Der König liegt erstarrt auf dem Boden – er ist erschlagen von seinem eigenen Ego, das zu starr war, um eine Veränderung vollziehen zu können.
Fluß: Symbol der sich verändernden Seelen, hier aber auch der Fluß der Zeit und damit Symbol der Vergänglichkeit.
Schiff: Hier das Symbol des Lebens und des wahren Selbst, das durch eine radikale Veränderung zu neuen Ufern getragen wird.
Türme im Hintergrund: Die beiden Türme künden von einer entfernten Stadt – dem himmlischen Jerusalem, das es zu erreichen gilt.
Sonne: Hier ist nochmals ein Hinweis auf die Doppeldeutigkeit der Karte – geht die Sonne auf oder unter? Beides ist möglich und auch bewußt so gewollt in der Darstellung, um die Symbolik des Todes zu verdeutlichen. Hier ist die Sonne das Symbol des ewigen Wandels. (Sie muß untergehen, um wieder aufgehen zu können. Etwas muß sterben, damit etwas anderes leben kann,

manche Blumen müssen im Herbst absterben, um im nächsten Frühjahr wieder zu neuem Leben erwachen zu können, etc.)
Archetypus: Tod

Die Deutung

- Ein radikaler Bruch – manche Kleine Arkana können auch aufzeigen, daß ebendieser verhindert wird.
- Eine vollkommene Änderung steht an.
  In privaten Dingen kann sie mit einer negativen Kleinen Arkana die Trennung bedeuten. Auch Scheidung.
- Mit einer positiv zu bewertenden Kleinen Arkana oder mit positiven nachfolgenden Karten ist es ein Bruch, eine Wende hin zu etwas Besserem, einer schöneren Phase.
- Auf der Position 5, dem Verhalten, spricht sie immer von einer radikalen Haltung des Betreffenden – er verhält sich nach dem Motto »Entweder – oder.« Ob dies negative oder positive Folgen hat, zeigen die umliegenden Karten!

Hintergrundwissen

Zahlenmystik

Dreizehn

Es paßt eigentlich hervorragend: die dreizehnte Karte ist die Karte des Todes. Auf banaler Ebene ist hiermit schon alles gesagt und der Ratsuchende vor Schreck vom Stuhl gefallen. Doch Sie wissen ja jetzt bereits über die Karte des Todes Bescheid, und bei der Dreizehn spielt viel Aberglaube eine Rolle, denn nur im Volksglauben ist die Dreizehn eine Unglückszahl. In Mythen und Religionen scheint sie durchweg eine Glückszahl zu sein.

Sogar im christlichen Glauben ist die Dreizehn keine schlechte Zahl – im Gegenteil: sie wird aus der heiligen Zahl (die Zehn Gebote) und der göttlichen Drei (die Trinität von Vater-Sohn-Heiliger Geist) gebildet. Auch erschienen am 13. Tag nach Jesu Geburt die Weisen aus dem Morgenland.
Außerdem bildet sich die Dreizehn aus der Fünf, Zahl der Bücher Mose, und der Zahl der Auferstehung, der Acht. Der Tod beinhaltet nach dem Absterben alter Lebensgewohnheiten auch die Auferstehung in sich. Der Mensch kann geläutert wiederauferstehen.

Farbsymbolik

Schwarz

Schwarz ist in unserer Kultur die Farbe der Trauer und soll diese auch hervorrufen. Andererseits verstärkt Schwarz aber auch die Symbolik der anderen Farben bzw. schützt ihren Träger, den sie wie eine Art Wall umgibt. Schwarz verleiht dem Träger damit auch eine Aura der Unnahbarkeit. (Was wiederum in enger Verbindung zur Trauer steht – in Zeiten des Unglücks möchte man sich von der Außenwelt abschotten, nicht mit ihr konfrontiert werden, dies bewirkt Schwarz.)
Im Tarot tritt Schwarz meist in Zusammenhang mit Weiß auf, um die Dualität der Dinge zu vergegenwärtigen. Gerade auf der Karte des Todes ist dies besonders deutlich: ohne die Farbe Weiß gibt es auch keine Farbe Schwarz und umgekehrt. Wäre alles weiß, würde man zudem nicht mehr erkennen, daß es weiß ist, etc. Etwas muß erst sterben, damit etwas anderes leben kann. Zum Beispiel muß eine alte Beziehung erst aufgegeben werden, damit die neue Beziehung wirklich leben kann, etc.

Übung

1. Was ist die Grundaussage der Karte des Todes?
2. Was sagt die Fahne im Bild aus?
3. Geht die Sonne auf dem Bild auf oder unter?
4. Was bedeutet die Zahl Dreizehn?
5. Ist die Dreizehn eine Unglückszahl?
6. Was symbolisiert ein Pferd?
7. Was wird durch ein Schiff symbolisiert?
8. Wofür steht der Fluß symbolisch?

Mäßigkeit

Auffällig ist, daß die Karte der Mäßigkeit auf den ersten Blick bei den Ratsuchenden immer Enttäuschung hervorruft. Vergessen ist der wunderschöne Engel, unbeachtet die mystische Symbolik der Karte – allein der Name wird beachtet und senkt die Stimmung: »Ja, ja – da muß ich mich mäßigen«, murmelt der Klient dann vor sich hin und ist manchmal nur nach langen Erklärungen bereit, die wahre Bedeutung der Karte aufzunehmen. Vielleicht wäre es besser, bei dieser Karte die Bezeichnung abzuschneiden ...

Es geht also nicht darum, sich zu mäßigen. Diese Beziehung beruht auf einer der vier Kardinaltugenden mit dem gleichen Namen. Die Bedeutung, die dahintersteht, ist allerdings, das rechte Maß der Dinge zu finden. Ein grundlegender Unterschied also, nicht wahr? Doch entschlüsseln Sie nun zuerst allein die Karte:

Die Symbolik der Mäßigkeit im einzelnen

Daß es unter anderem um das rechte Maß der Dinge geht, haben Sie bereits weiter oben erfahren – doch die Karte verbirgt noch sehr viel mehr:

Zahl Vierzehn: Zahl des Schutzes.

Hintergrundfarbe Grau: Sie verdeutlicht die Autorität des himmlischen Wesens.

Engel: Der Vermittler zwischen Gott und den Menschen – er bringt den Ausgleich. Seine Haltung ist ebenfalls von entschei-

dender Bedeutung: Ein Fuß steht auf der Erde, der andere befindet sich im Wasser – auch hier der Hinweis auf die Verbindung der Dinge, es wird vermittelt zwischen den Gegensätzen.
Weißes Kleid: Weiß als Farbe der Reinheit – hier die Reinheit des Geistes des Engels.
Gelbes Haar mit Strahlenkranz: Auch hier symbolisiert der Strahlenkranz die Erleuchtung. Das Gelb verdeutlicht die reine Erkenntnis des himmlischen Wesens. Der Engel trägt das astrologische Symbol der Sonne auf seiner Stirn. Die Sonne ist dem Gold zugeordnet – hier die symbolische Darstellung, daß er das Gold des Geistes bereits erreicht hat.
Rote Flügel: Alchimistisches Feuersymbol. Im Feuer findet nach alchimistischer Vorstellung der Ausgleich statt.
Kelche: Symbole der überströmenden Fülle. Die Art und Weise, wie das Wasser von einem Kelch in den anderen gegossen wird, ist eigentlich nicht möglich. Daher symbolisiert diese Bewegung auch »Das Unmögliche möglich machen«.
Teich: Das Wasser als Symbol der Seele, die nun zu einem Ausgleich geführt wird.
Weg: Symbol der Veränderung, aber auch der Rückkehr. Der Engel ist die letzte Karte der zweiten Siebenerreihe. Mit dem Weg wird verdeutlicht, daß sich der Mensch nun wieder auf dem Rückweg zum äußeren Leben befindet, nachdem er zu Selbsterkenntnis und Erleuchtung gelangt ist.
Berge: Symbole der Vermittlung zwischen Denken und Tun, zwischen Himmel und Erde, zwischen Gott und den Menschen.
Archetypus: Engel als eine Idee von Gott.

Die Deutung

- Das Unmögliche kann möglich gemacht werden, wenn man das rechte Maß der Dinge beachtet. Also kein Überschwang etc. (Für mich persönlich zeigt diese Karte auch immer den Schutz eines mächtigen Engels an!)

- Bei einer negativen Kleinen Arkana muß das rechte Maß der Dinge, der Ausgleich zwischen den Dingen erst gefunden werden, damit man erfolgreich zur Tat schreiten kann.
- Meist erscheint die Mäßigkeit in scheinbar ausweglosen oder in Situationen, in denen der Betreffende brillieren kann, außer die Kleinen Arkana verhindern dies.

Hintergrundwissen

Zahlenmystik

Vierzehn

Da die Vierzehn aus der Verdoppelung der heiligen Sieben entsteht, gilt sie als große Schutzzahl. Daher kommt auch, daß vierzehn Heilige zum Schutz in Not angerufen werden können! Auf der Gegenseite existieren vierzehn Dämonen, vor denen man sich in acht nehmen muß.

Die Tarotkarte Mäßigkeit ist die vierzehnte Karte des Zyklus – mit ihr wird nicht nur die Vermittlung zwischen Denken und Tun, also der Ausgleich der Dinge in Verbindung gebracht, sie symbolisiert auch oft einen mächtigen Schutz in beinahe ausweglosen Situationen: man kann dann eben das Unmögliche möglich machen!

Übung

1. Was ist die Grundaussage der Mäßigkeit?
2. Ist die Mäßigkeit auch eine der vier weltlichen Kardinaltugenden?
3. Was symbolisiert der Weg?
4. Was symbolisiert ein Teich?
5. Was bedeutet die Haltung des Engels?
6. Welches Zeichen trägt er auf der Stirn?
7. Was sagen die roten Flügel im Tarot generell aus?
8. Kann der Engel der Mäßigkeit auch negative Dinge ankündigen bzw. hat diese Karte auch eine Schattenseite?

Der Teufel

Hier klopft nicht Beelzebub persönlich an die Tür, auch wird kein Schwefelgeruch die Kartenlegung beeinträchtigen, wenn diese Karte erscheint ... Doch Spaß beiseite – Sie werden in Kartenlegungen für andere Menschen immer eine Angst bemerken, die schlagartig auftaucht, sobald Der Teufel in Erscheinung tritt. Selbst Tod, Turm oder Rad des Schicksals können keine derartigen Gefühle auslösen wie Der Teufel. Doch dies liegt auch in der Absicht der Karte.

Versuchen Sie jetzt, dem Teufel auf die Spur zu kommen. Kleiner Tip: Der Teufel ist das Gegenteil der Engel, Böse gegen Gut, Schatten gegen Licht – also ist die Umkehr der Dinge in der Symbolik gefragt.

Die Symbolik des Teufels im einzelnen

Eine reichhaltige Symbolik wartet nun auf uns. Vor allem aber wollen Zeichen und Bilder entschlüsselt werden, die in etwas anderer Form alle bereits vorgekommen sind!

Zahl Fünfzehn: Zahl der geistigen Erhebung.

Hintergrundfarbe Schwarz: Schwarz als abwehrende, blockierende Farbe der Trauer, der Angst und der Depression. Die Figuren der Karte sind gefangen in diesen Gefühlen.

Figuren in Orange: Orange als Farbe des Selbstbewußtseins. Mit diesem enormen Selbstbewußtsein geht Der Teufel mit seinen Verführungen vor. Daher werden sie nicht so schnell durchschaut.

Fledermausflügel: Symbol des Todes, aber auch der Unsterblichkeit. Wie bereits oben erwähnt, ist die Umkehr der Symbolik hier von Bedeutung. Die himmlischen Wesen (Engel der Mäßigkeit und der Liebenden) tragen mächtige rote Flügel aus Federn (diese stehen in der Symbolik dem Himmel nahe). Der Teufel hingegen verzerrt dieses Bild – er trägt Fledermausflügel. Fledermäuse galten in der Antike als »Höllenwesen«, da sie in Höhlen leben und diese als Eingang zum Jenseits angesehen wurden. In der modernen Psychologie (nach C. G. Jung) ist die Höhle Symbol des Eingangs zum Unterbewußtsein.
Hörner: Symbol der Macht und Stärke. Hier der negativen Macht. Aber auch Symbol der Sexualität – ebenfalls ein Aspekt des Teufels.
Nach unten gesenkte Fackel: Das Feuer ist eigentlich Symbol der sich reinigenden Seele. Die nach unten gerichtete Fackel ist jedoch Symbol für das Auslöschen von Leben. Nebenaspekt: der Mann wird damit in »Brand« gesetzt, was erneut auf die – hier destruktiven – sexuellen Triebe hinweist. (Der Mensch wird geistig und spirituell ausgelöscht, wenn er sich diesen Trieben vollkommen unterordnet).
Rechte Hand des Teufels: Es ist das Handzeichen der jüdischen Hohenpriester, das eingesetzt wurde, um die Macht des Geistes an sich zu ziehen. Heute im jüdischen Glauben das Segnungszeichen. Der Teufel verkehrt auch dieses ins Gegenteil, um anzuzeigen, daß er die Macht des Geistes der Menschen kontrollieren kann.
Astrologisches Symbol in der rechten Handfläche: Es ist das astrologische Symbol des Planeten Saturn, des klassischen Unglücksbringers.
»Thron« des Teufels, das Rechteck: Das Rechteck ist das Symbol des unvollständigen Wissens. Wissen um materielle Dinge,

ohne die geistige Seite mit einzubeziehen. (Im Gegensatz dazu: das Quadrat symbolisiert das vollständige Wissen.)
Umgekehrtes Pentagramm über dem Kopf: Symbol der Schwarzen Magie.
Personen: Die Figuren könnten Frau und Mann der Liebenden sein. Die Figuren auf der Karte des Teufels sind jedoch nicht vollkommen menschlich und symbolisieren damit die Unfreiheit der Menschen, die nur der Materie verhaftet sind.
Ketten: Symbol der Unfreiheit, der Gefangenschaft. Die Personen sind gefangen in den Illusionen des Teufels. (Der Aspekt der Illusion wird damit verdeutlicht, daß die Ketten die Figuren nicht wirklich fesseln! Wenn sie wollten, könnten sie sich selbst befreien, indem sie die Ketten nur über den Kopf ziehen! Doch die Illusion ist eine der Mächte des Teufels!)
Archetypus: Teufel

Die Deutung

- Sehr große Angst. Eine übermächtige Angst, die den Betreffenden völlig unfrei und handlungsunfähig macht. Kann auch zu Depressionen führen.
- Die betreffende Person sitzt der Illusion auf, völlig gefangen zu sein und sich nicht befreien zu können. (Verweisen Sie auf die Ketten!)
- In einer privaten Angelegenheit, einer Frage der Liebe und menschlichen Beziehungen kann Der Teufel auch eine große Abhängigkeit bedeuten (meist verbunden mit sexueller Abhängigkeit).
- Zeigen Sie bei der Deutung des Teufels großes Einfühlungsvermögen! Die symbolisierte Person ist von großer Angst gezeichnet, daß sie zu Depressionen neigen und sehr empfindlich auf Ihre Aussagen reagieren kann (d. h. noch sensibler).

- Der Teufel ist eine sehr starke Karte. Innerhalb eines Kartenbildes »strahlt« er auf alle Karten aus. Seine Macht ist ebenso groß, daß er alle Karten ein wenig mitbeherrscht – also auch die positiven Karten in ihrer Aussage ein wenig beeinträchtigt!
- Auch positive Kleine Arkana verkehren sich zusammen mit dem Teufel oftmals ins Negative.
- Liegt Der Teufel auf der Position der Vergangenheit, strahlt er auch hier noch sehr stark in die Gegenwart aus. Die Angst (Illusion, Abhängigkeit) ist zwar nicht mehr so stark vorhanden, doch die Erinnerung daran noch sehr stark.

Hintergrundwissen

Zahlenmystik

Fünfzehn

Daß Fünfzehn die Zahl der geistigen Erhebungen ist, mag merkwürdig klingen, wenn man sie im Zusammenhang mit dem Teufel des Tarot nennt. Doch die christliche Mystik kennt die Fünfzehn besonders als feierliche, heilige Zahl: fünfzehn Psalmen im Stufengesang, fünfzehn Geheimnisse des Rosenkranzes, fünfzehn Thronengel im 6. und 7. Buch Mose, fünfzehn Arten der Liebe im Hohenlied etc.

Sinnvoll wird der Zusammenhang zwischen der Fünfzehn und dem Teufel, wenn man an seine divinatorische Bedeutung denkt: er will verführen, er will den Menschen in der Materie verhaftet sehen. Daher ist es notwendig, sich darüber zu erheben, den Geist über die Materie zu stellen. Der Teufel ist die erste Karte der dritten Siebenerreihe. In der ersten Reihe entwickelt sich der Mensch so weit, daß er nach Mutter-Vater-Gesellschaft die Liebe erfährt und danach aufbricht, sich selbst zu erkunden. Dies geschieht in der zweiten Reihe – Erleuchtung und Selbsterkenntnis sind die Hauptthemen dieser Reihe. Doch irgendwann muß der Mensch wieder zurück ins materielle Leben. Von dieser Rückkehr und den Verführungen, die erst überwunden werden müssen, um dann ein sinnvolleres Leben mit allen Erfahrungen führen zu können, spricht die dritte Reihe. Und die größte Verführung ist nun einmal Der Teufel, also muß der Mensch lernen, sich darüber zu erheben. Und diese Erhebung wird durch die Fünfzehn ausgedrückt.

Astrologie

Saturn

In der Handfläche der rechten Hand des Teufels ist das astrologische Symbol des Planeten Saturn eingezeichnet.

Saturn galt in der klassischen Astrologie als Unglücksplanet. (Im Gegensatz dazu galt Jupiter als Planet der Fülle und des Glücks.)

Er galt bis zur Entdeckung von Uranus als äußerster Planet unseres Sonnensystems und wurde daher auch »Der Hüter der Schwelle« genannt. Aus diesem Grund wird er in der Astrologie auch mit Begrenzungen, Grenzen und Ordnung, die aus festen Regeln entsteht, gleichgesetzt. Diese strikte Ordnung führt manchmal zu Maßregelungen und absoluter Kontrolle.

Diese absolute Kontrolle will auch Der Teufel über die von ihm »gefangenen Seelen« ausüben – daher wird die Karte des Teufels auch dem Saturn zugeordnet.

Selbstverständlich hat auch Saturn seine guten und Jupiter seine schlechten Seiten. Die moderne Astrologie spricht ohnehin nicht mehr von »gut« oder »schlecht«, doch auf der Karte ist die Symbolik in dieser Strenge zu betrachten.

Übung

1. Welche Bedeutungen kommen dem Teufel in der Deutung zu?
2. Wie wirkt sich Der Teufel auf die anderen Karten innerhalb eines Kartenbildes aus?
3. Kann Der Teufel auch negativ auf positiv zu deutende Kleine Arkana wirken?
4. Was bedeutet die nach unten gerichtete Fackel?
5. Was sagt das Pentagramm aus?
6. Worin besteht der Unterschied zwischen Magier und Teufel?
7. Worauf sollte man in einer Kartenlegung verweisen, wenn es um Abhängigkeiten geht?

Der Turm

Es gibt keine Atempause – kaum hat man in der letzten Siebenerreihe den Teufel hinter sich gelassen, kommt die nächste dunkel wirkende Karte. Doch keine Angst vor dem Turm! Erscheint die Karte des Turmes in einer Kartenlegung, werden sofort die Instinkte des Fragenden angesprochen. Beinahe augenblicklich murmeln die meisten Menschen: »Eine Katastrophe steht ins Haus, nicht wahr?« Es ist erstaunlich, wie »falsch« die meisten das Rad des Schicksals aus dem Bauch heraus interpretieren und wie sehr Der Turm das Zentrum trifft. Obwohl »Katastrophe« nicht die alleinige Aussage des Turmes ist und auch ohne Zusammenhang nicht im Raum stehen bleiben darf. Beruhigen Sie also den Fragesteller erst einmal – Der Turm kann sehr wohl auch die besten und positivsten Dinge auslösen!

Die Symbolik des Turmes im einzelnen

Das Bild des Turmes verlangt erhöhte Aufmerksamkeit des Betrachters, ansonsten kann es leicht zu einer Fehlinterpretation kommen! Aber lesen und vergleichen Sie die Symbolik erst einmal mit Ihren Notizen:

Zahl Sechzehn: Zahl der Vollkommenheit, auch Glückszahl.

Hintergrundfarbe Schwarz: Kann hier sowohl die Trauer symbolisieren als auch das Abblocken von geistiger Erkenntnis, die dann durch den gelben Blitz erzwungen wird.

Blitz: Symbol der blitzartigen Erkenntnis. Auch »Fingerzeig Gottes«. Das Symbol der göttlichen Kraft. Auch Symbol des plötzlichen Freiwerdens von Energien.
Turm: Symbol der Macht, aber auch der Wachsamkeit. Hier auch das Symbol der Weltabgeschiedenheit. (Der Mensch hat sich zu sehr von seinem Unterbewußtsein abgeschnitten, dieses wird mit dem Blitz schlagartig wieder freigelegt.)
Flammen: Symbol der sich reinigenden Seele. Hier auch das Symbol des sich reinigenden Geistes – da die Flammen an der Spitze des Turmes zu sehen sind.
Krone: Symbol der Erhabenheit über die niederen Instinkte. Doch diese Krone saß auf dem steinernen Turm, d. h., der Mensch dachte, er müßte sein Unterbewußtsein völlig ausschalten, um zur Erleuchtung zu gelangen. Dieser Irrglaube wird vom Blitz zerstört. Geistige Werte werden zerschlagen.
Fels: Symbol des Bestandes und der Festigkeit. Hier liegt auch die oben angesprochene »Kleinigkeit«, die in der Interpretation oftmals vergessen wird. Der Blitz schlägt zwar in den Turm ein und zerstört den oberen Teil, doch der Fels bleibt bestehen – es geht nicht alles verloren! (Der Mensch bleibt in seiner Grundfeste verankert, »lediglich« sein Geist wird aufgebrochen.)
Personen: Dadurch, daß die Menschen kopfüber aus dem Turm stürzen, wird die Aussage des Turmes sehr genau bestätigt: Werte werden umgekehrt, das Denken wird auf den Kopf gestellt (ähnlich wie beim Gehängten, der diese Werteumkehr jedoch selbst herbeiführt). Es fallen ein König und ein bürgerlicher Mensch aus dem Turm – diese blitzartige Erkenntnis kann jeden treffen. (Die Krone kann hier aber auch als falsches Wissen interpretiert werden, das vernichtet werden muß.) Die Farben der Kleidung – Rot und Blau – zeigen die Vermengung von Unterbewußtsein (Blau) und Bewußtheit (Rot) an.

Jod: Die vom Himmel fallenden Tropfen. Die Tropfen sind der hebräische Buchstabe Jod, der »Gnade« bedeutet. Hier wird erneut verdeutlicht, daß die vermeintliche Strafe Gottes, der Blitz, als Befruchtung des Geistes und nicht als Strafe zu sehen ist. Es fallen insgesamt 22 Jod vom Himmel – die Anzahl der Großen Arkana. Wobei 12 Jod auf der linken Seite zu sehen sind und symbolisch das Spirituelle und das Universum ausdrücken. Auf der rechten Seite (Bewußtheit) sind zehn Bälle zu sehen: Materie und Unterbewußtsein müssen miteinander verbunden werden.
Archetypus: a) Der Zorn Gottes. b) Plötzliche Erkenntnis.

Die Deutung

- Blitzartige Erkenntnis. Diese ist momentan schmerzhaft, kann aber zu sehr positiven Ergebnissen führen.
- Großer Streit, Zank. Vor allem »wie aus heiterem Himmel« – der Ärger kommt sehr plötzlich und beinahe überraschend, doch die Grundfesten bleiben bestehen (auf den Felsen verweisen). (Ausnahme: es folgt die Todeskarte, dann kommt nach dem Streit der Bruch. Mit einer positiven Kleinen Arkana kann auch ein Bruch zum guten Ende führen!)
- Vergessen Sie nie, den Kleinen Arkana große Bedeutung beizumessen – gerade Der Turm verlangt eine sehr differenzierte Deutung. Bei einer positiven kleinen Arkana wendet sich die Situation nach einer befreienden Auseinandersetzung schlagartig zum Besseren.

Hintergrundwissen

Zahlenmystik

Sechzehn

Die Sechzehn wird als Glückszahl bezeichnet, da sie in enger Verbindung mit der Vier und damit dem Viereck steht, welches wiederum das vollkommene Wissen symbolisiert. Bereits die Pythagoräer nannten die Sechzehn eine Glückszahl.

Es mutet auf den ersten Blick etwas merkwürdig an, die dunkle Karte des Turmes mit einer Glückszahl in Verbindung zu bringen, doch wie Sie bereits gelesen haben, kann Der Turm durchaus auch Glück bringen. Dieses ist zwar mit Schmerz verbunden, doch kann sich daraus sehr viel Positives entwickeln! (Hier ist auch der Bezug zur Sechzehn als Zahl der Vollkommenheit gegeben: erst mit den Erfahrungen des Turmes kann der Mensch auf seinem Weg zur Vollkommenheit voranschreiten.)

Übungen

1. Was ist die Grundaussage des Turmes?
2. Ist Der Turm eine ausschließlich negativ zu deutende Karte?
3. Was bedeutet der Fels auf der Karte?
4. Was sagen die Jod-Zeichen aus?
5. Was bedeutet die Zahl Sechzehn?
6. Was symbolisiert ein Blitz?
7. In welchem Zusammenhang steht diese Symbolik mit dem Turm?
8. Was ist der Unterschied zwischen den Karten Turm und Gehängter?

Der Stern

Nach den aufregenden Karten Teufel und Turm kommt eine wahre Erholungsphase in Form des Sternes auf uns zu. Es ist eine der schönsten Karten im Tarot, und die Symbolik dürfte für Sie nun überhaupt nicht mehr schwer zu entziffern sein!

Die Symbolik des Sterns im einzelnen

Zahl Siebzehn: Die Zahl der Nachfolge.
Hintergrund Blau: Die Karte wirkt insgesamt sehr »blau« – die blaue Farbe hier als Symbol des Unterbewußtseins und des intuitiven Wissens.
Grüner Boden/Wiese: Grün als Farbe des Ausgleich, der Untergrund, auf dem der Ausgleich stattfinden soll.
Sternenfrau: Einer ihrer Füße ruht auf der Erde, der andere auf dem Wasser – damit wird erneut angedeutet, daß ein Ausgleich zwischen den Elementen stattfindet.
Wasser: Symbol des Unterbewußtseins, der Seele.
Die beiden Krüge: Krüge oder Schalen sind oftmals Symbole magischer Behälter, die ein Mysterium in sich bergen oder auffangen. (z. B. der Hl. Gral, die Schale, mit der Christi Blut aufgefangen wurde, etc.). Die Sternenfrau schöpft damit das Wasser des Lebens. Sie gießt das Wasser des Lebens auf die Erde (das Bewußtsein) ebenso wie in den Teich (das Unterbewußtsein, auch die Seele). Durch die Sternenfrau wird eine Brücke

zwischen Bewußtsein und Unterbewußtsein geschlagen. Zudem wirkt es, als würden die Krüge niemals leer werden – das Wasser ist hier auch Symbol der Lebensenergie, aus der nun unendlich geschöpft werden kann! (Denken Sie hier an die Mäßigkeit. Der Engel gießt das Wasser von einem Krug in den anderen – er kann es noch nicht vergießen und strömen lassen –, noch ist die Lebensenergie nicht in Überfülle vorhanden. Mit der Karte des Sternes jedoch ist diese Fülle nun erreicht!)
Berg im Hintergrund: Mittler zwischen Himmel und Erde, auch zwischen Unterbewußtsein und Bewußtsein.
Baum: Symbol des Wachstums und des Aufstieges. Der Mensch ist nun innerlich sehr stark gewachsen, seine Seele kann sich vorbereiten auf den Aufstieg zu höheren geistigen und spirituellen Welten.
Vogel: Symbol der Seele. Der kleine Vogel im Baum ist ein Ibis, das Symbol des ägyptischen Gottes Thot, dem auch die Kunst zugeschrieben wurde. Damit soll verdeutlicht werden, daß der Mensch aus seinen inneren Quellen schöpfen muß, um kreativ tätig zu werden (nicht als Künstler im herkömmlichen Sinn, sondern als Künstler in bezug auf den eigenen Lebensweg!).
Acht achtzackige Sterne: Die Anordnung der Sterne zeigt ein alchimistisches Symbol. Sieben kleine Sterne kreisen um einen großen Fixstern. Dieses Bild ist das Symbol des Großen Werkes in der Alchimie. Mit dem Großen Werk ist die Erleuchtung des Menschen gemeint. (Diese Anordnung war auch ganz allgemein ein gängiges Bild des Mittelalters.) Die Erleuchtung des Menschen, Ziel des Tarotzyklus, ist also bereits am Firmament zu sehen!
Archetyp: Der Stern als archetypisches Symbol der Gotteserfahrung.

Die Deutung

- Der Lebensweg.
  Der Stern zeigt immer den Lebensweg des Betreffenden an – ob dieser seinen Lebensweg findet, den Stern, dem er folgen möchte, oder sich auf einem Irrweg befindet, zeigen die Kleinen Arkana.
  Auch als Glücksstern in der Kartenlegung mit viel Glück auf dem Lebensweg zu deuten, wenn die Kleinen Arkana dies anzeigen. Dann ist Der Stern mit Hoffnung und Harmonie in Verbindung zu bringen. Mit negativen Kleinen Arkana ist dies dann die Nichterfüllung dieser Hoffnungen oder Disharmonie.
- Zusammen mit einer Hofkarte kann Der Stern auch anzeigen, mit wem man den Lebensweg beschreiten möchte.

Hintergrundwissen

Zahlenmystik

Siebzehn

Die Siebzehn ist besonders in der christlichen Mystik stark verankert. Durch ihre Verbindung der göttlichen Zehn mit der heiligen Sieben kommt ihr besondere Bedeutung zu. Zehn Gebote, sieben Gaben des Hl. Geistes. Zehn als symbolischer Ausdruck des Alten Testamentes und Sieben als Zeichen des Neuen Testamentes. Die Arche Noah wurde am 17. Tag fertiggestellt, und die Sintflut endete am 17. Tag etc.

Die Nachfolge der Siebzehn ergibt sich ebenfalls aus der christlichen Mystik. Die Summe aller Zahlen bis 17 ergibt 153. 153 Fische wurden aus dem See Genezareth gefischt. An der gleichen Stelle (örtlich betrachtet) spricht Jesus zu Petrus: »... Du

bist mein Stern. Du sollst mein Nachfolger sein...« Hier ist auch die Beziehung zur Tarotkarte Der Stern in doppelter Weise gegeben!
Zur Zahl der Nachfolge wird die Siebzehn nicht nur in der christlichen Mystik. Auch im I Ging trägt der 17. Orakelspruch den Titel »Die Nachfolge«.

Übung

1 Was bedeutet Der Stern in einer Kartenlegung?
2. Was sagen die Sterne auf der Karte aus?
3. Was drückt die Sternenfrau mit ihrer Haltung und Tätigkeit symbolisch aus?
4. Was bedeutet die Siebzehn?
5. Was ist mit dem Begriff »Das Große Werk« gemeint?
6. Und wie steht dies im Zusammenhang mit der Karte Der Stern?

Der Mond

Lassen Sie sich nun nicht in die Irre führen – vertrauen Sie Ihren Instinkten und vor allem vertrauen Sie auf das bereits erworbene Wissen, um den Mond des Tarot zu entschlüsseln.

Die Symbolik des Mondes im einzelnen

Es könnte sein, daß Sie bezüglich der Deutung des Mondes ein wenig überrascht sein werden, doch lassen Sie uns zuerst die Symbolik durchgehen:

Zahl Achtzehn: Eine der Unglückszahlen. Aber auch die Zahl des Unterbewußtseins.
Überwiegende Farbe Blau: Es geht also um das Unterbewußtsein.
Mond: In der Abbildung des Mondes in der Mitte der Karte sind alle Mondphasen zu erkennen.
Jod-Tropfen, die vom Himmel fallen: Wie bei der Karte des Turmes fallen auch hier Jod-Tropfen vom Himmel als Zeichen der göttlichen Gnade.
Türme: Die Symbole des himmlischen Jerusalem, der »Ewigen Stadt«. (Erinnern Sie sich an die Karte des Todes, auf dieser sind die beiden Türme in weiter Ferne zu sehen. Die Ewige Stadt kündigte sich im Tarotzyklus bereits an. Nun sind die Türme schon sehr viel näher gerückt! Man kann aber auch einen Vergleich mit der Hohenpriesterin ziehen – die beiden Säulen hal-

ten den Schleier der Isis, der die Wasser des Unbewußten verdeckt. Mit dem Turm ist dieser schützende Schleier blitzartig zerrissen, und nun ist der Mensch auf der anderen Seite angelangt.)
Krebs: Symbol des Unterbewußtseins. Aber auch Symbol des kollektiven Unbewußten, aus dem nun die Inhalte emporsteigen.
Hund und Wolf: Die Tiere als Symbole unserer Instinkte. Das Animalische in uns. Der Hund ist das Symbol unserer kontrollierten Instinkte und Triebe. Der Wolf als Symbol der ursprünglicheren, daher auch wilderen Instinkte und Triebe.
Weg: Symbol der Rückkehr, aber auch der Veränderung. Der Mensch kehrt mit dieser Karte nun zu seinen Urinstinkten, seinem tiefsten Unterbewußtsein zurück und erfährt durch Überwindung ebendieser Instinkte eine Veränderung. Er muß den Weg jedoch ohne Angst beschreiten, ansonsten könnte er den beiden Tieren anheimfallen und daran zerbrechen. (Die Niederlage gegenüber den eigenen Instinkten und Urtrieben kann in manchen Fällen sogar zur Gemütskrankheit führen!)
Archetypus: Es
Der Mond des Tarot hat nichts mit unserer Vorstellung vom guten alten Mond gemeinsam. Innerhalb des Tarotzyklus spricht er von der gefährlichen Konfrontation mit unseren Urtrieben und in der Divination führt er nur zu gern in die dunklen Gebiete des Menschseins.

Die Deutung

- Illusion, Lüge, Betrug, böser Klatsch und üble Nachrede.
- Erscheint Der Mond auf der Charakterposition: Der Fragesteller selbst lügt, gibt nicht alles preis.
- Selbst positive Kleine Arkana können für den Betreffenden negativ werden. Sie behalten zwar ihre positive Aussage, aber für den Gegner!

- In Ausnahmefällen kann Der Mond auch anzeigen, daß der Betreffende selbst im dunkeln tappt, also nicht weiß, wie es weitergehen soll, keine Lösung sieht.

Hintergrundwissen

Zahlenmystik

Achtzehn

Die Achtzehn gilt als Unglückszahl, da Israel achtzehn Jahre dem moabitischen König Eglon dienen mußte.

Die christliche Mystik hingegen verbindet die Zahl Zehn (die Zehn Gebote) mit der Acht der Auferstehung. Und durch die Teilung der Achtzehn in drei Teile ergeben sich dreimal die Sechs und damit drei Sechsecke, die wiederum als Davidsschild gesehen werden und damit die Zahl Achtzehn eigentlich zur Glückszahl machen.

Von noch größerer Bedeutung scheint, daß die Zahl Achtzehn auch die Zahl des Unterbewußtseins ist. Im Biorhythmus ergibt sich immer nach achtzehn Jahren und sieben Monaten im Leben eines Menschen eine Periode der großen Empfänglichkeit des Unterbewußtseins. Impulse aus dem Unterbewußtsein treten zu diesem Zeitpunkt stark hervor und drängen an die Oberfläche. Große Schaffensfreude ist das Ergebnis davon. Die Tarotkarte Der Mond erzählt von unserem Unterbewußtsein, das aktiviert wird!

Übung

1. Was ist die Aussage des Mondes in der Deutung?
2. Kann die Karte des Mondes selbst positive Kleine Arkana ins Gegenteil verkehren?
3. Was bedeutet die Zahl Achtzehn?
4. Was symbolisiert der Krebs?
5. Was zeigen die beiden Türme auf der Karte an?
6. Wie stehen die Karte des Todes und die des Mondes miteinander in Verbindung?
7. Was bedeutet die Karte des Mondes innerhalb des Tarotzyklus?

Die Sonne

Die Symbolik der Sonne muß eigentlich gar nicht entschlüsselt werden, um den strahlenden Optimismus der Karte zu entdecken, oder? Nach dem diffusen Licht des Mondes treten wir nun in die Helligkeit der Sonne – doch trotzdem wollen wir die Symbolik genauer betrachten:

Die Symbolik der Sonne im einzelnen

Zahl Neunzehn: Die Zahl des gesamten Kosmos (zwölf Tierkreiszeichen, sieben klassische Planeten). Auch die »Goldene Zahl«.
Sonne: Sie ist auf der Karte in alchimistischer Symbolik dargestellt – gerade und gewellte Linien wechseln einander ab. Sie zeigt sich dem Betrachter frontal (Der Mond von der Seite) und zeigt damit symbolisch an, daß sie das aktive, lebenspendende Prinzip der Natur ist. Sie ist ebenfalls Symbol des immerwährend leuchtenden Lichts des Geistes.
Sonnenblumen: Sie symbolisieren Lebensfreude – eine Sonnenblume wendet ihr Köpfchen immer in die Richtung, aus der die Sonne (= Freude) kommt. Selbstverständlich steht die Sonnenblume symbolisch der Sonne und damit auch dem Gold nahe.
Mauer: Symbol des Schutzes, aber auch der Abgrenzungen. Die graue Steinmauer umgrenzt schützend den Garten der Seele, die mit dieser Karte nun erreicht ist. Da das Kind vor der Mauer ist, stellt sie auch die Vergangenheit dar, die überwunden wurde.

Pferd: Symbol der Macht und der Instinkte. Das Pferd wird von Waite selbst als weißes Pferd beschrieben, obwohl es auf der Karte eher grau wirkt. Doch schenken wir dem Meister Glauben und interpretieren es auch mit der Farbe Weiß, der Farbe der Reinheit und Unschuld, also der Reinheit der Instinkte. Diese sind nach den Erfahrungen des Mondes geläutert und damit rein.

Fahne: Eine orangefarbene Fahne. Orange als Zeichen des Selbstbewußtseins, aber vor allem auch der unermeßlichen Freude. Über die Fahne äußerte sich Waite: »... das Siegel der Schöpfung und der Kunst.«

Kind: Das Symbol der Unschuld, der vollkommen reinen Seele und des Neuen. Innerhalb des Tarotzyklus ist der Mensch bereits durch seine tiefsten Tiefen gegangen und kommt nun geläutert, rein und unschuldig in den Garten seiner Seele.

Blumenkranz und Feder in den Haaren. Der Blumenkranz als das Symbol der Verbundenheit mit der eigenen Natur, den eigenen Gefühlen und Instinkten. Die Feder ist symbolisch mit dem Vogel und damit dem Himmel und der Sonne verwandt. Auch Symbol des Geistes.

Archetypus: Das ewige Kind

Die Deutung

- Freude, Optimismus, Zufriedenheit, kindliche Freude und Wärme.
- Die Sonne ist das genaue Gegenteil des Mondes – auch in der Deutung –, selbst negativ zu interpretierende Kleine Arkana können die Grundaussage der Sonne nicht ins Gegenteil verkehren, sondern »lediglich« die Freude, den Optimismus schmälern oder verzögern.

Hintergrundwissen

Zahlenmystik

Neunzehn

Die Neunzehn birgt auch eine gewisse göttliche Kraft in sich. Aus ihr läßt sich die Quersummenzahl (s. Tarotkurs, 3. Teil) Zehn bilden: 19 = 1 + 9 = 10.

Der Tarotsonne wird die »Goldene Zahl«, die Neunzehn, zugeordnet. Dies beinhaltet (wie so oft im Tarot) eine Doppeldeutigkeit: Die Tarotsonne ist dem astrologischen Planeten Sonne und damit auch dem Gold zugeordnet.

Die Beziehung »Goldene Zahl« steht im Zusammenhang mit der Berechnung, auf welchen Kalendertag das Osterfest fällt.

Übung

1. Wie wird die Tarotkarte Die Sonne gedeutet?
2. Hat diese Karte auch negative Aspekte?
3. Wie wirken sich negativ zu interpretierende Kleine Arkana auf Die Sonne aus?
4. Was bedeutet die Neunzehn?
5. Was symbolisiert eine Mauer?
6. Was besagt die Mauer auf der Karte Die Sonne innerhalb des Tarotzyklus?

Gericht

Es ist beinahe geschafft! Unser Held ist an der vorletzten Station des Tarotzyklus angelangt – doch noch geschehen innerhalb des Zyklus bedeutende Dinge! Tip: Lassen Sie sich bei der Entschlüsselung der Karte nicht vom Namen irreleiten …

Die Symbolik des Gerichtes im einzelnen

Zahl Zwanzig: Stellt symbolisch die Verbindung von Jenseits und Diesseits dar.
Vorherrschende Farbe: Blau – erneut spielt das Unterbewußtsein eine Rolle.
Engel: Das himmlische Wesen symbolisiert das höhere Wissen.
Rote Flügel: Das Symbol der Macht und das alchimistische Symbol des Feuerzustandes, in dem der Ausgleich stattfinden wird (wie auch bei den Liebenden und der Mäßigkeit).
Posaune: Symbol für die Stimme Gottes. Symbolisiert auch den Ruf zum Weltgericht.
Fahne: Das Kreuz symbolisiert die Vereinigung von Gegensätzen, die Dualität.
Personen: Nur das Kind wendet sich ganz dem Engel zu, die Eltern zeigen sich ihm von der Seite. Damit wird das Kind hier zum Symbol der Quelle der Erleuchtung. (Man kann sich selbst erst erkennen, wenn man seinem innersten Ruf folgt.) Die Eltern symbolisieren daher die unvollständige Selbsterkenntnis, da sie dem inneren Ruf nicht aus ganzem Herzen folgen.

Archetyp: Der Jüngste Tag. Das Weltgericht. Die Bestimmung. Sie haben schon bemerkt, daß die Karte nicht von herkömmlicher Gerichtsbarkeit und Rechtsstreitigkeiten spricht. (Diese beiden fallen in den Bereich des Herrschers, nur das Urteil der Rechtsstreitigkeiten fällt in den Bereich der Gerechtigkeit.) Das Gericht spricht von einem höheren Gericht.
Aber vor allem ruft uns der Engel – er fordert uns auf, uns selbst zu erkennen. Und dafür müssen wir dem inneren Ruf Folge leisten! Innerhalb des Tarotzyklus bedeutet dies auch den inneren Ruf, dem unser Held nun Folge leistet. Wenn Sie die Siebenerreihen untereinander auflegen, dann erkennen Sie auch, daß in der zweiten Reihe der Tod an vorletzter Stelle liegt, direkt über dem Gericht der letzten Reihe. Im Zyklus kann das Gericht auch die symbolische Wiederauferstehung (nach dem Tod die Auferstehung, nach dem radikalen Wandel die Läuterung) bedeuten, die unser Held nun nach den Läuterungen der letzten Reihe erfährt!

Die Deutung

- Ein starker innerer Ruf erreicht den Fragesteller oder die symbolisierte Person.
- Ob man diesem Ruf Folge leisten sollte oder nicht, hängt – wie immer – von der Kleinen Arkana ab.

Hintergrundwissen

Zahlenmystik

Zwanzig

Die zweimal Zehn der Zwanzig stellen in der christlichen Zahlenmystik auch die verwirklichten Zehn Gebote dar.

Zur Verbindungszahl zwischen Jenseits und Diesseits wird die Zwanzig dadurch, daß sie durch zwei geteilt wird und damit zweimal Zehn entsteht. Eine jenseitige und eine diesseitige Welt.

Manche Theologen sehen in der Zwanzig aber auch eine Unglückszahl: Joseph wurde mit zwanzig Jahren verkauft, und Jakob mußte zwanzig Jahre dienen.

Diese völlig unterschiedliche Auslegung kann auch auf die Karte des Gerichtes umgelegt werden: wer seinem inneren Ruf nicht folgt und keine Brücke schlägt zwischen dem Bewußtsein und dem Unterbewußtsein, zwischen den Wünschen und dem Tun zur Erfüllung ebendieser, kann nicht glücklich werden.

Übung

1. Was sagt das Gericht in einer Kartenlegung aus?
2. Welche Bedeutung hat die Zahl Zwanzig?
3. In welcher Verbindung steht die Bedeutung der Zwanzig zur Karte des Gerichtes?
4. Was symbolisiert die Posaune?
5. Ist dies auch in der Deutung wichtig?

Die Welt

Glückwunsch – Sie haben die letzte Karte der Großen Arkana erreicht! Unser Held ist am Ende seiner Reise angelangt, aber auf Sie warten noch die Kleinen Arkana, von denen Sie zwar schon einige kennengelernt haben, aber es gibt noch eine Menge über sie zu sagen.
Doch lassen Sie uns erst den letzten Schritt zur Vollendung tun:

Die Symbolik der Welt im einzelnen

Zahl Einundzwanzig: Zahl der Weisheit.
Hintergrundfarbe Blau: Das Unterbewußtsein.
Vier Symbole in den Ecken: Es sind die symbolischen Darstellungen der vier Evangelisten, die sich auch bereits auf der Karte Rad des Schicksals gezeigt haben. Die vier Evangelisten werden auch den vier Elementen zugeordnet, und ihr Erscheinen deutet auf das erfolgreiche Verbinden der Elemente hin.
Adler: Symbol des Johannes.
Löwe: Symbol des Markus.
Stier: Symbol des Lukas.
Engel: Symbol des Matthäus. Dieser wird manchmal auch als Wasserträger (Engel mit Krug) dargestellt.
Weltentänzerin: Sie haben die Haltung der Weltentänzerin bereits in der ersten Lektion kennengelernt – im Diamantbild. Ihre tänzerische Bewegung steht sehr im Gegensatz zu den anderen, meist starr wirkenden Figuren auf den Karten. Ihre

Haltung erinnert aber auch an den Gehängten – nur richtig herum und sie hat ihre Arme ausgebreitet. Der rechte Fuß symbolisiert die Materie, der angewinkelte linke Fuß die Befreiung der Seele. Man kann in ihrer Haltung auch die symbolische Darstellung des kabbalistischen Lebensbaumes sehen.
Stäbe: Ist es Ihnen aufgefallen? Die Weltentänzerin ist die einzige Figur des Tarot und damit auch der Großen Arkana, die zwei Stäbe in ihren Händen hält! Sie vereint tatsächlich die Gegensätze. Sie ist sowohl im Besitz der geistigen, spirituellen als auch der weltlichen Macht.
Lorbeerkranz: Lorbeer als Pflanze des Sieges. Die Form des Kranzes erinnert an das kosmische Ei der Alchimisten, auch Ei der Philosophen oder Weltenei genannt, in dem das philosophische Gold ausgebrütet wurde. Der Kranz erinnert auch an die Null, die dem Narren zugeordnet wird. Der Narr und die Weltentänzerin sind die beiden einzigen Figuren des Tarot, die sich in Bewegung befinden. Vor allem aber ist der Lorbeerkranz das Symbol des Siegers! (Die Karten in Siebenerreihen untereinander aufgelegt zeigen in der ersten Reihe den Wagen, ebenfalls einen Sieger, allerdings auf der weltlichen Ebene.)
Lemniskaten: Es sind zwei Symbole der Unendlichkeit auf der Karte zu finden: oben und unten am Kranz – die roten Schleifen. Der Ausgleich hat stattgefunden.
Schal der Weltentänzerin: Der violette Schal ist durch seine Farbe mit dem göttlichen Geist gleichzusetzen. Der Schal ist das Symbol des sich ewig bewegenden Geistes.
Archetypus: Das Selbst.

Die Deutung

- Verwirklichung, Vollendung, Erfüllung. Das Ziel wird erreicht.

- Die »Welt« erringen. Man erreicht seine Welt – das, was man sich schon sehr lange ersehnt.
- Auch Die Welt hat keine negative Seite, die Kleinen Arkana können nur hinderlich einwirken.

Hintergrundwissen

Zahlenmystik

Einundzwanzig

Die Einundzwanzig wird Zahl der Weisheit genannt, da die Weisheit in der Mystik 21 Eigenschaften besitzt.

Da die Einundzwanzig auch in drei mal sieben unterteilt werden kann, wird sie in Verbindung mit der Weisheit gebracht – sie bildet die Vollkommenheit der Weisheit.

Wer an einem 21. geboren ist, dem wird in der Zahlenmystik weltlicher und geistlicher Erfolg versprochen.

Die einundzwanzigste Karte des Tarot, Die Welt, symbolisiert die Weisheit, die letztendlich innerhalb des Zyklus erreicht werden kann.

Hebräische Mystik

Der Baum des Lebens

Der Begriff entstammt der Kabbala.

Der Baum des Lebens wird zu magischen Ritualen, aber auch Meditationen verwendet. Er ist in zehn Sephiroth (Erscheinungen) unterteilt. Diese stellen jeweils einen Aspekt Gottes dar, der im Namen der jeweiligen Sephiroth ausgedrückt ist. Über 22 Pfade kann man die Krone des Lebensbaumes, Kether, erreichen. Ähnlich wie im Tarotzyklus ist also auch beim Baum des Lebens das Ziel, von einem Bewußtseinszustand zu einem

nächsten, höheren zu gelangen, um schließlich die Weisheit, und Gott, das Universum, zu erreichen.
Ein Lebensbaum ist im Tarot auf der Kleinen Arkana Zehn der Münzen zu finden. Die symbolische Gliederung der Münzen stellt diesen dar.

Allgemeine Symbolik

Vier Evangelistensymbole

Die vier Evangelisten werden symbolisch auf zwei Großen Arkana des Tarot dargestellt: Rad des Schicksals und Die Welt. Das Rad des Schicksals stellt einen Umbruch in der Großen Arkana dar (als zehnte Karte ziemlich genau in der Mitte), während Die Welt die Krönung des Zyklus darstellt. Seit dem 4. Jahrhundert kennt die christliche Mystik ebenso wie die Wissenschaft (dazu zählte früher auch Astrologie u. ä.) die symbolische Darstellung der vier Evangelisten Johannes, Markus, Matthäus und Lukas, der Verfasser der vier kanonischen Evangelien.
Die Darstellungen zeigen Matthäus als Engel oder Wassermann, Markus als Löwen, Lukas als Stier und Johannes als Adler.
Durch die Zahl Vier sind die Evangelisten eng mit astral-kosmologischen Lehren verbunden. Die Astrologie spricht von einem »festen Kreuz«, das aus den fixen Tierkreiszeichen Stier, Löwe, Skorpion und Wassermann gebildet wird. (Mit Ausnahme des Skorpions sind die drei anderen Zeichen auch Symbole der Evangelisten!)
Die vier Evangelisten werden aber auch den vier Winden, den vier Himmelsrichtungen und den vier Paradiesflüssen zugeordnet. Hier stößt man immer wieder auf die vier Grundfesten, auf denen nach alter Mystik das Weltgebäude errichtet ist.
Die vier Evangelistensymbole zeigen die Begrenzungen der Welt, und in ihrer Mitte findet sich das Paradies. Dies steht in

engem Bezug zu den Tarotkarten: Das Rad des Schicksals zeigt noch kein Paradies, aber den Weg zu diesem, indem man das Schicksal in die Hand nimmt oder vom Schicksal gefordert wird. Mit der Karte der Welt ist das Paradies erreicht, wie die Weltentänzerin zeigt!

Übung

1. Was sagt Die Welt innerhalb einer Divination aus?
2. Was bedeutet Die Welt innerhalb des Tarotzyklus?
3. Was bedeutet die Zahl 21?
4. In welchem Zusammenhang steht die Weltentänzerin mit dem Narren?
5. Was ist der Lebensbaum?

Die 22 Stationen des Lebens

Sie haben nun die 22 Großen Arkana in all ihren Facetten kennengelernt, und bestimmt ist Ihnen der wunderbare rote Faden innerhalb des Tarotzyklus aufgefallen. »Die 22 Stationen des Lebens« helfen Ihnen nun, den Zyklus in seiner Gesamtheit zu erfassen.

Lassen Sie die Karten ihre Geschichte erzählen und Sie werden verzaubert sein. Zumindest aber kommen Sie in den Genuß, nie wieder nach der Numerierung der Karten spicken zu müssen …

Anhand des Diamantbildes (Lektion 1) haben Sie gesehen, wie die Bewußtwerdung, Entwicklung und die damit verbundene Freiwerdung des Menschen kurz zusammengefaßt werden kann. Diese vier Karten umschließen die Grundprinzipien des Tarot und damit unserer Entwicklung. Doch der Dualismus wird nicht nur durch Magier und Hohepriesterin symbolisiert und aufgezeigt. Der Weg der spirituellen Entwicklung ist nicht ganz so einfach, wie es sich im Diamantbild darstellt.

In Wahrheit müssen viele Stationen durchlaufen werden, um sich der eigenen Fortschritte, Handlungen und Denkweisen tatsächlich bewußt zu werden, damit sie mit dem Unbewußten verbunden werden können. Um diese einzelnen Situationen besser und klarer erkennen zu können, zieht man die Großen Arkana zu Rate.

Zuerst wird Der Narr außen vor gelassen – er trägt die Null oder manchmal überhaupt keine Bezifferung und steht damit außerhalb der Entwicklung – mit ihm beginnt und endet sie, er ist Anfang und Ende, doch steht er eigentlich nicht mitten im Prozeß. Ohne den Narren verbleiben 21 Große Arkana – diese können in drei Siebenerreihen aufgelegt werden:

Der Narr, dessen Ziffer die 0 ist, symbolisiert Anfang und Ende. Die Nummer 1, Der Magier, ist die erste Station auf der großen Reise des Tarot. Jeder neue Trumpf baut auf dem vorherigen auf und bereitet den nächstfolgenden vor, und doch steht jede Karte als Qualität für sich. Wer sich auf die Karten einläßt, wird in die unterschiedlichsten Erfahrungen eintauchen, sie durchleben und einen weiteren Schritt auf ein bewußtes Dasein zu machen. Betrachten Sie die Karten Magier, Kraft und Teufel – alle drei tragen ein Zeichen über ihrem Haupt. Magier und Kraft das Zeichen der Unendlichkeit, Der Teufel ein umgekehrtes Pentagramm. Durch die Haltung ergibt sich eine Verbindung zwischen Magier und Teufel, der in manchen Spielen auch der »Schwarzmagier« genannt wird.

Ähnlichkeiten lassen sich zwischen allen Karten, die untereinanderliegen, herstellen – so können Sie bereits jetzt ersehen, daß keine Karte »zufällig« auf ihrem Platz liegt oder scheinbar wahllos ihre Numerierung erhält!

Die Dreierreihen der 22 Stationen des Lebens

Wenn Sie nun dieses Kartenbild betrachten, können Sie auch auf die drei entstandenen Reihen eingehen und diese näher erforschen, denn jede der drei Reihen hat wieder eine eigene Bedeutung. Versuchen Sie, diese wirklich nachzuvollziehen, denn das Verständnis darum wird Ihnen die Arbeit mit den Karten später enorm erleichtern! Sie müssen (und können) jetzt noch nicht den kompletten Zyklus verstehen und bis in jedes Detail nacherzählen; dies wird Ihnen bewußt werden, wenn Sie mit den Kleinen Arkana fertig sind – der Zyklus der Karten wird sich dann offenbaren. Jetzt reicht es, wenn Sie die grundlegende Zusammenfassung in sich aufnehmen.

Die drei Reihen können nach ihren Erfahrungswerten folgendermaßen definiert werden:

• Reihe 1: Bewußtsein, die äußeren Belange des Lebens in der Gesellschaft;

Liebe, soziale Autorität und Struktur, Gesellschaft und Erziehung. Unsere Entwicklung vom Kind zum erwachsenen Menschen über Mutter, Vater etc.

Während Magier und Hohepriesterin noch klar die Dualität aufzeigen, beginnt mit der Herrscherin eben jene Vermischung der Elemente, wie sie im alltäglichen Leben auftritt.

• Reihe 2: Unterbewußtsein, der Weg nach innen, um herauszufinden, wer sie wirklich sind;

Mit dieser Reihe entfernt sich der Mensch von der äußeren Welt. Die erste Reihe endet mit den Widersprüchen des Lebens, die Der Wagen aufdeckt – diesen muß sich der Mensch nun stellen. Im Zuge dieser Selbstfindung wird die Maske des Ichs, die wir uns täglich auflegen, sterben, und die Reihe wird mit einem neuen Sieg enden – Ruhe und Ausgewogenheit. Vergessen Sie nicht, daß die zweite Reihe sozusagen eine Spiegelung der ersten Reihe darstellt! Alle Karten und ihre Aussagen können nun in ihren Gegenpol umgewandelt werden. Mit dem Gehängten tritt zudem eine erste wirklich persönliche Erfahrung auf – die Erleuchtung. Das, was man nicht erlernen kann, im Gegensatz zu den Erfahrungen und Lektionen der ersten Reihe.

• Reihe 3: Überbewußtsein, die Entwicklung spiritueller Bewußtheit und die Freisetzung archetypischer Energien.

Auch wenn Ihnen die dritte Reihe am schwierigsten vorkommt, so sollten Sie jetzt auf keinen Fall verzagen! Die meisten Menschen haben mit dieser Reihe ihre Schwierigkeiten, schließlich geht es um das Unterbewußte, und die wenigsten von uns hatten schon wirklichen »Kontakt« mit der eigenen Seele! Die letzte Reihe geht über das Alltägliche hinaus und führt hinab in die tiefsten Tiefen des eigenen Ichs! Diese Karten sprechen von wahrer Erleuchtung und den spirituellen Grundlagen der Wirklichkeit.

Bei der Mäßigkeit – der letzten Karte der zweiten Reihe – schleicht sich trotz der enormen persönlichen Entwicklung immer noch das Gefühl einer Getrenntheit ein – betrachten Sie die Karte unter der Mäßigkeit –, jetzt zeigt Die Welt die Erfahrung des Einswerdens mit uns selbst und dem Universum.

Übung

Die folgenden beiden Übungen sollen Ihre Augen für den Tarot schulen und Ihren Geist für die Karten bereitmachen:
Betrachten Sie die 22 Stationen des Lebens – wo befinden Sie sich Ihrer Meinung nach gerade? Haben Sie eine Karte gewählt, dann formulieren Sie mit Ihren eigenen Worten, warum Sie sich gerade an diesen Platz setzen. Schlagen Sie keinesfalls nach und suchen Sie auch nicht nach den Bedeutungen der Karten, sondern notieren Sie Ihre Gedanken und bewahren Sie die Niederschrift gut auf. Wenn wir dann im 3. Teil des Buches zur Deutung der bewußten Karte in einem breiteren Kontext gelangen, werden sich Ihnen Welten auftun!
Nehmen Sie jetzt die Großen Arkana und versuchen Sie, anhand der Karten Stationen aus Ihrem Leben nachzuerzählen. Sie müssen dabei nicht alle Karten einbauen, sondern sollten wirklich nur die Karten verwenden, die Ihnen auch sinnvoll erscheinen.
Diese beiden Übungen sind keine wirklichen Übungen im strengsten Sinne, doch werden Sie Ihr Auge schulen und Ihr Verständnis für die Karten reifen lassen!
An dieser Stelle haben Sie den ersten Teil Ihres Tarotkurses erfolgreich hinter sich gebracht und können nun voller Energien die nächste Station antreten!

Teil II

DIE KLEINEN ARKANA

Übersicht

Es fällt immer wieder auf, daß die meisten Menschen eine große Scheu vor den Kleinen Arkana haben. Dies mag daran liegen, daß es so viele Karten sind (eigentlich stimmt das ja nicht) und man dadurch mit »Ehrfurcht« davor sitzt und denkt: »Das kann ich mir nie merken!« Auch das gehört ins Reich der »Einbildung«. Denn wie Sie bereits im ersten Teil unseres Kurses sehen konnten, ist das Wichtigste beim Tarot, Augen und Geist offenzuhalten für Kleinigkeiten, Bilder, Farben und Symbole – und schon erklärt sich die Bedeutung der Karten!
Hinzu kommt, daß die Kleinen Arkana in ihren Aussagen viel einfacher und schlichter sind. Schließlich beschreiben sie die *alltäglichen Situationen des Lebens* und keine Archetypen! Also haben Sie keine Angst – es kommt nichts Unmögliches auf Sie zu!

Was gilt es grundsätzlich bei den Kleinen Arkana zu unterscheiden?

1. *Die Kleinen Arkana bestehen aus vier Sätzen (auch Farben genannt):*

Münzen	Kelche	Schwerter	Stäbe

2. *Jeder dieser Sätze besteht aus drei Arten von Karten:*

As	Hofkarten	Zahlenkarten
Jeweils ein As	König, Königin, Bube, Ritter	Die Karten von Zwei bis Zehn

3. *Die Elementeverteilung der Kleinen Arkana:*

Grundsätzlich existieren vier Elemente, doch kann man diesen vieren auch ein fünftes, nämlich Äther oder Geist, hinzufügen (vgl. andere Kulturen, die ebenfalls von fünf Elementen sprechen). Jedem Satz der Kleinen Arkana wird ein Element zugeordnet, Die Großen Arkana könnte man dann als fünftes Element bezeichnen, das abgesondert von den vier Grundelementen auf einer anderen Ebene existiert, wie auch der Geist mehr als nur die »gewöhnliche« Daseinsform darstellt. Jedem der Elemente ist eine eigene »Qualität« zugeteilt:

Münzen	Kelche	Schwerter	Stäbe
Erde	Wasser	Luft	Feuer

Auch in der Astrologie werden die zwölf Tierkreiszeichen in vier Elementegruppen unterteilt. Die Psychologie nach C. G. Jung verwendet die vier Elemente, indem sie sie mit den grundlegenden Arten der Orientierung in der Welt verknüpft. Die vier Evangelisten werden ebenfalls den vier Elementen zugeordnet. Dabei umfaßt jedes Element eine ganz bestimmte Aussage.
Natürlich gibt es noch mehr zu wissen über die Kleinen Arkana, die Sätze und deren Zuordnungen, doch fürs erste genügt es, wenn Sie sich diese allgemeinen Einteilungen einprägen und dann zur nächsten Seite übergehen.

Der Satz der Münzen

Da die Sätze des Tarot auch mit den vier Elementen gleichgesetzt werden, hat natürlich auch jeder Satz sein eigenes »Temperament«, seine ihm innewohnende Aussagekraft, unabhängig davon, um welche Karte es sich genau handelt.
Der Satz der Münzen spricht generell von materiellen Dingen. Waite nannte die Münzen Pentakel und wollte damit verdeutlichen, daß der Satz der Münzen nicht nur von Geldangelegenheiten oder materiellen Dingen spricht, sondern vielmehr von allen Aspekten des Lebens, die in der Materie verwurzelt sind. Daran sollten Sie immer denken, wenn wir nun die einzelnen Karten besprechen!

Zwei der Münzen

Nehmen Sie die Karte aus dem Spiel und betrachten Sie sie eingehend. »Untersuchen« Sie die Karte auf Symbole, Farben und jede Kleinigkeit, die Ihnen auffällt, und notieren Sie sich auch Ihren Eindruck dazu. Was könnte diese Karte aussagen? (Keine Angst, es ist nicht schwer, die Aussage herauszufiltern, darum sollten Sie versuchen, nicht zu kompliziert zu werden in Ihren Überlegungen!)

Die Symbolik der Zwei der Münzen

Kleidung der Person: Hauptsächlich rot. Roter, langer Hut, rotes Hemd. Darüber ein orangefarbenes Überkleid. Dadurch, daß der junge Mann so viel rote Kleidung trägt, wird symbolisiert, daß es um eine sehr machtvolle Energie geht, die hier eine Rolle spielt. Hinzu kommt sein orangefarbenes Überkleid – Orange als Farbe des Selbstbewußtseins. Doch dieses Selbstbewußtsein wird durch einen roten Gürtel zusammengeschnürt. Seine Energien sind derart überschäumend, daß sie ihn möglicherweise mehr behindern als fördern! (Der rote Hut ragt weit in die Höhe – sein Geist ist ebenfalls in Aufruhr!)
Schuhe: grün. Die Farbe der Harmonie und des Ausgleichs – doch die Schuhe sind dünn. Noch versucht er also, einen Ausgleich zu schaffen.
Wasser im Hintergrund: Das Symbol der Seele, Wasser, ist in Aufruhr – also auch seine Seele.

Schiffe: Symbol neuer Gedanken, die losgeschickt werden, einen Übergang schaffen wollen. Doch die Schiffe drohen in der aufgewühlten Seele (Wasser) zu kentern.
Grünes Band, mit dem er die zwei Münzen jongliert: Er versucht auch hier einen Ausgleich zwischen zwei Dingen herzustellen!
Hauptfarbe im Hintergrund: Blau – der Intellekt wäre also gefragt!

Die Deutung

- Jemand »laviert« herum.
- Eine Angelegenheit ist noch nicht entschieden, oder jemand schwankt in seiner Entscheidung. Dieses Schwanken kann aber letztendlich zum Untergang (Verlust) führen. Vorsicht und intellektuelle Entscheidung ist angesagt!

Sie sehen, die Kleinen Arkana sind gar nicht so schwierig und erklären sich beinahe wie von selbst. Wer die Karten genau studiert, kann auf stupides Auswendiglernen der Bedeutungen verzichten. Sehen Sie sich einfach die Karte an – was macht die dargestellte Person? Daraus sehen Sie auch schon die Bedeutung! Also keine Angst vor den nächsten Lektionen!

Beispiel für die Deutung der Zwei der Münzen:

Der oder die Betreffende könnte alles erreichen, was er sich vorstellt in der betreffenden Angelegenheit, doch er schwankt zu sehr hin und her mit seiner Einstellung dazu. Was will er wirklich? Dies sollte sich die symbolisierte Person selbst fragen! (Diese Aussage gilt bei Rechtsfragen auch für den Anwalt, bei Gesundheitsfragen auch für den Arzt!)

Hintergrundwissen

Die Ihnen vorliegenden Karten wurden von dem berühmten Gelehrten Arthur Edward Waite (1857–1941), Mitglied des berühmten Golden Dawn, entworfen und von der Künstlerin Pamela Rider gestalterisch umgesetzt.
Eine absolute Neuerung schuf Waite, als er die Kleinen Arkana mit allegorischen Bildern gestalten ließ. Für Tarotschüler ist dies eine enorme Erleichterung und ein wunderbarer Einstieg in die Symbolik. Doch hier scheiden sich die Geister, da manche Esoteriker und Tarotgelehrte die Karten hauptsächlich zu meditativen Zwecken verwenden und hierfür die alten Darstellungen – geometrische Muster – zweckdienlicher sind.

Waite war auch einer der ersten, der den Tarot mit Alchimie und der jüdischen Kabbala verband.
Waite leistete aber vor allen Dingen grandiose Arbeit für das Verständnis der Symbolik und äußerte sich dazu: »... *Der Tarot verkörpert die symbolische Darstellung von universalen Ideen, in denen alle Verwicklungen und Folgerungen des menschlichen Geistes verborgen sind, und so gesehen enthalten sie die geheime Lehre, die im Bewußtsein eines jeden eingebettet ist, deren Wahrheiten nur von wenigen verwirklicht werden, weil der gewöhnliche Mensch ihnen die Anerkennung versagt.« (Aus »Der Bilderschlüssel zum Tarot«, 1978, Urania Verlags AG, Neuhausen/Schweiz).*

Übung

1. Was sagt die Zwei der Münzen aus?
2. Was ist die Grundbedeutung des Satzes der Münzen?
3. Was würde Der Narr zusammen mit der Zwei der Münzen bedeuten?
4. Was würde es bedeuten, wenn die Große Arkana Der Gehängte mit der Zwei der Münzen erklärt wird?
5. Welche Arten von Karten enthalten die Kleinen Arkana?
6. Wie werden die Elemente zugeordnet?
7. Was ist ein »Satz«?

Drei, Vier und Fünf der Münzen

Der Einstieg in die Kleinen Arkana ist geschafft! Denken Sie ab sofort immer daran – die Kleinen Arkana sind nicht kompliziert. Betrachten Sie die Karten, was machen die abgebildeten Personen, was stellen sie dar, in welche Handlungen sind sie verwickelt, und welche Farbe ist vorherrschend?
Die Kleinen Arkana stellen symbolisch die alltäglichen Situationen des Lebens dar – man muß sich ihnen auf ganz alltägliche Weise nähern! Also – nicht zu kompliziert denken und schon haben Sie die Bedeutung wie von selbst!!

Die Symbolik der Karten im einzelnen

Drei der Münzen

Vorherrschende Farbe: Grau – es geht also um Autorität verbunden mit Schwarz, der Farbe, die signalisiert, daß man sich ein wenig von der Umwelt abgrenzen möchte.
Zwei Personen rechts: Die eine Person ist ein Mönch, die andere trägt einen orangefarbenen Umhang. Die beiden symbo-

lisieren das Umfeld der Person links im Bild, wobei dieses Umfeld selbstbewußt (orange), aber auch autoritär sein kann. Sie halten einen Plan der Kirche in Händen – sie unterbreiten also einen Vorschlag.

Person links: Der Dombauer. Er symbolisiert den Künstler, den kursfertigen Menschen, der sich zwar die Vorschläge der beiden anderen anhört, aber dennoch nach seinen eigenen Ideen vorgeht und dies auch kann – er steht erhöht. Die gelbe Schürze symbolisiert seine Kreativität.

Die Deutung

- Der oder die Betreffende wird als Künstler ausgezeichnet. Kunstfertig im Sinne der gefragten Angelegenheit.
- Man soll sich zwar Ratschläge anhören, dann aber weiter die eigenen Ideen verwirklichen und dabei auch mit Kreativität vorgehen.
- Mit Fingerspitzengefühl an einer Sache oder einer Beziehung arbeiten!
- Achtung: Zusammen mit dem Mond zeigt diese Karte an, daß jemand sehr kunstfertig lügt! Ein Meister des Betruges!

Beispiel für die Deutung der Drei der Münzen:

Der oder die Betreffende arbeitet sehr kreativ an seinem Lebensweg (= Der Stern). Er geht kunstfertig daran, seinen Lebensweg zu formen. (Auch beruflich: die Karriere mit Fingerspitzengefühl vorantreiben.)

Vier der Münzen

Vorherrschende Farbe: Grau. Hier bedeutet das Grau jedoch nicht die Autorität des Meisters (wie bei der Drei der Münzen), sondern Selbstverleugnung und autoritäres Verhalten anderen gegenüber.
Krone: Symbol für die Erhabenheit des Geistes über die niederen Instinkte. Diese Erhabenheit ist jedoch vollkommen blockiert durch die Münze, die auf der Krone sitzt.
Person: Ein reicher Mann, ein König, der viel zu geben hätte, aber sowohl seinen Geist als auch seine Seele und seine Erdverbundenheit mit den Verlockungen des Geldes und der Materie abgeblockt hat. (Auch sein schwarzer Mantel spricht von diesen Abgrenzungen gegen die Außenwelt.)
Stadt im Hintergrund: Als König sollte er in der Stadt sein (auch Symbol des Innenlebens), doch er hat sich davon losgesagt.
Thron: Das Symbol der Macht. Da dieser Thron aber die Form eines Rechteckes hat, ist er das Symbol für unvollständiges Wissen. Die nochmalige Erinnerung daran, daß diese Person sich von der Materie beherrschen läßt.

Die Deutung

- Geiz. Etwas wird strikt und unerbittlich verweigert.
- Ein geiziger Mensch.
- In Gefühlsfragen auch ein Mensch, der seine Gefühle, sein Denken und seine Seele komplett vom Rest der Welt und vor

allem auch von sich selbst abgeschnitten hat. Dieser Mensch geizt mit Gefühlen, er ist nicht bereit zu geben!

Beispiel für die Deutung der Vier der Münzen:

In einer Beziehungsfrage: Der Mann geizt mit seinen Gefühlen, er will nichts geben. Er ist absolut gefühlskalt.

In einer beruflichen Frage, z. B. wegen einer Gehaltserhöhung: Der Vorgesetzte (Der Herrscher kann hier auch eine Frau symbolisieren, die der Boß ist) wird zu diesem Zeitpunkt keinesfalls auch nur einen Pfennig Gehaltserhöhung gewähren, sondern sich als äußerst streng erweisen.

Fünf der Münzen

Hintergrundfarbe: Schwarz. Hier das Symbol der Trauer, der Angst, der Düsternis.

Kirchenfenster: Das Symbol der Religion mit den fünf Münzen als Glaskunst. Das Fenster wirkt in seiner Farbenfrohheit wie ein Licht in der Dunkelheit. Symbol dafür, daß es noch einen Ausweg gibt aus dieser Traurigkeit. Es zeigt aber auch an, daß in der Kirche Kerzen brennen – es ist Leben darin und Wärme.

Personen: Es sind Bettler, Ausgestoßene, die in der Kälte und im Schneesturm herumirren. Sie müßten jedoch lediglich die Kirche betreten, um Trost und Wärme zu empfangen.

Weiße Schneedecke: Das Weiß symbolisiert die Unschuld der Personen, die tatsächlich nicht daran denken, in die Kirche zu gehen. (Man tut also nicht nur so »als ob«, sondern ist wirklich ratlos.)

Die Deutung

Man läuft an der Lösung eines Problems vorbei. Die Lösung ist schon so nah, daß der Betreffende sie nicht mehr erkennt. Doch wenn er den Zugang zur Lösung seines Problems findet, kann alles wieder gut werden.

Sie kann aber auch »Armut« bedeuten – speziell in Geldfragen und in Kombination mit dem Teufel oder dem Mond. Erscheinen diese Kombinationen, dann sollte man einstweilen die Finger von Transaktionen, Krediten etc. lassen!

Beispiel für die Deutung der Fünf der Münzen:

Zwei Möglichkeiten:

a) Der oder die Betreffende erkennt blitzartig, daß er/sie an der Lösung des Problems vorbeigelaufen ist. Dies ist zwar schmerzhaft, aber er/sie kann nun darangehen, die Dinge ins rechte Lot zu bringen.
b) Ein Streit bringt nichts, da die beiden Parteien aneinander vorbeireden und zu keiner Lösung kommen.

Sie sehen, die Kleinen Arkana sind wirklich nicht schwierig. Sie erschließen sich sofort und sind vor allem sehr hilfreich in bezug auf die Großen Arkana. Die meisten der Großen Arkana haben sowohl eine negative als auch eine positive Seite, doch erst die Kleinen Arkana zeigen genau, welche Aspekte angesprochen werden.
In der Deutung müssen Sie nur darauf achten, die Kleinen Arkana richtig an die Große Arkana anzubauen. Verwenden Sie »Füllwörter«: weil, aber, doch etc. (Tip: Meistens kommt ein »aber«, wenn eine sehr schöne Große Arkana liegt, z. B. Der Stern, Mäßigkeit o. ä., die Kleine Arkana jedoch eher negativ zu bewerten ist. »Es könnte etwas sehr Schönes sein, aber ...« Bei einer eher negativen Großen Arkana können Sie meistens das »weil« verwenden: »Die Situation ist verfahren, weil ...«)

Hintergrundwissen

Elementenlehre

Erde

Die Münzen werden dem Element Erde zugeordnet.
Erde bedeutet ebenso wie die Münzen Materie, Materialisation, Manifestation, eine Idee wird geerdet, d. h. in die Tat umgesetzt. Innerhalb einer Kartenlegung sollte man auch darauf achten, wie die Elemente verteilt sind. Überwiegen die Münzen, dann hat die Frage entweder mit Materie, Geld, geschäftlichen Dingen oder Ideen, die in die Tat umgesetzt werden, zu tun.
Die Astrologie unterteilt den Tierkreis ebenfalls in die vier Elemente. Die sogenannten Erdzeichen sind: Stier, Jungfrau, Steinbock. Jedes dieser drei Sternzeichen trägt die Erdverbunden-

heit, realitätsbezogene Züge in sich. Diese Zeichen sind praktisch, gründlich und produktiv im Sinne von strebsam, fleißig und arbeitsfreudig. Hinzu kommt, daß jedes der Erdzeichen für sich noch einen speziellen Charakterzug des Elementes Erde verkörpert: z. B. Stier die sinnliche Erdverbundenheit, die Liebe zu den schönen Seiten der Materie (die dem Steinbock z. B. manchmal etwas fehlt, da er diese nicht für lebensnotwendig erachtet, er symbolisiert daher die mehr asketische Seite der Erde).

Zudem sorgt Erde im Tierkreis für den Erfolg in dieser Welt. Dieser weltliche Erfolg kann natürlich auch in Münzen ausgedrückt werden wie im Tarot.

A. E. Waite nannte den Satz der Münzen »Pentakel« (anderes Wort für Pentagramm, s. Tarotkurs, 1. Teil). Damit wollte er ausdrücken, daß der Satz der Münzen nicht nur von Geld spricht, sondern von der Materie allgemein, von allem, was die weltlichen Dinge betrifft.

Übung

1. Was bedeutet die Drei der Münzen?
2. Was kennzeichnet das Element Erde?
3. Geht es im Satz der Münzen nur um Geld?
4. Was würde es bedeuten, wenn die Drei der Münzen neben der Hohenpriesterin erscheinen würde? (In einer privaten Frage und in einer geschäftlichen Frage)
5. Was sagt die Vier der Münzen in einer Kartenlegung aus?
6. Was würde es bedeuten, wenn die Vier der Münzen neben der Hohenpriesterin liegt? (Privat und beruflich)
7. Was sagt die Fünf der Münzen aus?

8. Worin liegt der spezielle Nebenaspekt der Karte?
9. Was würde es bedeuten, wenn die Fünf der Münzen neben dem Narren liegt?

Sechs, Sieben und Acht der Münzen

Sie haben nun schon bestimmt die Scheu vor den Kleinen Arkana abgelegt und können nun bereits voller Tatendrang zu den nächsten drei Kleinen Arkana vordringen! Doch bevor Sie die Entschlüsselung lesen: denken Sie nochmals daran – nur was man sich selbst erarbeitet, behält man auch wie von selbst! Betrachten Sie also zuerst allein und in Ruhe die Karten und deuten Sie die dargestellten Bilder! Viel Spaß und Erfolg dabei!

Die Symbolik der Karten im einzelnen

Sechs der Münzen

Vorherrschende Farbe: Erneut Grau. Sie spricht wiederum von Autorität. Hier manchmal aber auch von Neutralität.

Person in der Mitte: Ein reichgekleideter Mann mit einem roten Mantel der Macht und in grünen Stiefeln, die durch ihre Farbe erneut auf den Ausgleich deuten. Er hält eine Waage in seiner linken Hand zum Zeichen dafür, daß er unbewußt sehr gerecht sein möchte. Das Geld verteilt er mit der rechten Hand. Er handhabt die Materie sehr bewußt.

Die beiden Personen zu seiner Seite: Auch hier sind Bettler dargestellt. Der gelbe Mantel der Kreativität spricht vom Einfallsreichtum des einen, während der andere einen blauen Mantel trägt als Symbol dafür, daß er die Macht der intuitiven Erkenntnis besitzt.

Das verteilte Geld: Der reiche Mann hält zwar eine Waage in der Hand und möchte demzufolge eigentlich schon gerecht verteilen, doch er gibt vier Münzen der Person zu seiner Rechten. Diese Person zeichnet sich durch Kreativität aus, sie weiß also, wie man zu mehr kommt, während die andere Person zwar mit dem intuitiven Wissen ausgestattet ist und davon etwas ahnt, aber nichts dagegen unternehmen kann. Die Gerechtigkeit, die der Mann in der Mitte ausüben möchte, ist von daher nicht so gerecht, wie es auf den ersten Blick den Anschein erweckt!

Die Deutung

- In der gefragten Angelegenheit bemüht sich der Betreffende gerecht zu verteilen, was nicht klappt, aber auf andere so wirkt. Dies kann ins Auge gehen, kann aber ebenso unbemerkt bleiben und keinen weiteren Schaden anrichten – achten Sie auf die nachfolgenden Karten!
- Achtung: In einer Beziehungsfrage kann diese Karte auch symbolisieren, daß sich jemand nicht entscheiden kann zwischen zwei Personen. Eigentlich tendiert man mehr zu einer, da diese sich selbst kreativer ins rechte Licht rückt, doch verteilt man trotzdem weiterhin – auch die Gefühle!

Beispiel für die Deutung der Sechs der Münzen:

Die symbolisierte Person möchte sich besonders gerecht verhalten, tut es aber nicht. Sie teilt sich zwischen zwei Dingen auf. Gerecht wäre aber, eine Entscheidung zu fällen – daran denken: alles, was man tut, kommt zu einem zurück! Die Entscheidung (das Schwert der Gerechtigkeit) sollte erst gefällt werden, wenn man gründlich darüber nachgedacht hat, dann sollte der Betreffende aber nicht mehr zögern, sondern handeln!

Sieben der Münzen

Hintergrundfarbe: Wieder erscheint Grau – hier als Symbol der vergangenen Mäßigung und zum Teil auch der Selbstverleugnung (in der Vergangenheit).

Kleidung: Das orangefarbene Wams und die orangefarbenen Stiefel symbolisieren das Selbstbewußtsein dieser Figur. Darunter liegt das intuitive Wissen (die blaue Unterkleidung).

Weinstock: Symbol der Fülle, des Lebens und der Wiedergeburt.

Berge im Hintergrund: Berge als Symbol der Vermittlung zwischen Dualitäten.

Die Deutung

- Die Ernte. Man erntet, was man in der Vergangenheit gesät hat.

Wer in der Vergangenheit viel gearbeitet hat (beruflich, privat etc.), kann nun mit Fülle und Erfüllung rechnen, ohne noch viel dazu tun zu müssen.

Beispiel für die Deutung der Sieben der Münzen:

Beruflich: Man erntet Erfolg aufgrund früherer Bemühungen.
Privat: Man kommt in einer Beziehung zum Ziel, man »erntet Liebe und Glück«.

Acht der Münzen

Hintergrundfarbe: Nochmals erscheint Grau – hier als Symbol der Mäßigung, um die Arbeit zu vollenden.

Person: Ein Arbeiter, der sehr konzentriert arbeitet. (Die schwarze Schürze als Symbol dafür, daß er sich zurückgezogen hat; die roten Beinkleider als Zeichen, daß er die Macht hat, die Dinge zu erden, zu manifestieren; und das blaue Hemd als Symbol seines intuitiven Wissens um den Verlauf der Arbeit.)

Die Münzen: Sechs Münzen sind bereits hergestellt und werden auch präsentiert, an der letzten Münze wird noch gearbeitet (es muß also noch etwas getan werden).

Stadt im Hintergrund: Daß die Stadt im Hintergrund zu sehen ist, deutet darauf hin, daß erst eine Phase der Zurückgezogenheit kommt, um die Angelegenheit zu Ende zu bringen.
Weg: Symbol der Rückkehr. Nach getaner Arbeit kann man sich wieder in die Stadt (= das Leben) zurückbegeben.
Holz: Symbol der Materie. Bedeutet auch »Tragen und Bergen«. Holz gilt als eines der ältesten Arbeitsmittel des Menschen und ist damit ein sehr reiches und wichtiges Symbol.
Hammer und Meise: Der Hammer ist ebenfalls ein sehr altes Symbol. Ausdruck für Stärke, Macht und die Kraft des Willens, der sich von der Vernunft leiten läßt. Der Meißel als das Symbol des männlichen und damit aktiven Prinzips.

Die Deutung
Es wird fleißig an den Grundlagen einer Sache gearbeitet. (Diese »Sache« kann eine Beziehung, ein Vertrag etc. sein.)
Im Gegensatz zur Drei der Münzen müssen hier erst die Grundlagen geschaffen werden. (Drei der Münzen = der Künstler, der nur noch den letzten Schliff anbringen muß.)
Sich eine feste Grundlage schaffen durch vernünftiges, strebsames und sehr fleißiges Arbeiten.
Beispiel für die Deutung der Acht der Münzen:

Die Zeit ist noch nicht ganz reif für einen radikalen Umbruch, aber es wird bereits fest daran gearbeitet. (Es dauert also nicht mehr allzulange.)

Übung

1. Was bedeutet die Sechs der Münzen?
2. Was würde sie in Kombination mit dem Mond aussagen (in einer Beziehungsfrage)?
3. Was symbolisiert der Weinstock?
4. Was sagt der Hammer aus?
5. Was bedeutet die Sieben der Münzen?
6. Was bedeutet sie in Zusammenhang mit dem Stern? (Beruflich und privat)
7. Was symbolisiert der Meißel?
8. Was zeigt er damit auf der Acht der Münzen an?
9. Was bedeutet die Acht der Münzen in der Deutung?
10. Was ist der Unterschied zwischen der Drei der Münzen und der Acht der Münzen?
11. Was sagt die Acht der Münzen in Kombination mit dem Magier aus?

Neun und Zehn der Münzen

In dieser Lektion werden Sie nur zwei Kleine Arkana kennenlernen. Dies liegt daran, daß in Lektion eins die Kleinen Arkana generell behandelt wurden und nur die erste Karte des Satzes der Münzen erklärt wurde. Lassen Sie sich also nicht verwirren! Hinzu kommt, daß nach der Zehn der Münzen die Hofkarten an der Reihe sind – und diese verlangen eine eigenständige Behandlung. Wir wollen also hier keine Hofkarte hinzunehmen, sondern beschäftigen uns jetzt mit den letzten beiden Zahlenkarten der Münzen:

Die Symbolik der Karten im einzelnen:

Neun der Münzen

Vorherrschende Farbe: Nach dem vielen Grau der vorangegangenen Karten kommt nun kreatives Gelb, die Farbe des Geistes. *Zwei Bäume im Hintergrund:* Bäume als Symbol des Wachstums (hier das Wachstum des kreativen Geistes). In ihrer Anordnung erinnern sie an die Säulen der Hohenpriesterin, des Hierophanten und der Gerechtigkeit. Die Dualität wird damit symbolisiert und das Verschmelzen von Gegensätzen – hier auch das Verschmelzen von eigentlich gegensätzlichen Verhaltensweisen.

Weinstock: Symbole der Fülle, des Lebens und der Wiedergeburt. (Nach dem beinahe körperlichen Einsatz der vorangegangenen Karten erfolgt nun die Wiedergeburt des Geistes.)

Figur: Sie trägt ein rot-gelbes Kleid. Die Verbindung von kreativem Geist und Macht. Auf dem Kleid sind Blüten eingezeichnet, die in ihrer Form an das Symbol der Venus erinnern. Die Venus wiederum steht für Kunst, Kunstfertigkeit, Harmonie und Ausgleich. Auch die Haltung der Figur ist sehr entspannt und gelöst und zeigt die Aufnahmebereitschaft!

Falke auf der linken Hand: Symbol der Hoffnung und der königlichen, edlen Gesinnung. Da er auf der linken Hand sitzt, ist dies im Unterbewußtsein der Figur verankert. Speziell auf die Karte bezogen symbolisiert der Falke aber auch Schnelligkeit. Er trägt ein Mützchen auf dem Kopf, das ihm erst abgenommen werden muß, damit er lossausen kann – das Unterbewußtsein muß aktiviert werden. Der Falke ist auch ein Symbol des männlichen Prinzips – der Aktivität.

Schnecke: Da die Schnecke ihre Fühler einziehen oder nach allen Richtungen strecken kann, wird sie in der Symbolik mit den verschiedenen Mondphasen in Verbindung gebracht. Im Gegensatz zum Falken ist die Schnecke ein weibliches Symbol, das passive Prinzip. Der Falke schnellt nach vorne, während sich die Schnecke in ihr schützendes Haus zurückziehen kann. Auch das Symbol der Auferstehung, da sie ihr Haus wechselt. In bezug auf die Karte auch das Symbol des bedächtigen Vorgehens.

Anordnung der Münzen: Es sind mehr Münzen auf der Seite der Schnecke – im Zweifel sich für die Schnecke (das bedächtige Vorgehen) entscheiden.

Die Deutung

- Eine sehr mächtige und einflußreiche Kleine Arkana!
- Die Karte des Taktierens, der Taktik.
- Kreatives, abwechslungsreiches, je nach Situation abgestimmtes Vorgehen.

Je nach Situation muß entschieden werden, wie man weiter vorgeht. Setzt man den Falken ein oder die Schnecke? Entscheiden müssen zwischen raschem oder bedächtigem Vorgehen, wobei die beiden innerhalb der gleichen Sache mehrmals abwechseln können. Hat man Zweifel, dann sollte man eher zum bedächtigen Handeln tendieren.

Beispiel für die Deutung der Neun der Münzen:

Intuitiv, aus dem Bauch heraus entscheiden (Hohepriesterin), wie man in der Situation weiter vorgehen soll. Man kann die Schnecke oder den Falken einsetzen oder auch beide – die Entscheidung muß intuitiv in der Situation erfolgen. (Sind die Zweifel zu groß, dann soll das bedächtige Handeln die Oberhand behalten, bis Klarheit erfolgt.)

Zehn der Münzen

Alter Mann: Symbol der Weisheit. Er trägt einen Mantel, der mit Weinreben verziert ist. Symbol der Fülle, des Lebens.
Hunde: Symbol der Instinkte, der instinktiven Wahrnehmung.
Kind: Symbol der Unschuld. Da es sich am Rockzipfel der Mutter festhält, zeigt es jedoch bereits Angst.
Eltern: Die beiden Figuren wenden sich von der Weisheit (dem alten Mann) ab. Sie nehmen ihn nicht wahr. Dabei sind sie sehr selbstbewußt (die orangefarbene Kleidung) und üben Macht aus (das rote Gewand der Frau). Lediglich das intuitive Wissen wird nicht beachtet. Der blaue Umhang hängt sehr nachlässig über die Schultern.
Stadttor: Symbol des Zuganges zum Unterbewußtsein. Symbol des Überganges von Bewußtsein zu Unterbewußtsein (aber auch in andere Bereiche).
Relief: Waagen als Symbol des Ausgleichs und der Gerechtigkeit.
Anordnung der Münzen: Die Anordnung zeigt den kabbalistischen Baum des Lebens (s. Tarotkurs, 1. Teil). Mit seiner Hilfe kann man über die zehn Sephiroth (Stationen) und die 22 Pfade die Weisheit erlangen.

Die Deutung

Enormer Reichtum, seelisch wie auch finanziell, der aber nicht gesehen wird.
Instinktives Erfassen, daß man innerhalb der gestellten Frage schon zu Fülle gelangt ist, trotzdem beachtet man sie nicht.
Beinahe überhebliches Verhalten gegenüber der eigenen Fülle, dem Reichtum innerhalb einer Angelegenheit.
Man verhält sich nicht weise.
Beispiel für die Deutung der Zehn der Münzen:

Man hätte innerhalb der gestellten Frage Grund zu großer Zufriedenheit und Optimismus, bemerkt aber den Reichtum und die Fülle nicht. Man sollte auf die eigenen Instinkte hören, um den Reichtum zu entdecken und wirklich glücklich zu werden.

Übung

1. Was bedeutet die Neun der Münzen?
2. Was sagt sie aus, wenn sie in Kombination mit dem Teufel erscheint?
3. Was symbolisiert der Falke? (Auf der Karte und generell)
4. Wofür steht die Schnecke symbolisch? (Auf der Karte und generell.)
5. Was bedeutet die Zehn der Münzen?
6. Welches Verhalten soll man an den Tag legen, um die Zehn der Münzen erfolgreich für sich selbst einsetzen zu können?
7. Was würde sie in Kombination mit dem Narren bedeuten?
8. Was symbolisiert die Anordnung der Münzen auf der Zehn der Münzen?

Die Hofkarten – Bube, Ritter, Königin und König der Münzen

Es ist so weit: die Hofkarten sind an der Reihe! Eigentlich sind sie in ihren Aussagen sehr eindeutig, doch bereiten sie den meisten Menschen innerhalb einer Kartenlegung die größten Schwierigkeiten. Lassen Sie sich davon nicht abschrecken – es ist nicht so schwer, wie man denkt. Im Gegenteil, meistens sind die Hofkarten sogar sehr einfach zu deuten.

Die Symbolik der Karten im einzelnen

Bube der Münzen

Hintergrundfarbe: Gelb, die Farbe der Kreativität.

Heiliger Hain im Hintergrund: Symbol der Abgeschiedenheit, der Verinnerlichung und der Konzentration. Nach C. G. Jung auch Symbol des Unbewußten.

Berg: Symbol der Vermittlung zwischen Dualitäten.

Grüne Wiese (Feld im Hintergrund): Das Feld als Symbol der Fruchtbarkeit und der Arbeit, die grüne Wiese symbolisiert den Ausgleich, die Harmonie.

Kleidung: Orange als Farbe des Selbstbewußtseins, mit Grün als Ausgleich und einem roten Hut als Symbol des mächtigen Geistes.

Person mit Münze: Der junge Mann scheint sehr ausgeglichen und er hält die Münze mit beiden Händen ehrfürchtig hoch – er ist ausgeglichen, Bewußtsein und Unterbewußtsein sind im Einklang. Seine Haltung verrät auch ein wenig die Verehrung der Münze, damit der Materie.

Die Deutung

- Jemanden oder etwas auf Händen tragen (manchmal auch das eigene Ich auf Händen tragen).
- Eine Person, die einem Verehrung und Hochachtung entgegenbringt.
- Der Bube der Münzen kann einen Mann oder eine Frau symbolisieren!

Beispiel für die Deutung des Buben der Münzen:

Eine souveräne, sinnliche Frau (Herrscherin), die jemanden oder etwas auf Händen trägt. Eine Frau, die Verehrung entgegenbringt oder sich selbst hochhält, um den eigenen Wert weiß.

Ritter der Münzen

Hintergrundfarbe: Gelb – der Geist ist in Aktion.
Acker im Hintergrund: Symbol der Arbeit.
Schwarzes Pferd: Das Pferd steht in der Symbolik dem Tod sehr nahe, wird manchmal als Seelenführer betrachtet. Die schwarze Farbe zeichnet das Pferd als Symbol der Abgrenzung, aber auch des Abblockens aus (hier der Seele, da kein Wasser auf der Karte zu sehen ist).
Rüstung: Symbol des Schutzes, aber auch der Regeln und Reglements der Gesellschaft, denen sich dieser Ritter vollkommen unterworfen hat!
Münze: Er trägt die Münze in seiner rechten Hand der Bewußtheit, seine linke Hand ist nicht zu sehen – er hat das Unterbewußtsein völlig ausgeschaltet. Auch seine Haltung verrät nichts von der Verehrung des Buben der Münzen, sondern er trägt die Münze als Zeichen der erreichten Materie.

Feder am Helm: Die Feder symbolisiert das geistige Wachstum, dem die Seele aber nicht hinterherkommt!

Die Deutung

- Ein hart arbeitender Mensch (Mann oder Frau), der gerne arbeitet und völlig darin aufgeht. Dieser Mensch hat sich von seiner Seele abgeschnitten und interessiert sich nur noch für die materiellen Dinge des Lebens.
  Die symbolisierte Person kann sehr unangenehm werden, wenn sie ihre Arbeit verliert oder Geld ausgeben soll.
- Stagnation, da sich die Dinge nicht mehr im Gleichgewicht befinden und zu sehr auf Materielles Wert gelegt wird.

Beispiel für die Deutung des Ritters der Münzen:

Der oder die Betreffende stagniert, kommt nicht so vorwärts, wie es wünschenswert wäre. Man sollte in sich gehen, das Problem genau beleuchten, sich von der Außenwelt zurückziehen, um genau über diese Sache nachdenken zu können. Die Seele muß dabei wieder aktiviert, integriert werden, ansonsten fehlt etwas.

Königin der Münzen

Üppiger Garten: Die Vegetation als Symbol der Fruchtbarkeit. Hier auch das Abbild einer sehr reichhaltigen Seele.

Rote Rosen: Symbol der Liebe, Verehrung und Fruchtbarkeit.
Verzierter Steinthron: Symbol der Macht. Die Verzierungen zeigen den verspielten reichhaltigen Charakter dieser Königin. Der Ziegenkopf als Symbol der Fruchtbarkeit.
Königin: Ihr Schleier bedeckt ihr Haar zum Zeichen ihrer Unschuld. Grüner Schleier als Symbol der Harmonie und der Ausgeglichenheit, das rote Gewand über dem weißen Unterkleid: Sie ist mächtig, doch ihre Seele ist unschuldig und rein.
Krone: Symbol der Erhabenheit über die niederen Instinkte.
Federn: Symbol der Vegetation und der Seele.
Berge im Hintergrund: Mittler zwischen Dualitäten.
Wasser im Hintergrund: Wer genau hinsieht, erkennt auch das Wasser, Symbol der Seele und der Veränderung.
Hase (rechts unten im Bild): Das Symbol der Fruchtbarkeit.

Die Deutung

- Eine reiche Frau (materiell reich, aber auch seelisch), die nicht sofort gibt, aber wenn sie nett darum gebeten wird und sie einen Sinn darin sieht, auch gerne teilt.
- Achtung: In Schwangerschaftsfragen sollte diese Karte dabeisein. (»Die empfängnisbereite Königin« – am besten auf der Position des Charakters. Erscheint sie hingegen bei »Hoffnungen und Ängste«, so kann dies Angst vor einer Schwangerschaft oder die Hoffnung darauf bedeuten, ohne konkret zu werden!)

Selbstverständlich kann sich diese Schwangerschaft auch auf Ideen und neue Projekte beziehen, die diese Person in sich trägt.

Beispiel für die Deutung der Königin der Münzen:

Beruflich: Eine Frau, die souverän und herrschaftlich vorgeht und die immer wieder neue Ideen in sich trägt und vorbringen kann.
Finanziell: Eine sehr reiche Frau, die auch gerne teilt, wenn sie lieb darum gebeten wird bzw. wenn sie nicht im unklaren darüber gelassen wird, wofür das Geld benötigt wird.
Privat: Mutterschaft.
In ihren Negativaspekten kann die Königin der Münzen nervös, ängstlich und mißtrauisch sein.

König der Münzen

Hintergrund Gelb: Auch hier ist der Geist angesprochen.
Weinstöcke am Kleid des Königs/Üppige Vegetation: Weinstöcke als das Symbol des Lebens. Die üppige Vegetation spricht für Fruchtbarkeit (auch des Geistes).
Zepter in der rechten Hand: Er ist sich seiner Macht sehr bewußt.
Krone: Erhabenheit des Geistes über die niederen Instinkte.
Ritterrüstung unter dem Mantel: Auch dies erinnert an die Karte des Herrschers – die Rüstung symbolisiert Regeln und Reglements der Gesellschaft, nach denen der Träger sich richtet.

Münze in der linken Hand: Der König betrachtet die Münze voller Zufriedenheit.
Burg im Hintergrund: Symbol der Macht, aber auch des Schutzes.
Thron: Sein Thron erinnert an den des Herrschers und der Königin der Münzen. Allerdings sind hier Stierköpfe angebracht. Der Stier als das Symbol der Kraft.

Die Deutung

- Ein Mann, der in materiellen Dingen sehr erfolgreich ist und daher auch mit seinem Leben sehr zufrieden ist.
- Ein Mann, der in Geldangelegenheiten um Rat gefragt werden kann.

  Man kann auch Geld von ihm leihen, doch sollte dies sehr begründet sein, da er selbst seine Erfolge aufgrund harter Arbeit erreicht hat.
- In seinen negativen Aspekten kann der König der Münzen geizig und korrupt werden.

Beispiel für die Deutung des Königs der Münzen:

Ein Mann kann das Unmögliche möglich machen. (Dies bedeutet z. B. in einer finanziellen Angelegenheit: Ein reicher Mann kann aus der finanziellen Misere helfen, damit das Unmögliche möglich machen. Beruflich: Ein Mann schafft es, eine Sache zu retten oder etwas sehr erfolgreich auf den Weg zu bringen, etc.)

Hintergrundwissen

Tarot

Die Hofkarten

Buben sind eine Art Mischform – ein »Zwitterwesen« im Bereich der Deutung, da sie Mann, Frau oder Sache repräsentieren können. Gerade Bube der Stäbe und Bube der Kelche symbolisieren fast ausschließlich mehr eine Sache (Situation) als eine Person!

Im Gegensatz dazu stehen die restlichen Hofkarten. Könige und Königinnen symbolisieren fast ausschließlich Personen des realen Lebens. Nur manchmal weisen sie auf Verhaltensweisen hin, die man sich aneignen sollte oder die man besser sein läßt. Ritter zeigen oft ein bestimmtes Verhalten, das an den Tag gelegt werden sollte, um in der gefragten Angelegenheit weiterzukommen, oder das verhindert werden sollte, um Schlimmes zu vermeiden. Sie können aber auch Personen symbolisieren, die von diesen Charaktereigenschaften geprägt sind – es kommt hier sehr stark auf die Großen Arkana oder die umliegenden Karten an.

Um die Hofkarten richtig zu interpretieren, braucht es einfach Übung, doch mit der Zeit werden Sie auf den ersten Blick erkennen, ob sie eine Situation, eine Charaktereigenschaft oder eine Person symbolisieren!

Buben und Ritter können Männer oder Frauen symbolisieren, während die Könige fast immer Männer und die Königinnen fast ausschließlich Frauen symbolisieren. (Ausnahme: jemand ist homosexuell und wird mit einer Frau charakterisiert oder in einer Situation ist speziell das Verhalten eines Königs gefragt, obwohl der Fragesteller eine Frau ist, etc.)

Übungen

1. Was bedeutet der Bube der Münzen?
2. Was sagen Buben generell aus?
3. Was bedeutet der Ritter der Münzen?
4. Was sagen Ritter generell aus?
5. Was bedeutet die Königin der Münzen?
6. Was bedeutet der König der Münzen?
7. Kann die Königin der Münzen generell nur eine Frau symbolisieren?
8. Was bedeuten Könige allgemein?

As der Münzen

Den Assen kommt im Tarot eine spezielle Bedeutung zu, daher werden sie auch einzeln behandelt. Sie zählen nicht mehr zu den Hofkarten, gehören aber auch nicht zu den Zahlenkarten. Asse stellen die Qualität ihres Satzes in der reinsten Form dar. Mit »Qualität« ist das Element gemeint. Dies bedeutet, daß die Aussage der Münzen beim As der Münzen nicht durch andere Bedeutungen gefärbt wird, sondern »rein« bleibt. Die Symbolik ist eigentlich nicht schwer – gehen wir's an:

Die Symbolik des Asses der Münzen im einzelnen

Vorherrschende Farbe: Grau, hier als Farbe der Zurückgezogenheit.
Berge im Hintergrund: Vermittlung zwischen Dualitäten.
Wolke: Die Wolke ist ein altes mystisches Symbol, das mit Gotteserscheinungen in Verbindung gebracht wird, aber auch als Symbol der Fruchtbarkeit gilt. Wolken verschleiern den Himmel – daher kommt ihnen der geheimnisvolle Charakter zu. (In manchen Kulturen wurde in Wolken auch die Wohnstatt der Götter gesehen).
Hand aus der Wolke: In der christlichen Mystik wird mit diesem Symbol das Eingreifen einer höheren Macht symbolisiert. Dies kann Gott sein, im Tarot auch das höhere Wesen, etc. Es wird damit auch Offenheit symbolisiert und das Darreichen einer großen Gabe (s. As der Kelche, Der Gral).

Garten mit Tor: Die üppige Vegetation im Garten als Zeichen der Fruchtbarkeit, das Tor als symbolischer Übergang, als Verbindung zwischen Dualitäten.
Lilien: Symbole der Reinheit und durch die Anzahl der Blütenblätter auch der Dreieinigkeit. Altes Lichtsymbol: die Lichtwerdung – eine Schöpfung kann beginnen, wurde bereits in Gang gesetzt.

Die Deutung:

- Das As der Münzen symbolisiert die Chance auf großen Reichtum.
- Aber auch die Chance, den eigenen, inneren Garten (= die Seele) wiederzufinden und damit großen, inneren Reichtum zu erfahren.
- Asse bedeuten immer Chancen – die Chance auf die Qualität des jeweiligen Satzes.

Beispiele für die Deutung des Asses der Münzen:

Eine Frau (die Mutter, die Vorgesetzte o. ä.) gibt dem Betreffenden die Chance, viel Geld zu verdienen oder inneren Reichtum zu erlangen. Je nach Position kann diese Kombination auch bedeuten: Der Fragesteller selbst hat die Chance, viel Geld zu bekommen oder inneren Reichtum zu entdecken.

Die Tatsache, daß man die Chance auf viel Geld oder inneren Reichtum hat, wird verschleiert.

Übung

1. Was symbolisiert das As der Münzen?
2. Was würde es in Kombination mit dem Gehängten bedeuten?
3. Was würde es in Kombination mit dem Herrscher bedeuten?
4. Worin unterscheiden sich die Asse von den übrigen Karten der Kleinen Arkana?

Der Satz der Stäbe
Zwei, Drei und Vier der Stäbe

Die Münzen symbolisieren im Tarot Materielles, Geldangelegenheiten, Finanzen, weltliche Dinge des Handels und der Arbeit.
Die Stäbe stehen mit den Münzen in enger Verbindung, denn auch sie sprechen von Arbeit. Doch diese Arbeit betrifft den Neubeginn, die Fruchtbarkeit, auch Handlung, Bewegung und Macht. Immer dann, wenn die Initiative zu einem Neubeginn erfolgt, haben Stäbe das Sagen. Auch wenn es um Dinge geht, die mit Wachstum zu tun haben, wird dies mit Stäben symbolisiert.
Die Stäbe werden dem Element des Feuers zugeordnet und verkörpern damit auch das aktive Prinzip.
Gehen Sie nun bei der Entschlüsselung der Karten genauso vor wie beim Satz der Münzen! Sie wissen ja – nicht zu kompliziert denken, lassen Sie sich vom Bild leiten, beobachten Sie, was diese Personen tun, was sie darstellen wollen. Es ist wie ein Pantomimenstück, das Sie nun entschlüsseln sollen. Viel Spaß auch mit den Stäben!

Die Symbolik der Karten im einzelnen

Zwei der Stäbe

Hintergrundfarbe Grau: Zurückgezogenheit und Autorität werden hier symbolisiert.
Berge: Symbole der Vermittlung von Dualitäten.
See: Symbol der Seele. Das Wasser ist aber auch Symbol der Veränderung. Da der See jedoch ein stilles, nicht fließendes Gewässer ist, findet hier keine Veränderung statt, wie sie ein Fluß symbolisieren würde.
Burgzinnen: Die Burg als Symbol der Macht, aber auch des Schutzes.
Lilien und rote Rosen an der Burgzinne: Die Lilien als Symbol der Reinheit, die Rosen als Symbol der Verehrung und Liebe. Da das Emblem an der Zinne angebracht ist, symbolisiert es hier die Liebe zur Heimat (die Burg), die Schutz gewährt.
Person: Der Mann ist in ein orangefarbenes Gewand gekleidet – die Farbe des Selbstbewußtseins. Der rote Hut symbolisiert den mächtigen Geist. Der braune Umhang symbolisiert Erdverbundenheit.
Weltkugel: Symbol der Welt, die man erreicht hat.

Die Deutung:

- Man hat sehr viel erreicht und weiß dies auch. Man wird den Schutz des bisher gelebten Lebens nicht verlassen.
- In Beziehungsfragen kann dies auch bedeuten: Man wird das Alte nicht für etwas Unbekanntes verlassen. (Z. B. Mann bleibt bei Frau oder umgekehrt.)
- Man trägt eine Welt in Händen, die man nicht aufgeben will.

Beispiel für die Deutung der Zwei der Stäbe:

Es wird dem Betreffenden schlagartig klar, daß er eine kleine Welt in Händen trägt, die er nicht verlieren möchte.
Auch ein heftiger Streit kann die eigene kleine Welt nicht zerstören. Man wird weiterhin daran festhalten.

Drei der Stäbe

Hintergrundfarbe Gelb: Hier ist der Geist angesprochen, die kreativen Ideen.
Meer/Flußmündung: Symbol der Veränderung.
Schiffe: Symbol der neuen Ideen, des Geistes, den man ausschickt, um Neuland zu erkunden.
Berggipfel: Die Figur steht auf einem Hügel oder Berg, um eine bessere Sicht zu erhalten.
Person: Die Figur wendet sich vom Betrachter ab – sie hält also Ausschau nach neuen geistigen Werten. Die farbliche Zusammenstellung verrät, daß sowohl Macht als auch höheres Wissen und Harmonie miteinander in Einklang gebracht werden.

Die Deutung:
Man hält Ausschau nach neuen Gebieten, Zielen, nach einem Neubeginn. Vorerst hält man aber noch fest am alten Dasein (die

Schiffe/Ideen sind bereits ausgesandt, es wird also nicht mehr lange dauern).
Auch die Karte des Fernwehs – z. B. bei Reisefragen, Auswanderungen etc.
Beispiel für die Deutung der Drei der Stäbe:

Der Betreffende zieht sich zurück, um eine einzige Idee genau zu beleuchten. Diese Idee ist bereits weit vorangeschritten, doch noch hält der Betreffende am alten Dasein fest.

Vier der Stäbe

Burg im Hintergrund: Symbol des Schutzes, aber auch der Beengung.
Blumengirlande: Die Girlande verbindet die Stäbe der beiden Seiten – symbolisiert also eine Verbindung. Zudem sieht die Konstellation der Girlande aus wie ein Tor, das Symbol des Überganges von einem Bereich zu einem anderen (auch von einem Bewußtseinszustand zu einem anderen).
Brücke (rechts vorne): Symbol der Verbindung.
Personen: Feiernde Menschen mit Blumen in der Hand. Sie tragen weiße Unterkleider als Zeichen der unschuldigen Freude.

Die Deutung:

- Der Betreffende kann endlich die schützenden Mauern, die er um sein innerstes Ich aufgebaut hat, verlassen und wieder fröhlich sein und sich der Welt zeigen.
- Tip: Deuten auch andere Karten darauf hin (z. B. Die Liebenden, Zwei der Kelche und Zehn der Kelche), dann ist dies auch die Verlobungskarte.
- Das Verlassen der Grenzen, die man sich entweder selbst auferlegt hat oder die aufgezwungen wurden. Dies kann sich auf geistige Dinge, körperliche Grenzen oder seelische Bereiche beziehen.

Eine Brücke wird geschlagen von einem Bereich zu einem anderen.

Beispiel für die Deutung der Vier der Stäbe:

Man verspürt einen starken inneren Ruf, endlich die schützenden Mauern verlassen und wieder fröhlich sein zu können. Achtung: Die Karte Vier der Stäbe erscheint meistens, wenn jemand eine Phase der Zurückgezogenheit hinter sich hat.

Hintergrundwissen

Elementenlehre

Feuer

Die Stäbe werden dem Element Feuer zugeordnet.
Feuer symbolisiert ebenso wie die Stäbe Energie, Unternehmungen, Kraft, Mut, Aktivitäten, Neubeginn, Handlung und kreative Ideen.
Erscheinen innerhalb einer Kartenlegung überwiegend Stäbe bei den Kleinen Arkana, dann drehen sich die Fragen höchstwahrscheinlich um einen Neubeginn, um Aktivitäten, die vorangetrieben werden wollen oder die neu begonnen werden wollen.
In der Astrologie werden dem Element Feuer die drei Tierkreiszeichen Widder, Löwe und Schütze zugeordnet. Alle drei Sternzeichen zeichnen sich durch feuriges Gemüt und Energie aus. Feuerzeichen gelten als sehr aktiv, begeisterungsfähig und durchsetzungsfreudig. Sie alle verbindet eine enthusiastische Liebe zum Leben und eine gehörige Portion Selbstvertrauen. Hinzu kommt, daß jedes Feuerzeichen für sich noch einen speziellen Charakterzug des Elementes Feuer verkörpert: z. B. Löwe die kreative Schöpferkraft, Widder die pure Energie, Schütze die manchmal etwas rastlose Aktivität (die z. B. dem Löwen völlig fehlt). Das Element Feuer sorgt im Tierkreis auch für Inspiration und dafür, daß Aktionen eingeleitet werden. Emotionen und die sich aus ihnen ergebenden Handlungen werden im Tarot auch durch die Stäbe ausgedrückt!

Übung

1. Was bedeutet die Zwei der Stäbe in einer Kartenlegung?
2. Was würde sie in Kombination mit dem Gericht aussagen?
3. Was bedeutet die Drei der Stäbe?
4. Was würde sie in Kombination mit dem Turm aussagen?
5. Was bedeutet die Vier der Stäbe?
6. Was würde sie in Kombination mit dem Stern aussagen?
7. Welchem Element werden Stäbe zugeordnet?
8. Was symbolisieren Stäbe generell?
9. Was hat es zu sagen, wenn in einem Kartenbild überwiegend Stäbe erscheinen?

Fünf, Sechs und Sieben der Stäbe

Die ersten Karten des Satzes der Stäbe haben Sie nun bereits erfolgreich hinter sich gebracht! Da dürften doch auch die nächsten drei kein Problem mehr für Sie sein, nicht wahr? Sehen Sie erneut ganz genau hin! Auch kleine Details können zur Entschlüsselung der Karte führen – und noch einmal sei es gesagt: Denken Sie nicht zu kompliziert, sondern versuchen Sie lediglich zu deuten, was Ihnen die Figuren erzählen möchten!!

Die Symbolik der Karten im einzelnen

Fünf der Stäbe

Hintergrundfarbe Blau: Die Intuition soll nun eingesetzt werden.

Berge im Hintergrund: Das Symbol der Vermittlung ist nur schwach im Hintergrund zu erkennen, aber von großer Bedeutung.

Personengruppe: Die Farben Rot, Grün und Blau sind vertreten und symbolisieren das harmonische Zusammenspiel. Richten Sie nun Ihr Augenmerk genau auf die Personen. Vielleicht sind Sie ja zu dem Schluß gekommen, die Karte könnte »Kampf« bedeuten. Dies ist nicht ganz falsch, aber auch nicht völlig richtig. Wenn Sie genau hinsehen, bemerken Sie zwar den Kampf, aber auch, daß sich die Figuren nicht wirklich schlagen – sie verletzen einander nicht!

Die Deutung:
- Scheinkampf. Eine spielerische Auseinandersetzung, in der man sich beweisen kann, ohne zu verletzen.
- Sich im Kampf üben. Vornehmlich im Konkurrenzkampf.

Beispiel für die Deutung der Fünf der Stäbe:

Der Betreffende sollte sich ein wenig in sich selbst zurückziehen und ein bevorstehendes Zusammentreffen genau und von allen Seiten auf alle Eventualitäten beleuchten. Er sollte darüber nachdenken, wie man im Konkurrenzkampf bestehen, sich beweisen kann.

Sechs der Stäbe

Hintergrundfarbe Blau: Das höhere Wissen.

Weißes Pferd: Symbol der Macht und der Stärke. Symbolisch steht das Pferd dem Tod nahe und wird auch als Seelenführer betrachtet. Hier allerdings ist es mit einem grünen Überwurf bedeckt, der den Ausgleich symbolisiert.

Person: Der Sieger – er trägt den roten Mantel der weltlichen Macht. Symbol, daß er diese erreicht hat.

Lorbeerkränze: Ein Lorbeerkranz in seinem Haar als Symbol, daß auch der Geist entscheidend war bei seinem Sieg. Ein Lorbeerkranz an einem Stab. Der Stab symbolisiert generell Wachstum und Neubeginn: Durch diesen Sieg entsteht also Wachstum und ein Neubeginn (hier ergibt sich auch wieder der Bezug zum Pferd als Symbol des Todes, der im Tarot ebenfalls für eine Wende steht!). Der Kranz am Stab erinnert auch ein wenig an den Kranz der Großen Arkana Die Welt – auch diese Karte symbolisiert Harmonie und das erfolgreiche Verbinden aller Gegensätzlichkeiten.

Die Deutung:

- Einen Sieg erringen.
  Als Sieger aus einer Angelegenheit hervorgehen.
- Auch: Eine Eroberung.

Beispiel für die Deutung der Sechs der Stäbe:

Beruflich: Im Beruf einen großen Erfolg feiern können durch einen errungenen Sieg.
Privat: In einer Beziehungsfrage oder in der Liebe einen Sieg davontragen (z. B. jemanden für sich gewinnen zu können etc.)

Sieben der Stäbe

Hintergrundfarbe Blau: Erneut ist die Intuition gefragt.
Anordnung der Stäbe: Die Konstellation der Stäbe deutet auf einen Angriff hin. Doch die Angreifer kommen von unten, da nur die Spitzen zu sehen sind, während der Angegriffene auf einem Hügel und damit in der besseren Position steht!
Person: Die Figur trägt orangefarbene Beinkleider – seine Persönlichkeit ist auf Selbstbewußtsein aufgebaut, sein grünes Wams deutet darauf hin, daß er den Ausgleich und die Harmonie sucht, also nicht selber der Angreifer ist. Das gelbe Hemd zeigt seinen kreativen Geist in dieser Angelegenheit.
Schuhe: Die Schuhe der Figur müssen hier extra erwähnt werden. Sehen Sie nochmals genau hin. Ist Ihnen aufgefallen, daß die Figur zwei verschiedene Schuhe trägt? Einen Schuh und einen Stiefel – er ist für jede Situation gewappnet! (Die Kleinigkeiten sind sehr wichtig, wie gesagt ...)

Die Deutung:

- Man wird angegriffen und muß sich zur Wehr setzen. Man soll sich auf alles gefaßt machen, dann kann man den Angriff erfolgreich abwehren.
- Man wehrt ab. Etwas wird abgeblockt.

Beispiel für die Deutung der Sieben der Stäbe:

Ein Streit aus heiterem Himmel kann gerade noch abgeblockt werden.
Diese Konstellation weist den Turm eindeutig als Streit aus und nicht als blitzartige Erkenntnis!

Übung

1. Was bedeutet die Fünf der Stäbe?
2. Was würde sie in Kombination mit dem Magier bedeuten?
3. Was sagt die Sechs der Stäbe aus?
4. Was würde sie in Kombination mit dem Narren bedeuten?
5. Was bedeutet die Sieben der Stäbe?
5. Was würde sie in Kombination mit dem Teufel aussagen?
7. Was sagen die Schuhe auf der Karte der Sieben der Stäbe aus?

Acht, Neun und Zehn der Stäbe

Die letzten drei Zahlenkarten der Stäbe sind nun an der Reihe! Lassen Sie uns gleich voranschreiten:

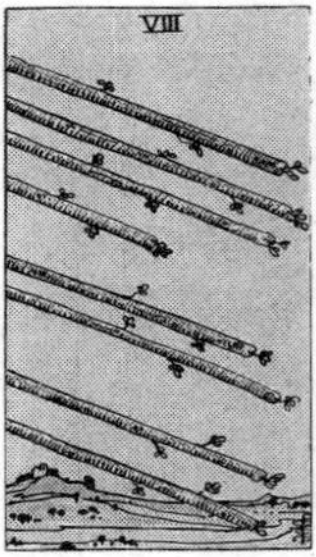

Die Symbolik der Karten im einzelnen

Acht der Stäbe

Hintergrundfarbe Blau: Hier will die Farbe darauf hinweisen, daß man sich abkühlen muß!

Fluß: Symbol der Veränderung.

Berge: Symbol der Vermittlung zwischen Gegensätzlichkeiten.

Burg auf dem Berg im Hintergrund: Die Burg als Symbol des Schutzes, die jedoch sehr weit entfernt liegt. Daher ist der Schutz noch nicht ganz erreicht!

Anordnung der Stäbe: Haben Sie es bemerkt? Die Stäbe fliegen nicht auf den Betrachter zu, sondern an ihm vorbei. Hier wird also kein direkter Angriff symbolisiert, sondern daß einem viel um »die Ohren fliegt« und man darauf achten muß, nicht davon erschlagen zu werden.

Die Deutung:

- Streß.

Beispiel für die Deutung der Acht der Stäbe:

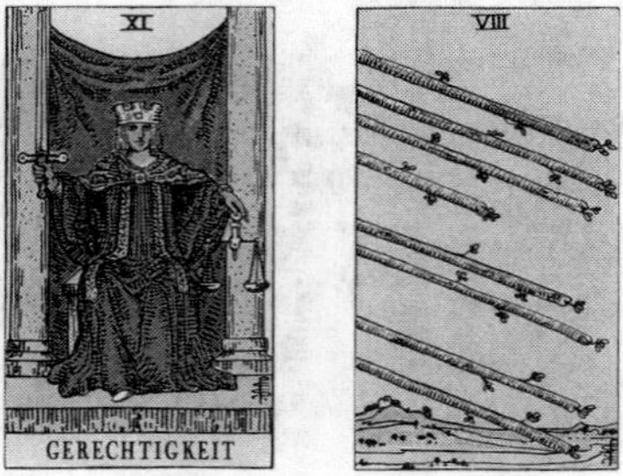

Der Betreffende hat so viel Streß und Hektik, daß es ihm schwerfallen wird, eine gerechte Entscheidung zu fällen oder sich wirklich gerecht zu verhalten. Doch trotz der Aufregung um ihn herum soll er gerade auf die gerechte Entscheidung und das gerechte Verhalten achten, denn ungerechtes Verhalten könnte sich zu einem späteren Zeitpunkt rächen.

Neun der Stäbe

Hintergrundfarbe Blau: Hier dient Blau der Heilung.

Hügelland im Hintergrund: Vermittlung wird dringend notwendig.

Person: Die Figur trägt grüne Stiefel – sie sucht nach harmonischen Wegen. Das Wams ist orange: das Selbstbewußtsein ist noch vorhanden!

Binde am Kopf: Diese ist sehr wichtig! Sie zeigt an, daß sich die Figur bereits Blessuren zugezogen hat, sich bereits weh getan hat. Auch die Haltung verrät dies – die Person sieht etwas mißtrauisch aus und signalisiert Bereitschaft, aber auch Abwehr.

Anordnung der Stäbe: Die Stäbe sind im Rücken der Figur aufgebaut – sie schützen sie.

Die Deutung:

- Sich den Rücken stärken und erst einmal eine Atempause einlegen, da man sich in einer Angelegenheit bereits Blessuren zugezogen hat und weitere vermeiden möchte. Dabei aber nie vergessen: Man soll sich nicht nur den Rücken stärken, sondern auch eine Rückzugsmöglichkeit offenhalten!

Beispiel für die Deutung der Neun der Stäbe:

Etwas will erledigt werden, doch der Betreffende kann nicht so handeln, wie er möchte. Vielleicht hat er bereits einen Vorstoß gewagt und sich dabei empfindliche Schrammen geholt. Er hätte zwar die Schlüssel zur Lösung zur Hand, doch sein soziales Umfeld läßt ihn nicht so handeln, wie er möchte, daher stärkt er sich vorerst den Rücken oder sollte dies auf alle Fälle tun!

Möglicherweise hat sich der Betreffende keine Rückzugsmöglichkeit offengehalten und steckt nun fest.

Zehn der Stäbe

Hintergrundfarbe Blau: Das Wissen ist jetzt gefragt.
Bäume im Hintergrund: Symbole des Wachstums.
Burgtor: Die Burg als Symbol des Schutzes, das Tor als Symbol des Überganges. Also, der Übergang zum Schutz. Doch ist die Burg noch etwas entfernt. Es braucht also noch ein wenig, um den Schutz zu erreichen.
Person: Die Figur trägt braune Schuhe zum Zeichen der Erdverbundenheit, einen roten Rock als Zeichen der Macht, ein orangefarbenes Wams zum Zeichen des Selbstbewßtseins und ein weißes Hemd darunter – Symbol der Unschuld.
Anordnung der Stäbe: Die Person trägt schwer an den Stäben und verbaut sich selbst den Blick dadurch. So viele Stäbe sollte nicht eine Person alleine tragen, sonst weiß diese nicht mehr, wo sie überhaupt langgehen sollte!

Die Deutung:

- Sich zu viel aufgeladen haben. Dies ist alleine nicht mehr zu bewältigen oder nur unter großer Kraftanstrengung! (Es kann sich um körperliche Arbeit, geistige Anstrengung o. ä. handeln.) Stäbe symbolisieren auch immer einen Neubeginn und Wachstum – doch diese Karte zeigt an, daß zu viele neue Dinge auf den Weg gebracht werden wollen, so daß man dies nicht mehr alleine schaffen kann.

Beispiel für die Deutung der Zehn der Stäbe:

Der Betreffende muß in einer Angelegenheit seine Emotionen so stark unter Kontrolle halten, daß es ihn enorme Kraft kostet und er es beinahe nicht alleine bewältigen kann. Er bräuchte Unterstützung.

Übung

1. Was bedeutet die Acht der Stäbe?
2. Was würde sie zusammen mit dem Eremiten aussagen?
3. Was bedeutet die Neun der Stäbe?
4. Was würde sie zusammen mit dem Gehängten aussagen?
5. Was bedeutet die Zehn der Stäbe?
6. Was würde sie in Kombination mit der Sonne aussagen?

Die Hofkarten – Bube, Ritter, Königin und König der Stäbe

Wir kommen erneut zu den Hofkarten! Sie haben bestimmt schon die Scheu vor diesen Karten abgelegt, wissen auch schon jede Menge über ihre Grundaussagen und können nun voller Elan an die Entschlüsselung der Hofkarten dieses Satzes gehen!

Die Symbolik der Karten im einzelnen

Bube der Stäbe

Hintergrundfarbe: Blau symbolisiert hier das Wissen, die Intuition.

Wüste: Symbol mit Doppelcharakter. Einerseits das Symbol der Gottnähe und der Meditation, andererseits aber auch der symbolische Wohnort von Dämonen und das Symbol der Versuchung.

Berge: Symbol der Vermittlung.

Bube: Seine Kleidung ist von den Farben Gelb und Orange geprägt. Sein Geist ist demnach hellwach und voller Energien, außerdem zeigt er selbst sehr viel Selbstbewußtsein.

Hut mit Feder: Die Feder als das Symbol des Himmels und der Sonne. Hier symbolisiert die Feder aber auch die Kommunikation (mit der Feder wurden/werden Nachrichten notiert). Der Hut als das Symbol der Gedanken.

Salamander auf dem Kleid: Die Salamander verdienen besondere Beachtung. Salamander stehen in der Symbolik der Alchimie für das Element Feuer, was auch von den Stäben symbolisiert wird. Doch ist dieses Salamandersymbol noch nicht ganz vollständig. Erst beim König treffen wir das exakte alchimistische Symbol – den sich in den Schwanz beißenden Salamander. Hier wird deutlich, daß erst mit dem König die Hofkarten die Reinheit des Satzes erreicht haben, was sich dann im As zur Vollkommenheit steigert. Der Salamander ist aber auch das Symbol der Gerechten. Auch dies steht im Zusammenhang mit dem Feuer: Die Gerechten werden die biblische Prüfung der Feuerprobe überstehen.

Die Deutung:

- Der Bube der Stäbe symbolisiert beinahe nie eine Person!
- Er zeigt eine Botschaft an, die den Betreffenden erreicht und die einen Neubeginn betrifft. Diese Botschaft wird meistens sogar erwartet. Erscheint der Bube, ist der Zeitpunkt gekommen, an dem die Botschaft den Betreffenden erreicht.
- Achtung: Der Bube der Stäbe überbringt meist eine gute Neuigkeit! Ist die Große Arkana eher negativ zu bewerten, dann hat die gute Neuigkeit negative Auswirkungen.

Beispiel für die Deutung des Buben der Stäbe:

Den Betreffenden erreicht eine Nachricht, die nicht vollkommen unerwartet kommt und die einen Neubeginn betrifft. Möglicherweise fällt die Nachricht trotzdem etwas anders aus als erwartet, denn der Betreffende wird sich erst einmal zurückziehen und intensiv über die Botschaft nachdenken.

Ritter der Stäbe

Hintergrundfarbe: Helles Blau. Die Intensität der Intuition läßt hier bereits etwas nach. *Berge:* Symbole der Vermittlung zwischen den Dualitäten. *Wüste/Sand:* Symbol der Versuchung, aber auch der Gottnähe. Hier kann die Wüste aber auch mit Sand gleichgesetzt werden, dem Symbol der Unendlichkeit.

Pferd: Das Pferd als Symbol der Stärke. Die Farbe des Pferdes ist Orange. Es symbolisiert damit die selbstbewußte Stärke des Ritters.

Ritter: Er trägt eine Rüstung als Symbol, daß er sich an die Regeln und Reglements der Gesellschaft hält. Auf dem gelben Turnierkleid finden sich erneut die Salamander, die nun bereits mehr einem Kreis ähneln.

Federn/Flammen: Beachten Sie die Federn auf seinem Helm. Diese gleichen in ihrer Form mehr einer Flamme, diese Flammen finden sich auch am Ellenbogen des Ritters. Die Flamme symbolisiert eigentlich die sich reinigende Seele. Hier zeigen die Flammen aber auch die Erregbarkeit des Ritters. Die Flammen auf dem Helm symbolisieren auch, daß sich der Geist an einer Sache »entzündet« hat!

Die Deutung:

- Ritter können Männer oder Frauen darstellen.
- Der Betreffende ist voller Begeisterung und Tatendrang, doch tut er nichts, um seinem Ziel auch nur einen Schritt näher zu kommen. Verweisen Sie den Fragenden auf das sich aufbäumende Pferd – es läuft nicht vorwärts, um ans Ziel zu kommen. Doch mit dieser Haltung »brennt« der Betreffende bereits an allen Ecken und Enden vor Begeisterung, Aktivität und Energie, die nicht zum Einsatz kommt. Der Betreffende soll nun endlich voranschreiten!
- Achtung: In manchen Kombinationen zeigt sich auch, daß der Betreffende von außen an der Aktion gehindert wird.

Beispiel für die Deutung des Ritters der Stäbe:

Der Betreffende hat sich in sich zurückgezogen und beleuchtet eine Angelegenheit, für die er sich restlos begeistert oder die er schon lange erledigt haben möchte, von allen Seiten. Doch er sollte nun aufhören, nachzudenken, und endlich Schritte zur Tat einleiten. Er muß handeln, ansonsten verbrennt er innerlich!

Königin der Stäbe

Hintergrundfarbe: Helles Blau. Auch hier sind das Wissen und die Intuition in den Hintergrund gerückt.

Berge: Symbole der Vermittlung. Diese sind nur auf der rechten Seite der Königin zu sehen (ihre rechte Seite, vom Betrachter aus links). Dies weist auf ihren bewußten Einsatz hin, ihren aktiven Charakter.

Löwenköpfe: Der Löwe als das Symbol des Lichtes, der Macht, Gerechtigkeit und des Mutes. In der Antike stand der Löwe symbolisch auch den Fruchtbarkeits- und Liebesgöttinnen nahe!

Schwarze Katze: Im Volksglauben bringen schwarze Katzen gerne Unglück. Sie werden mit Hexen und Zauberei in Verbindung gebracht. Doch wird dabei der wichtigste Aspekt vergessen: schwarze Katzen standen im Ruf, nur Außenstehenden

Unglück zu bringen. Ihren Besitzern bringt die schwarze Katze generell Glück und beschützt sie ihr Leben lang!
Sonnenblume: Hoheitssymbol. Da die Sonnenblume ihr Köpfchen immer dahin richtet, woher die Sonne kommt, ist sie auch ein Symbol der Seele, die sich am Licht, an Gott, am Positiven orientiert. Daher gilt sie auch als Symbol des Gebetes. Sie hält die Sonnenblume in der linken Hand als Zeichen dafür, daß sie ihr Leben ganz unbewußt immer nach der Sonnenseite ausrichtet.
Königin: Sie trägt ein strahlend gelbes Kleid mit einem grauen Umhang darüber. Das Gelb steht hier für ihre Kreativität und ihren schöpferischen Geist, der graue Mantel deutet darauf hin, daß auch sie sich manchmal zurückziehen muß, um Kraft zu schöpfen, zeigt aber auch ihre Autorität an. Beachten Sie: Die Königin der Stäbe ist die einzige Königin, die sich dem Betrachter zuwendet! Ihre ganze Haltung signalisiert höchste Aufnahmebereitschaft.
Stab: Sie trägt den Stab in ihrer rechten Hand. Sie übt ihre Macht sehr bewußt aus! (Der Stab ist hier das Zepter, das Symbol der weltlichen Macht.)
Krone mit Lorbeer: Die Krone als Symbol der Erhabenheit des Geistes über die niederen Instinkte. Der Lorbeer »sitzt« jedoch darüber. Dies hat besondere Bedeutung: Der Lorbeer ist das Symbol des Sieges. Ihr Geist ist zwar eigentlich sehr edel, doch eine Eroberung (auch im sexuellen Sinne) ist manchmal doch wichtiger als eine edle Gesinnung oder edelmütiges Entsagen!
Thron: Auf der Lehne des Thrones sind erneut Sonnenblumen und Löwen zu sehen.

Die Deutung:

- Die Königin der Stäbe charakterisiert eine optimistische, lebensfrohe Frau, die ihren Sinn und ihre Gedanken immer auf die schönen Seiten des Lebens zu lenken weiß und daher auch beinahe immer fröhlich gestimmt ist. Dabei scheint es manchmal, als würde sie magisch vor Unglück beschützt werden (die schwarze Katze!).

- Wird auf eine Beziehung gelegt, dann symbolisiert die Königin der Stäbe den sexuellen Aspekt der Beziehung.
- Wird auf Mutterschaft gelegt, dann zeigt die Königin der Stäbe die Empfängnisbereitschaft an. (Im Gegensatz zur Königin der Münzen, die bereits Schwangerschaft anzeigen kann!)
- In ihrer negativen Seite kann die Königin der Stäbe auch eifersüchtig, boshaft und wankelmütig werden.

Beispiel für die Deutung der Königin der Münzen:

Eine optimistische, lebensfrohe Frau kann das Unmögliche möglich machen. Durch ihre Aufnahmebereitschaft verbindet sie Gegensätzliches miteinander.

König der Stäbe

Hintergrundfarbe: Das Blau wird wieder deutlicher. Wissen und Intuition treten nun wieder stärker zutage.

Krone: Symbol der Erhabenheit des Geistes über die niederen Instinkte.

König: Er trägt ein orangefarbenes Kleid. Dies zeigt sein enormes Selbstbewußtsein an. Darüber trägt er einen gelben Umhang – sein Geist ist immer aktiv. Auf diesem Umhang sind unzählige schwarze Salamander eingezeichnet. Diese bilden auch hier den Kreis. Der alchimistische Feuerzustand ist erreicht. Die grünen Schuhe und das grüne Cape zeugen von seinem Versuch, seinen energetisch geladenen Geisteszustand zu harmonisieren. Achten Sie auch auf die Haltung des Königs: Er signalisiert, daß er jederzeit bereit ist zum Absprung. Er wirkt, als möchte er jeden Augenblick loslaufen!
Stab: Auch er hält den Stab in der rechten Hand, zum Zeichen seiner bewußten Machtausübung.
Salamander: Zu seinen Füßen ist noch ein Salamander zu sehen, zur Verdeutlichung, daß mit dem König der Feuerzustand erreicht ist.

Die Deutung:
- Könige symbolisieren meist Männer.
- Ein energischer, ehrlicher und abenteuerlustiger Mann, der voller Tatendrang ist. Hat er sich etwas Neues in den Kopf gesetzt, dann ist er kaum zu halten. Er drängt beinahe immer zu neuen Aktionen.
- In seiner negativen Seite kann er auch hart, intolerant und streng werden. Dies passiert meist dann, wenn er zum Stillstand gezwungen wird.

Beispiel für die Deutung des Königs der Stäbe:

Die Kombination charakterisiert einen Mann, der voller Tatendrang an seinem Lebensweg arbeiten möchte. Er kann es nicht mehr erwarten, neue Dinge auf den Weg zu bringen, die ihn im Leben und eben auf seinem Lebensweg weiterbringen können.

Übung

1. Was bedeutet der Bube der Stäbe?
2. Was sagt er im Zusammenhang mit dem Stern aus?
3. Was bedeutet der Ritter der Stäbe?
4. Was sagt er im Zusammenhang mit dem Mond aus?
5. Was charakterisiert die Königin der Stäbe?
6. Was sagt die Königin der Stäbe im Zusammenhang mit der Hohenpriesterin aus?
7. Wen charakterisiert der König der Stäbe?
8. Was sagt der König der Stäbe im Zusammenhang mit dem Gehängten aus?

As der Stäbe

Erinnern Sie sich noch? Wie stehen die Asse im Zusammenhang mit ihrem Satz? Genau – Asse drücken die Qualität ihres Satzes in der reinsten Form aus.

Die Symbolik der Karte im einzelnen

Vorherrschende Farbe: Grau, hier als Farbe der Autorität.
Berge im Hintergrund: Vermittlung zwischen Dualitäten.
Burg: Die Burg als Symbol des Schutzes.
Fluß: Symbol der Veränderung.
Bäume: Symbol des Wachstums und der Fruchtbarkeit.
Wolke: Die Wolke als altes mystisches Symbol. Die Wolke wird mit Gotteserscheinungen in Verbindung gebracht und als Wohnstatt der Götter angesehen, da sie den Himmel geheimnisvoll verschleiert. Die Wolke ist aber auch das Symbol der Fruchtbarkeit. (Sie bringt Regen etc.) Die Fruchtbarkeit ist beim As der Stäbe auch das vorrangige Symbol.
Hand aus der Wolke: In der christlichen Mystik wird mit diesem Symbol das Eingreifen einer höheren Macht symbolisiert. Dies kann Gott sein, im Tarot auch das höhere Wissen etc. Es wird damit auch Offenheit symbolisiert und das Darreichen einer großen Gabe (s. As der Kelche, Der Gral).

Die Deutung:

- Asse bedeuten immer eine Chance.

- Das As der Stäbe symbolisiert die Chance auf einen fruchtbaren Neubeginn.
- Aber auch: Die Chance auf ein sexuelles Abenteuer. (Hier sollte natürlich die Frage dazu passen bzw. auch die umliegenden Karten darauf hinweisen.)

Beispiel für die Deutung des Asses der Stäbe:

Den Betreffenden trifft die blitzartige Erkenntnis, daß er die Chance zu einem fruchtbaren Neubeginn hat. (Da Der Turm eine schmerzhafte Erfahrung ist, kann dies auch ein Hinweis sein, daß die Chance bereits vorhanden war, aber nicht genutzt wurde!) Ein Streit aus heiterem Himmel. Der Betreffende erhält durch diesen Krach die Chance auf einen fruchtbaren Neubeginn.

Übung

1. Was bedeuten Asse generell?
2. Was bedeutet das As der Stäbe?
3. Was sagt das As der Stäbe in Kombination mit dem Mond aus?
4. Was sagt das As der Stäbe in Kombination mit dem Teufel aus?
5. Was sagt das As der Stäbe in Kombination mit dem Stern aus?

Der Satz der Schwerter
Zwei, Drei und Vier der Schwerter

Ein neuer Satz beginnt und damit auch eine neue »Qualität«! Die Schwerter werden im Tarot dem Element Luft zugeordnet. Luft symbolisiert das geistige Leben, den Intellekt. Im Zusammenhang mit den Schwertern geht es in einer Kartenlegung, in der das Element der Schwerter überwiegt, häufig um eine Entscheidung oder eine Entscheidungsfrage. (Das Schwert als das Symbol der Entscheidung.)

Doch die Schwerter sprechen auch häufig von Problemen, die aus der Entscheidungsfindung resultieren oder die im Zusammenhang mit intellektueller Auseinandersetzung liegen. Da Luft auch das Lernen aus geistiger Auseinandersetzung bedeutet, symbolisieren Schwerter auch die Kommunikation, die aus dem Denken resultiert – man muß sich austauschen, Dinge wollen ausgesprochen werden.

Nachdem Sie nun schon so viel Übung haben, dürfte es Ihnen überhaupt nicht mehr schwerfallen, auch noch dem Satz der Schwerter »auf die Schliche« zu kommen! Hier gleich die ersten drei Karten:

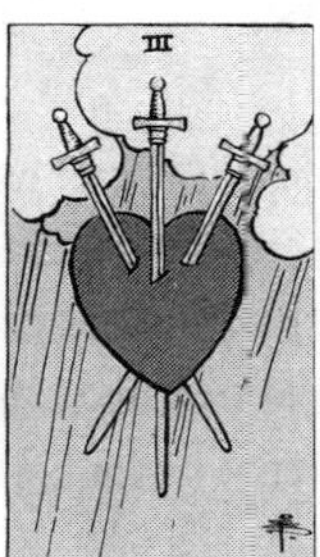

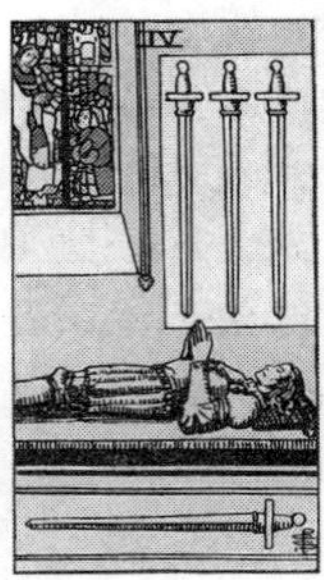

Die Symbolik der Karten im einzelnen

Zwei der Schwerter

Hintergrundfarbe Blau: Die Intuition und der intellektuelle Geist sind hier symbolisiert.

Berge am Horizont: Die Symbole der Vermittlung von Gegensätzlichkeiten können erst erreicht werden, wenn man die tiefen Wasser der Seele und des Unbewußten überwindet.

Wasser: Sehen Sie hier ganz genau hin! Das Wasser scheint in unruhiger Bewegung zu sein – die Seele ist also aufgewühlt.

Felsen, die aus dem Wasser ragen: Der Fels ist das Symbol der Unveränderlichkeit und der Festigkeit, aber auch der Stärke. Die Seele beweist also durchaus Stärke und Festigkeit, doch nur in kurzen Momenten.

Mond: Der Mond gilt hier als das Symbol der Veränderlichkeit, der Dunkelheit. (Im Dunkeln kann man nur schemenhaft sehen!)

Figur: Die Person sitzt auf einem steinernen Thron und wirkt selbst wie versteinert. Sie trägt gelbe Schuhe – noch kann sie kreativ handeln! Sie trägt ein graues Kleid – zum Zeichen der Zurückgezogenheit, aber auch um sich selbst zu schützen. Die Augen sind verbunden – sie muß sich auf ihre Intuition verlassen, und dies stellt sich als schwierig heraus, da ihre Seele (das Wasser) im Aufruhr ist.

Anordnung der Schwerter: Die Figur hält die beiden Schwerter über Kreuz vor der Brust. Nochmals das Symbol dafür, daß die Seele momentan blockiert ist – und zwar von zwei vorherrschenden Gefühlen, die die Person selbst absolut hemmen und in ihrer Handlungsfreiheit einschränken.

Die Deutung:

- Wut und Angst.

Der Betreffende kann nicht mehr angemessen handeln, da sein Innenleben von Wut und Angst geprägt ist.

(Tip: Verweisen Sie hier den Fragesteller auf die beiden Schwerter und daß es schwer ist, in dieser Haltung die richtige Handlungsweise an den Tag zu legen. Der Fragesteller, der mit dieser Karte symbolisiert wird, ist meist ohnehin sehr demoralisiert. Bauen Sie ihn damit auf, daß er erst die Schwerter der Wut und Angst von sich werfen muß, um sich die Augenbinde abnehmen zu können und damit wenigstens teilweise besser handeln zu können. Das Mondlicht bleibt bestehen – es kommt von außen.)

Beispiel für die Deutung der Zwei der Schwerter:

Wut und Angst hindern den Betreffenden daran, seinen Lebensweg zu beschreiten. Er muß erst die Schwerter der Wut und der Angst von sich werfen, um wieder vorangehen zu können!

Drei der Schwerter

Vorherrschende Farbe: Grau als das Symbol der Zurückgezogenheit, der Mäßigung.

Wolken: Sie verschleiern den Himmel und gelten (galten) daher als Wohnstatt der Götter, als Ort, an dem auch die Entscheidun-

gen des Himmels fallen, die uns Menschen manchmal Kummer bereiten.
Herz: Symbol der Mitte. Antikes Symbol des Denkens, Fühlens und Wollens des Menschen, später auch des Geistes. Aber auch Symbole der Liebe.
Anordnung der Schwerter: Die Schwerter durchbohren das Herz – eine Entscheidung macht das Herz schwer, verletzt es.

Die Deutung:

- Kummer jedweder Art.
- Eine Entscheidung wurde gefällt, die das Herz des Betreffenden durchbohrt.
- In Beziehungsfragen: Liebeskummer.

Beispiel für die Deutung der Drei der Schwerter:

Der Betreffende könnte sehr glücklich und optimistisch sein, doch eine Entscheidung, die gefällt wurde, macht sein Herz sehr schwer. Sein Kummer ist so groß, daß es ihm schwerfällt, das Leben aus den Augen der Fröhlichkeit zu betrachten.

Vier der Schwerter

Vorherrschende Farben: Grau, die Farbe der Zurückgezogenheit, und Gelb, die Farbe des schöpferischen, kreativen Geistes.

(Achtung: Hier ist bereits eine wichtige Bedeutung der Karte vorgegeben. Manchmal geht das Gerücht über diese Karte, sie würde in engem Zusammenhang mit dem Tod stehen! Doch zeigt die Farbe Gelb sehr deutlich, daß die Person nicht tot ist, sondern in Meditation versunken! Ihr Geist ist hellwach! Wäre sie tot, wäre ihre Farbe schwarz!!)
Kirchenfenster: Das Kirchenfenster gilt als das Symbol der farbigen Fülle des himmlischen Jerusalem. Das Fenster gilt aber generell auch als das Symbol der Empfänglichkeit für Eindrücke von außen.
Person: Zugegeben, die Figur wirkt tatsächlich, als weilte sie nicht mehr unter den Lebenden. Doch ist hier die Bahre als das Symbol der Versenkung zu betrachten. Zum anderen gilt in vielen Religionen (auch im Christentum) und Geheimorden (z. B. Freimaurer) der Ritus des Todes als Symbol für den Beginn eines neuen Lebens. Man schließt etwas ab, um neu beginnen zu können (vergleichen Sie in diesem Zusammenhang auch die Große Arkana Tod!). Anordnung der Schwerter: Drei Schwerter weisen mit der Spitze nach unten, das vierte Schwert liegt waagrecht. Alle Schwerter wirken wie Embleme, also nicht reale Schwerter – auch dies ist ein Zeichen für die Macht des Geistes, der geistigen Regheit und der Meditation.

Die Deutung:

- Ruhe, Meditation, Versenkung in sich selbst. Man zieht sich zurück, um zur Ruhe zu kommen und zu genesen!
- Auch die Karte der Genesung. (Man kann auch von seelischen oder geistigen Streß genesen! Nicht nur körperliche Genesung.)
- Im Zusammenhang mit dem Gehängten symbolisiert diese Karte noch deutlicher den einstweiligen Rückzug von den

weltlichen Dingen, um zu genesen. (Achtung: Mit dem Gehängten kann die Kombination durchaus auch auf körperliche Genesung hinweisen!)

Beispiel für die Deutung der Vier der Schwerter:

Der Betreffende möchte einen radikalen Wandel herbeiführen, doch vorerst ist dies nicht möglich! (»Der Tod ruht« = Die Veränderung muß noch warten.)

Hintergrundwissen

Elementenlehre

Im Tarot wird den Schwertern das Element Luft zugeordnet. Luft und Schwerter symbolisieren gleichermaßen den Geist, das Denken und den Intellekt. Im Satz der Schwerter wird man oft mit schmerzvollen Erfahrungen konfrontiert, die aus Entscheidungen (Schwerter) resultieren, die oft vom Intellekt, nicht vom Herzen gefällt werden!

Auch die Astrologie teilt drei Tierkreiszeichen dem Element der Luft zu: Zwillinge, Waage, Wassermann. Anders als im Tarot symbolisieren aber die Luftzeichen nicht die schmerzvollen Erfahrungen, sondern spiegeln die luftigen Geister des Tierkrei-

ses wider, die Dinge aussprechen und durchdenken möchten, manchmal aber ein wenig zur Redseligkeit neigen. Jedem Luftzeichen kommt im Tierkreis noch eine spezielle Bedeutung des Elementes zu, das den anderen Luftzeichen fehlt oder sie nicht unmittelbar charakterisiert. So kann der Zwilling am ehesten sprunghaft werden (er ist der neugierigste Luftgeist von allen), die Waage sucht den absoluten Ausgleich im immerwährenden Denken und macht sich damit manchmal selbst entscheidungs- und handlungsunfähig, während der Wassermann eher dem ungewöhnlichen Intellekt entspricht, der Grenzen aufzusprengen vermag.
Zudem ist es Aufgabe des Elementes Luft, aus den geistigen und intellektuellen Anforderungen zu lernen. Dies wird auch im Satz der Schwerter immer wieder verdeutlicht.

Übung

1. Was bedeutet die Zwei der Schwerter?
2. Was würde sie in Kombination mit dem Teufel aussagen?
3. Was bedeutete die Drei der Schwerter?
4. Was sagt sie in Kombination mit dem Stern aus?
5. Was bedeutet die Vier der Schwerter?
6. Was sagt sie in Kombination mit dem Gehängten aus?

Fünf, Sechs und Sieben der Schwerter

Sie haben nun sicherlich schon bemerkt, daß der Satz der Schwerter tatsächlich mehr von schmerzvollen Erfahrungen oder der Genesung von ebendiesen darstellt. Doch haben Sie trotzdem keine Angst vor den Schwertern – auch sie sind nötig, um das Leben in seiner kompletten Form darzustellen und auszudrücken. Und gäbe es keine Widrigkeiten, würde man sich über Glück nicht so freuen können, oder? Lassen Sie uns also voller Elan voranschreiten:

Die Symbolik der Karten im einzelnen

Fünf der Schwerter

Hintergrundfarbe: Das Blau ist nicht besonders intensiv – die Intuition und die heilende Wirkung sind nicht sehr ausgeprägt.
Wolken: Die Wolken als Symbol der Wohnstatt der Götter (oder Gottes) und damit als mystisches Symbol des Geheimnisvollen, auch des Schicksalhaften, bekommen hier vor allem den Cha-

rakter von »Gottes Zorn«, da sie sehr zerrissen aussehen und von einem Sturm künden. (Auch die Haare und die Kleidung der Person im Vordergrund zeugen von dem aufkommenden Unwetter.)
Wasser: Auch hier sind die Wasser unruhig – die Seele und das Unbewußte ist in Aufruhr.
Personen: Zwei Personen wenden sich ab, die hintere wirkt, als würde sie weinen. Die Figur im Vordergrund symbolisiert den höhnischen Sieger (betrachten Sie das gemeine Lächeln). Dieser höhnische Sieger trägt orangefarbene Stiefel als Zeichen seines Selbstbewußtseins und rote Kleider zum Zeichen seiner Macht. Das grüne Wams hat besondere Bedeutung: Grün als die Farbe des Ausgleiches symbolisiert hier, daß ein gerechter Ausgleich stattfinden wird – wer heute der höhnische Sieger ist, kann morgen schon der höhnisch Besiegte sein!
Anordnung der Schwerter: Zwei der Schwerter liegen am Boden, drei hat der höhnische Sieger bereits aufgenommen – er hat damit die Entscheidungskraft den anderen abgenommen.

Die Deutung:
- Der höhnische Sieger.
- Achtung: Diese Karte ist auch gemein und hinterhältig zum Kartenleger – man weiß nicht, wer der höhnische Sieger ist: Der Fragesteller oder sein Widersacher. Es kommt darauf an, daß man den Fragenden darauf hinweist, sich eben nicht so höhnisch und überlegen zu verhalten – dies könnte sich schnell umkehren!

Beispiel für die Deutung der Fünf der Schwerter:

Ist die Fragende eine Frau, dann wird sie höhnisch besiegt oder ist selbst der höhnische Sieger.
Ist der Fragesteller ein Mann, dann wird er von einer Frau höhnisch besiegt oder besiegt diese auf höhnische Art und Weise.
Bei der Fünf der Schwerter immer vorsichtig sein mit der Deutung! Denn wie gesagt: sie kann symbolisieren, daß der Betreffende der höhnische Sieger ist oder besiegt wird (wobei eines das andere nicht ausschließt!).

Sechs der Schwerter
Hintergrundfarbe Grau: Hier als Farbe der Mäßigung und zum eigenen Schutz.
Bäume am Horizont: Bäume als Symbol des Wachstums. Dieser Wachstum ist erst zu erreichen, wenn man die Wasser der Seele erfolgreich überquert hat.
Wasser: Hier gilt es wieder, ganz genau hinzusehen: Das Wasser auf der rechten Seite des Bootes ist noch ruhig, aber die linke Seite ist bereits gekennzeichnet von Wellengang!
Wasser: Symbol der Seele und des Unbewußten. Als Fluß auch Symbol der Veränderung.

Kahn: Symbol der Überfahrt von einem Bereich zu einem anderen (von Bewußtsein zu Unterbewußtsein, oft auch vom Leben ins Jenseits, hier aber von einem Lebensbereich in einen anderen).
Personen: Sie wenden dem Betrachter den Rücken zu. Damit wird symbolisiert, daß diese Personen einen Lebensbereich hinter sich lassen. Das Alte wird zurückgelassen, um zu neuen Ufern aufzubrechen – doch wirken sie nicht wagemutig oder unternehmungslustig, sondern eher gedrückt und traurig.
Anordnung der Schwerter: Die Schwerter belasten den Kahn und könnten ihn auch zum Sinken bringen. Hier gelten die Schwerter als Symbole früherer Erlebnisse, die noch nicht richtig verarbeitet sind.
Schwarzer Stab: Der Stab ist das Symbol der Macht. Die Figur hat den Stab mit beiden Händen ergriffen, was darauf hindeutet, daß Unterbewußtsein und Bewußtsein (Rechte und Linke) miteinander in Einklang gebracht werden müssen und man die Macht dazu hat. Die Farbe Schwarz deutet hier darauf hin, daß man die Entscheidung wirklich durchführen möchte und sich nicht aufhalten lassen möchte, daher blockt man ein wenig ab.

Die Deutung:
- Ein Übergang mit Hindernissen.
- Der Betreffende möchte einen Neubeginn durchführen, sollte aber darauf achten, daß er noch zu viele Altlasten, nicht bewältigte Probleme aus der Vergangenheit mit sich nimmt. Diese belasten und behindern den Neubeginn, können den Übergang sogar verhindern (das Boot könnte sinken).
- Achtung: Bei Reisefragen symbolisiert diese Karte ganz einfach die Reise an sich. Hier fällt die Bedeutung der Altlasten weg! (Sonst würde jede Reise mit Altlasten angetreten wer-

den …) Es kommt hier darauf an, ob die Große Arkana eher negativ oder positiv zu bewerten ist.

Beispiel für die Deutung der Sechs der Schwerter:

a) Der Betreffende muß Herz und Verstand in Einklang bringen, um einen Neuanfang siegreich durchführen zu können. Dabei sollte er darauf achten, eventuelle Altlasten über Bord zu werfen, damit sein Vorhaben nicht doch noch scheitert.

b) Diese Kombination drängt sich natürlich geradezu für eine Reisefrage auf. (Der Wagen als Fortbewegungsmittel.) Wobei es hier eine sehr neutrale Aussage bleiben würde – man tritt eine Reise an. (Achten Sie in derartigen Fällen auf die nachfolgenden und die umliegenden Karten.)

Sieben der Schwerter

Vorherrschende Farbe: Gelb – der schöpferische Geist, der kreative Intellekt.

Zelte: Das Symbol der menschlichen Hinfälligkeit und der irdischen Vergangenheit. (Die Zelte sind geöffnet, also könnten sie auch ein Symbol der Offenbarung sein.)

Wüste: Doppeltes Symbol. Zum einen das Symbol der Dämonen und der Versuchung, zum anderen aber auch das Symbol der Meditation.

Person: Die Figur trägt rote Schuhe und einen roten Hut. Sowohl der Geist als auch die Handlung sind von Machtausübung geprägt. Die blauen Strümpfe verraten etwas von der Intuition, während der braune Überwurf die Erdverbundenheit symbolisiert. Beachten Sie: Die Figur trägt die Schwerter mit sich, hat aber keine schützenden Handschuhe an. Sie kann sich also leicht dabei verletzen!

Anordnung der Schwerter: Die Figur trägt fünf der sieben Schwerter mit sich, blickt dabei nach hinten – diese Handlung wirkt, als wäre sie nicht Rechtens. Die Person sieht auch aus, als würde sie schleichen, versuchen, keinen Lärm zu verursachen. Und sie wirkt, als würde sie gerne alle Schwerter mitnehmen, was ihr jedoch nicht möglich ist.

Die Deutung:

- Diebstahl.
- Man wird bestohlen, oder wenn es die Karten anzeigen (auf der Position des Charakters oder des Verhaltens z. B.), kann es auch sein, daß man selbst etwas wegnimmt/stiehlt. (Dies können Dinge sein, aber auch Menschen, Gefühle, Gedanken etc.)
- Achtung: In Gesundheitsfragen kann diese Karte auch eine Operation bedeuten. (»Etwas wird weggenommen.«)

a) Den Betreffenden trifft die blitzartige Erkenntnis, daß er bestohlen wird, daß ihm etwas weggenommen wird. (Dies kann in einer Beziehungsfrage auch bedeuten, daß jemand versucht, den Partner zu »stehlen« etc.!!)
b) Es gibt einen enormen Krach, weil der Betroffene bemerkt, daß er bestohlen wird.

Übung

1. Was bedeutet die Fünf der Schwerter?
2. Was sagt sie in Kombination mit dem Teufel aus?
3. Was bedeutet die Sechs der Schwerter?
4. Was sagt sie in Kombination mit dem Mond aus?
5. Was bedeutet die Sieben der Schwerter?
6. Was sagt sie in Kombination mit der Sonne aus?

Acht, Neun und Zehn der Schwerter

Die letzten Zahlenkarten der Schwerter sind nun an der Reihe. Tip: Achten Sie besonders bei der Acht der Schwerter und der Zehn der Schwerter auf die Symbolik – die Aussage dieser Karten ist auf den ersten Blick nicht leicht zu entschlüsseln!

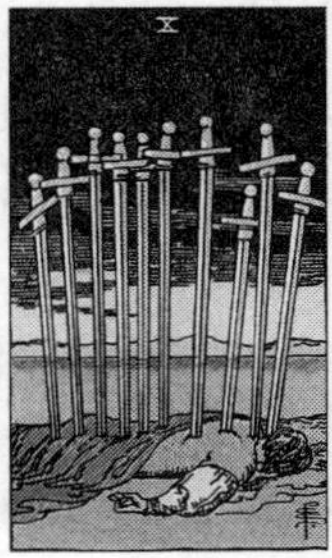

Die Symbolik der Karten im einzelnen

Acht der Schwerter
Hintergrundfarbe Grau: Die Farbe der Zurückgezogenheit.
Fels mit Burg: Der Fels als Symbol der Beständigkeit und die Burg als Symbol des Schutzes, doch beide liegen sehr weit im Hintergrund – die Figur hat dies hinter sich gelassen.
Wasser: Eine Wasserpfütze am Boden. Die Seele versickert – der Zugang ist nicht mehr so einfach.
Person: Sie trägt ein orangefarbenes Kleid als Symbol dafür, daß die Figur eigentlich Selbstbewußtsein hat! Ihre Augen sind verbunden, und sie ist am Oberkörper gefesselt. Die Haltung

wirkt natürlich angespannt, doch auch hier gilt – ganz genau hinsehen: sie ist nicht komplett handlungsunfähig! Die Frau auf der Karte könnte noch sprechen und sie könnte noch gehen!

Anordnung der Schwerter: Drei Schwerter auf der rechten, bewußten Seite, fünf Schwerter auf der linken, unbewußten Seite. Dies zeigt an, daß eine Entscheidung – symbolisiert durch die Schwerter im allgemeinen – bereits gefällt wurde, die mehr aus dem Unterbewußtsein kommt.

Die Deutung:

- Der Betreffende fühlt sich absolut handlungsunfähig in einer Situation, die eine Entscheidung verlangt. Diese Entscheidung hat der Betreffende innerlich bereits gefällt, sagt aber nichts bzw. tut auch nichts, um diese in die Tat umzusetzen. (Man muß es aussprechen! Einfach loszulaufen empfiehlt sich weniger, man könnte sich verletzen!)

Beispiel für die Deutung der Acht der Schwerter:

Die symbolisierte Person hat bereits eine Entscheidung bezüglich ihres Lebensweges gefällt, doch unternimmt sie nichts zu deren Verwirklichung. Der Betreffende sollte die Entscheidung endlich auch aussprechen – dann kann er voranschreiten!

Zehn der Schwerter

Hintergrundfarbe: Schwarz ist hier die Farbe der Trauer.

Bett: Auch das Symbol der Versenkung, des Rückzuges.

Bettdecke: Sie ist mit roten Rosen, dem Symbol der Liebe, geschmückt. Dazwischen finden sich astrologische Symbole der Tierkreiszeichen und der Planeten. Der Kreislauf der Natur wird damit symbolisiert, aber auch das Schicksal des Menschen.

Anordnung der Schwerter: Die Schwerter hängen neben der Person wie an einer Wand – die Stellung wirkt äußerst bedrohlich und symbolisiert auch die Entscheidung (die Schwerter) einer höheren Macht.

Die Deutung:

- Trauer um eine geliebte Person (meist privat) oder um eine geliebte Sache (meist beruflich).
- Auch: der real gewordene Alptraum. (Diese Deutung schließt die erstgenannte selbstverständlich nicht aus.)

Beispiel für die Deutung der Neun der Schwerter:

a) Es wird der betreffenden Person schlagartig klar, daß er/sie einen geliebten Menschen oder eine geliebte Person verliert/ verloren hat.

b) Durch einen heftigen Streit verliert die symbolisierte Person eine geliebte Person oder eine geliebte Sache.
Achtung: Gerade bei diesen sehr dunkel zu deutenden Karten möchte ich auf Folgendes hinweisen: Der Tarot ist keine Lehre oder Methode, die unwiderruflich und unumgänglich das Schicksal prophezeit. Im Gegenteil: Man kann mit Hilfe des Tarot sein Schicksal noch besser gestalten! Erscheinen also katastrophale Kombinationen wie Der Turm/Neun der Schwerter, dann muß der Kartenleger den Fragestellenden darauf hinweisen, daß er sehr wohl etwas gegen diese Zukunftsaussicht tun kann – z. B.: ein Streit ist zu umgehen!!

Zehn der Schwerter

Hintergrundfarben: Hier gilt es gleich, sehr genau hinzusehen: Der Himmel ist zwar schwarz – die Farbe der Angst, aber am Horizont ist bereits ein »Silberstreifen« zu sehen. Dieser »Silberstreifen« ist gelb als Symbol der wieder beginnenden geistigen Aktivität.
Berge: Symbole der Vermittlung.
Wasser: Sehen Sie erneut sehr genau hin. Das Wasser ist spiegelglatt – die Seele ist also in absoluter Harmonie und Ruhe.
Person: Die Figur liegt erschlagen am Boden. Das orangefarbene Cape ist heruntergerutscht und zeigt damit an, daß das Selbstbewußtsein etwas verlorenging. Das braune Wams zeugt von der eigentlichen Erdverbundenheit der Person, während das weiße Hemd die Unschuld signalisiert.
Anordnung der Schwerter: Die Schwerter stecken in der Figur. Eines davon steckt sogar im Ohr. Dies drückt aus, daß die Figur nichts mehr hören möchte.

Die Deutung:

- Hysterie. Panik.
- Der Betreffende verhält sich in der Situation panisch bis hysterisch, fühlt sich wie erschlagen von den Geschehnissen und hat sogar ein »Schwert im Ohr stecken«. Sagen Sie dies ruhig so zum Fragesteller – das lockert das etwas hysterische Gemüt sofort!! Dieses Schwert im Ohr besagt: Die symbolisierte Person will nichts mehr hören, was mit den Geschehnissen zu tun hat! Bei dieser Gefühlslage wird jedoch übersehen, daß die dunklen Wolken bereits am Abzug sind und Licht am Horizont auftaucht und die Seele keineswegs in Aufruhr ist!!

Beispiel für die Deutung der Zehn der Schwerter:

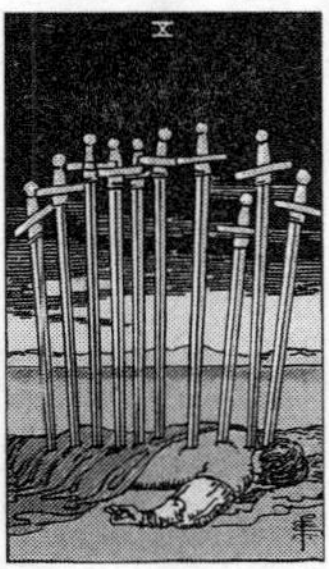

Die betreffende Person versucht mit aller Kraft ihre Emotionen, ihre Panik, ihre Hysterie zu unterdrücken. Dabei sollte sie nur das Schwert aus dem Ohr ziehen, sprich: auf die Ratschläge anderer hören und erkennen, daß die Situation sich bereits bessert – Panik ist also nicht mehr angebracht.

Übung

1. Was bedeutet die Acht der Schwerter?
2. Was würde sie in Kombination mit dem Teufel aussagen?
3. Was bedeutet die Neun der Schwerter?
4. Was würde sie in Kombination mit dem Herrscher aussagen?
5. Was bedeutet die Zehn der Schwerter?
6. Was würde sie in Kombination mit der Mäßigkeit aussagen?

Die Hofkarten – Bube, Ritter, Königin und König der Schwerter

Erneut kommen wir zu den Hofkarten eines Satzes. Doch auch hier liegt keine Schwierigkeit, wie Sie sehen werden!

BUBE der SCHWERTER

RITTER der SCHWERTER

KÖNIGIN der SCHWERTER

KÖNIG der SCHWERTER

Die Symbolik der Karten im einzelnen

Bube der Schwerter

Hintergrundfarbe: Der Himmel ist blau und symbolisiert hier die Intuition.

Wolken: Sie symbolisieren zum einen die Wohnstatt Gottes, andererseits aber auch die manchmal geheimnisvollen Wege göttlicher Entscheidungen bzw. sie sind auch das Symbol der Gottnähe.

Vögel am Himmel: Vögel als Symbol der Seele.

Bäume: Die Bäume signalisieren ebenfalls den aufkommenden Wind. Generell gelten Bäume als Symbol des Wachstums.

Berge: Symbole der Vermittlung.

Bube: Er steht auf einem Hügel – damit ist er in der Lage, das Umland besser einzusehen. Seine Kleidung verrät machtvolles Auftreten (rote Schuhe), einen kreativen Geist (das gelbe Unterkleid), aber auch sein höheres Wissen (der lila Überwurf!). Er ist in gespannter Haltung und signalisiert Wachsamkeit. Achtung: So wachsam er ist, trotzdem steht er nicht unbedingt auf sicherer Grundlage! Er sollte sich auf beide Beine stellen, denn wenn er aus dieser Stellung heraus mit dem Schwert zuschlagen möchte, wird er unweigerlich vom Hügel fallen!

Die Deutung:

- Wachsamkeit. Auf der Hut sein.
- Der Betreffende hält Ausschau nach einem möglichen Feind und ist bereit, sofort zu handeln. Dabei sollte er aber darauf achten, daß er sich eine sichere Grundlage aneignet.
- Der Bube der Schwerter kann auch eine wachsame Person (Mann oder Frau), eine Person, die auf der Hut ist, darstellen.

Beispiel für die Deutung des Buben der Schwerter:

Der Betreffende gibt vor, sehr fröhlich und unbekümmert zu sein. Innerlich ist er jedoch sehr auf der Hut und hält Ausschau nach einem möglichen Feind oder Widersacher. (Dies können auch Geschehnisse sein.)

Ritter der Schwerter

Hintergrundfarbe: Blau hier als Symbol des Schutzes.

Wolken und Bäume im Wind: Die Wolken sind in starker Bewegung, die Bäume biegen sich im Wind. Der Wind ist symbolisch das Zeichen der Flüchtigkeit und der Leidenschaften. Er kann auch schnell seine Richtung wechseln und damit eine Änderung der Verhältnisse herbeiführen. So werden hier die Bäume zu Symbolen eines Wachstums, das sehr rasch vorangeht, aber auch schnell wieder verwelken kann, während die Wolken als Symbole der göttlichen Entscheidungen hier zu Symbolen der wechselhaften Entscheidungen werden!

Vögel am Himmel: Vögel als Symbol der Seele.

Berg: Symbol der Vermittlung.

Pferd: In der Symbolik steht es dem Tod als Seelenführer nahe.

Ritter: Er trägt eine Rüstung zum Zeichen, daß er sich an die Regeln der Gesellschaft hält. Sein rotes Cape zeugt von seiner

Macht, der Helm symbolisiert Unverwundbarkeit, manchmal aber auch Unvorsichtigkeit.

Schwert: Er trägt das Schwert hoch erhoben in der rechten Hand: Sein Bewußtsein wird von einer höheren Macht gelenkt, und er ist bereit, eine Entscheidung zu fällen.

Die Deutung:

- Rasches Handeln und Vorgehen. Zielstrebiges Voranschreiten.
- Der Ritter kann auch eine Person symbolisieren (Mann oder Frau), die mit großen Schritten ihrem Ziel entgegeneilt.

Beispiel für die Deutung des Ritters der Schwerter:

Eine Intrige und böses Geschwätz finden sehr rasche Verbreitung. Auch: Ein Betrug wird sehr schnell durchgeführt.

Eine Person, die in ihren Betrügereien sehr rasch vorgeht.

Königin der Schwerter

Hintergrundfarbe: Blau erneut als die Farbe des Schutzes.

Vogel: Hier ist nur noch ein Vogel zu sehen (auf der Karte des Buben sind es zehn Vögel, auf der Karte des Ritters fünf). Diese Seele ist mehr mit sich allein.

Bäume und Wolken: Die Bäume zeugen von aufkommendem Wind. Die Wolken ballen sich am Horizont. Hier symbolisiert diese Wolkenformation, daß eine schicksalhafte (Wolken als Symbol der göttlichen Entscheidungen) Begebenheit großen Ausmaßes bereits vorhanden war.

Thron: Der reichverzierte Thron als Symbol der Macht.

Königin: Sie trägt ein weißes Kleid als Zeichen ihrer Unschuld, doch ist diesem Weiß auch Grau beigemengt als Symbol ihrer Autorität und ihrer Zurückgezogenheit. Ihr Cape ist mit vielen Wolken verziert. Erneut ein Hinweis auf das schicksalhafte Eingreifen in ihr Leben. Wichtig ist vor allem die Fessel an ihrer erhobenen linken Hand: Sie zeigt diese durchschnittene Fessel demonstrativ und symbolisiert damit, daß sie dieses Zeichen der Gefangenschaft in der Vergangenheit kraft einer eigenen Entscheidung (Schwert) durchtrennt hat.

Schmetterlinge/Schmetterlingskrone: Die Krone ist das Symbol der Erhabenheit des Geistes über die niederen Instinkte. Schmetterlinge symbolisieren die Veränderung, die Metamorphose und daß selbst der physische Tod die Seele nicht zerstören kann. Der Tod hat hier die Bedeutung von einer radikalen Wende im Leben der Königin. Diese Wende hat sie zum Teil selbst herbeigeführt, sich aber auch selbst aus einer Gefangenschaft befreit – ihre Seele wurde dabei aber nicht zerstört! (Auf dem Thron sind auch zwei Schmetterlinge über einem sehr großen – zwei Schmetterlinge symbolisieren manchmal auch die Ehe. Diese kann eine der Gefangenschaften sein, aus denen sich die Königin befreit hat.)

Die Deutung:

- Diese Karte symbolisiert (meistens) eine Frau, die bereits viel erlebt (auch durchlitten) hat in ihrem Leben, die aber an einem Wendepunkt in der Vergangenheit selbst eine Entscheidung gefällt und sich kraft ihres Verstandes aus einer Gefangenschaft (meist die Ehe) befreit hat. Die Königin der Schwerter symbolisiert oft eine geschiedene Frau. Manchmal auch eine Witwe, wobei hier gilt: Sie hat sich natürlich nicht selbst zur Witwe gemacht, sondern wurde zur Witwe durch schicksalhafte Fügung (denken Sie an die Wolken).

- Durch ihre Erfahrungen in der Vergangenheit symbolisiert diese Königin oft auch eine abgehärtete Frau.
- Die Königin kann natürlich in Ausnahmefällen auch einen Mann mit dieser Vergangenheit symbolisieren.

Beispiel für die Deutung der Königin der Schwerter:

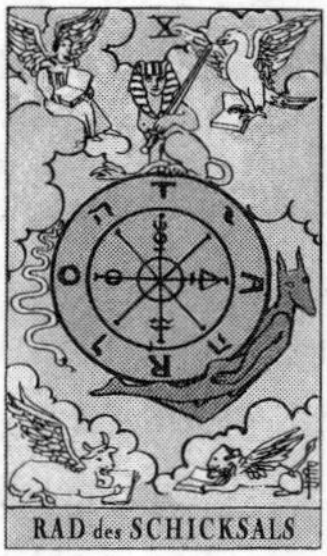

Eine Frau mit den Eigenschaften der Königin der Schwerter kann in das Schicksal eingreifen und am Rad des Schicksals drehen. Dabei kann es passieren, daß sie sich an vergangene Situationen erinnert fühlt und erneut ihren Verstand für die Entscheidung einsetzen muß. Wird die Frage von einer Frau gestellt, kann die Königin der Schwerter die Fragestellerin selbst symbolisieren. Bei einem Mann ist es sehr wahrscheinlich, daß diese Frau von außen kommt.

König der Schwerter

Hintergrundfarbe: Blau symbolisiert hier den Verstand.

Vögel am Himmel: Hier ist wieder nicht nur ein Vogel zu sehen – die Seele ist nicht so einsam wie die der Königin der Schwerter.

Wolken: Die Wolken ziehen zwar auf, aber kein Wind treibt sie voran. Sie sprechen auch hier von den göttlichen Entscheidungen.
Bäume: Das Symbol des Wachstums.
Thron: Auf dem Thron sind drei Schmetterlinge zu sehen. Zwei große nebeneinander (manchmal das Symbol der Ehe), darüber ein kleiner, der von zwei Mondsicheln eingerahmt ist: Der Mond ist eigentlich ein Symbol der Weiblichkeit, aber auch der Dunkelheit. Hier zeigt die Kombination an, daß die unzerstörbare Seele (Schmetterling) des Königs fruchtbar und aufnahmebereit ist (die beiden Mondsicheln).
König: Seine Haltung ist sehr entschlossen. Er trägt das Schwert, Symbol der Entscheidungen, in der rechten, bewußten Hand – er fällt seine Entscheidungen bewußt und gezielt. Das blaue Kleid weist erneut auf seinen scharfen Verstand hin, Cape ist außen violett als Symbol für sein höheres Wissen und innen orange, um sein Selbstbewußtsein zu symbolisieren. Der mächtige Geist wird erneut angedeutet durch das rote Kopftuch. Die Krone symbolisiert die Erhabenheit seines Geistes über die niederen Instinkte.

Die Deutung:

- Ein Mann, der sehr logisch und präzise denkt und Entscheidungen nie aus dem Gefühl heraus fällt. Seine Emotionen sind niemals maßgeblich für sein Handeln. Dadurch kann er aber auch manchmal hart und unerbittlich werden.
- Selbstverständlich kann ein König auch eine Frau symbolisieren, die in einer Angelegenheit ebendiese Eigenschaften einsetzen soll.

Beispiel für die Deutung des Königs der Schwerter:

Privat: Der Betreffende geht eine Verbindung mit einem logisch denkenden und entscheidungsfreudigen Mann ein, der manchmal auch ein wenig kühl und unerbittlich werden kann. (Dies kann sich auf eine Fragestellerin oder einen Fragesteller beziehen.)
Beruflich: In dieser Kombination in einer beruflichen Frage wird meist ein Mann symbolisiert. (Ausnahmen gibt es selbstverständlich auch hier, es kommt auf die Konstellation Frage – Fragesteller an.)
Ist der Fragesteller ein Mann: Der Betreffende wird großen beruflichen Erfolg haben oder hat diesen bereits.
Ist die Fragestellerin eine Frau: Ein Mann hat den beruflichen Erfolg. (Diese Kombination kann in einer Entscheidungsfrage auftauchen: Bekomme ich oder mein Konkurrent den Zuschlag?)

Übung

1. Was bedeutet der Bube der Schwerter?
2. Was symbolisieren Schmetterlinge?

3. Was bedeutet die Kombination des Buben der Schwerter mit dem Gehängten?
4. Was bedeutet der Ritter der Schwerter?
5. Was würde er in Kombination mit dem Hierophanten aussagen?
6. Was bedeutet die Königin der Schwerter?
7. Was würde sie in Kombination mit der Mäßigkeit aussagen?
8. Was bedeutet der König der Schwerter?
9. Was sagt er in Kombination mit dem Teufel aus?

As der Schwerter

Wir sind bereits am Ende des Satzes der Schwerter angelangt! Nur das As fehlt noch in diesem Element. Denken Sie erneut daran: Das As repräsentiert immer die reinste Form der Qualitäten eines Satzes!

Die Symbolik der Karte im einzelnen

Hintergrundfarbe: Diese scheint wie eine Mischung aus Grau mit einem leichten Ton von Violett. Grau als die Farbe der Autorität und Violett als Symbol des höheren Wissens.
Berge: Symbole der Vermittlung zwischen Dualitäten.
Hand aus der Wolke: Symbolisiert das Darreichen einer Gabe und das göttliche Eingreifen.
Schwert: Das Schwert wird von einer Krone gekrönt – hier ist also wichtig, daß eine Entscheidung (das Schwert) nicht von den niederen Instinkten geleitet wird, sondern daß der Geist über diesen steht (Krone). Aus der rechten Hälfte der Krone hängt ein Zweig und aus der linken Hälfte der Krone ein Palmzweig. Die Palme gilt als das Symbol für Sieg, Freude und Frieden. Aus der rechten Hälfte hängt ein Myrtenzweig, Symbol der Unsterblichkeit.
Tau: Der hebräische Buchstabe bedeutet »Zeichen«. Er symbolisiert das Äußerste der materiellen Welt. (Bedenken Sie, daß mit dem As der Satz abgeschlossen ist – damit könnte man auch sagen, das Ende der materiellen Welt ist hier eingetreten.)

Die Deutung:

- Asse bedeuten immer eine Chance.
- Die Chance, eine Entscheidung fällen zu können. Diese Entscheidung sollte nur vom reinen Wissen, vom Intellekt und nicht von den niederen Instinkten gefällt werden!

Beispiel für die Deutung des Asses der Schwerter:

Der Betreffende bekommt die Chance, eine wichtige Entscheidung fällen zu können. Er zieht sich aber erst zurück, um über diese Chance nachzudenken und die Entscheidung von allen Seiten zu beleuchten. (Ob zu langes Nachdenken eher positiv oder negativ zu bewerten ist, hängt von den nachfolgenden Karten ab.)

Übung

1. Was bedeutet das As der Schwerter?
2. Was sagt es in Kombination mit dem Hierophanten aus?
3. Was sagt es in Kombination mit dem Gehängten aus?
4. Was sagt es in Kombination mit den Liebenden aus?

Der Satz der Kelche
Zwei, Drei und Vier der Kelche

Der letzte Satz der Kleinen Arkana ist erreicht! Mit den Kelchen kommen wir nun zum wohl mystischsten Satz. Die Kelche werden dem Element Wasser zugeordnet. Sie symbolisieren Liebe, Freundschaft, Gefühle und Beziehungen. Auch Ruhe, Passivität und Kreativität, die dem Schöpfungsprozeß entspringt, zählen zu den Qualitäten dieses Satzes.
Das Element Wasser symbolisiert aber natürlich auch die Seele, das Unterbewußtsein und die Verarbeitung von Erfahrungen. Dem Wasser werden aber auch Erinnerungen, die Vergangenheit und Erfahrungen des medialen Bereiches zugesprochen.
Es sind meist tiefgehende seelische Erfahrungen, die im Satz der Kelche zur Sprache kommen. Erfahrungen, die ihren Ausdruck auch in der Welt finden. Versuchen Sie nun gleich die ersten drei Karten zu entschlüsseln!

Die Symbolik der Karten im einzelnen

Zwei der Kelche

Vorherrschende Farben/Grüne Berge: Der Hintergrund ist Blau als Symbol des Unterbewußtseins, der Intuition; der Boden, auf dem die Personen stehen, ist Gelb, die Farbe der Kreativität, und zwischen den beiden sind grüne Berge zu erkennen. Grün als Symbol der Vermittlung zwischen Unterbewußtsein, Intuition und kreativem Schöpfergeist. Die Berge unterstützen dies: sie sind Symbole der Vermittlung von Dualitäten.

Roter, geflügelter Löwe: Der rote Löwe ist der alchimistische Deckname für den Stein der Weisen. (Der geflügelte Löwe ist auch das Symbol des Evangelisten Markus, s. Tarotkurs, 1. Teil.)

Äskulapstab: Der Äskulapstab ist das Symbol des griechischen Gottes Hermes, der zu Hermes Trismegistos, dem dreimalgroßen Hermes, auch Thot genannt, wurde. Dieser gilt als der Überbringer der Schrift und der Kunst. Der Stab, der von einer Schlange umwunden wird, war bereits bei den Ägyptern ein göttliches Attribut – des Gottes Asklepios, dem ähnlich wie Hermes die Heilkunst zugeschrieben wurde. Der Äskulapstab ist aber auch das Symbol der Lebenserneuerung.

Personen: Mann und Frau tauschen zwei Kelche miteinander aus. Die Frau trägt ein weißes Kleid als Zeichen der Unschuld und ein blaues Cape darüber – Symbol des Unterbewußseins, des Wissens und der Intuition. Auf ihrem Kopf trägt sie einen Lorbeerkranz, Symbol des Sieges und das Symbol der Unsterblichkeit. Der Mann trägt eine weiße Bluse als Zeichen seiner Unschuld, seine Kleidung ist vorwiegend in Gelb, der Farbe der Schöpfung und des kreativen Geistes. Er trägt einen Kranz aus Äpfeln auf dem Kopf – Symbol der Fruchtbarkeit und der Ewigkeit.

Daß die beiden die Kelche tauschen, ist nochmals ein Hinweis auf Vermittlung und Zusammenschluß.

Die Deutung:
- Eine Verbindung wird geschlossen.
- Beruflich: Ein Vertragsabschluß.

Beispiel für die Deutung der Zwei der Kelche:

Der Betreffende findet vollkommene Harmonie durch eine Verbindung, die er eingeht. (Beruflich: Durch einen Vertrag, den er abschließen kann.)

Drei der Kelche
Hintergrundfarbe: Blau hier als Farbe des Schutzes.
Früchte: Ein Kürbis im Vordergrund als das Symbol der Fruchtbarkeit. (In der christlichen Mystik symbolisiert der Kürbis auch manchmal die Hinfälligkeit und Kürze des irdischen Lebens!) Die Traube (in der Hand einer der Frauen) ist ebenso wie der Weinstock ein Symbol des Lebens und der Fülle. Die Früchte symbolisieren generell Reife und eine abgeschlossene Entwicklung.
Personen: Die drei Frauen tanzen miteinander in völliger Harmonie – die Farben ihrer Kleider deuten auf das erfolgreiche Zusammenspiel von Kreativität (gelb), Macht (rot) und Unschuld

(weiß) mit Autorität (das Kleid der dritten Frau ist eigentlich grau, während das Unterkleid der Frau mit dem gelben Kleid weiß ist).
Anordnung der Kelche: Würde man die drei Kelche mit einer Linie verbinden, würde das alchimistische Feuerdreieck entstehen, in dem der Ausgleich stattfindet!

Die Deutung:
- Ausgelassenes Beisammensein.
- Erfolgreicher Abschluß einer Angelegenheit.
- Grund zu einer Feier.

Beispiel für die Deutung der Drei der Kelche:

Eine Intrige oder ein Gerücht wurde erfolgreich in die Welt gesetzt, dies gibt dem Widersacher Grund zu feiern.
Tip: Sie sehen, daß eine so positive und reizende Karte wie die Drei der Kelche auch abhängig ist von der Grundaussage der Großen Arkana. Eine negativ zu beurteilende Karte kann auch aus einer sehr positiven Kleinen Arkana eine für den Fragenden nicht so positive Karte machen und natürlich umgekehrt!

Vier der Kelche
Hintergrundfarbe: Blau. Hier wirkt sie kühlend, beruhigend bis unterkühlend.

Baum: Symbol des Wachstums.
Grüne Wiese: Grün als Farbe des Ausgleichs und der Harmonie.
Hand aus den Wolken: Symbolisiert das Darreichen einer Gabe. (Hier auch: das Darreichen einer Möglichkeit.)
Person: Die Figur sitzt in abblockender Haltung an den Baum gelehnt. Die Farben ihrer Kleidung zeigen zwar eine Ausgewogenheit der Persönlichkeit, doch ist die Figur nicht an dem dargereichten Kelch interessiert.
Anordnung der Kelche: Drei Kelche stehen bereits vor der Person, der vierte wird nicht mehr angenommen.

Die Deutung:
Etwas ablehnen, nachdem man bereits etwas angenommen hat. Man ist nicht mehr bereit, etwas anzunehmen, und blockt ab.
Tip: Diese Karte kommt beispielsweise häufig in Beziehungsfragen. Wenn ein Partner sich des öfteren ein »Bravourstückchen« geleistet und sich immer wieder dafür entschuldigt hat, der andere Partner dies auch immer wieder angenommen hat und irgendwann sagt: »So nicht mehr.«
Beispiel für die Deutung der Vier der Kelche:

Der Betreffende zieht sich zurück, um die angebotene Sache zu überdenken, lehnt sie aber vorerst ab.

Hintergrundwissen

Elementenlehre

Wasser

Die Kelche werden im Tarot dem Element Wasser zugeordnet. Sowohl Wasser als auch die Kelche symbolisieren die Mystik, das Mystische im Leben. Aber auch Gefühle, Beziehungen, Kreativität, die Seele und seelische Vorgänge.

Auch in der Astrologie wird der Tierkreis in die Elemente unterteilt. Die Sternzeichen Krebs, Skorpion und Fische werden dem Element Wasser zugeordnet. Ihnen allen ist das reiche Seelenleben und die manchmal nur schwer faßbare Natur gemein.

Doch auch jedes Wasserzeichen trägt eine besondere Qualität des Elementes in sich, die den anderen nicht eigen ist. So setzt der Skorpion zum Beispiel sehr strikte Grenzen, in die er sein Seelenleben zwängt, während die Fische das Zeichen der Grenzauflösung sind. Das mystische Zeichen der Fische symbolisiert den Übergang von dieser Welt in eine andere. Alle drei Wasserzeichen fühlen sich besonders zu den Themen des Elementes Wasser hingezogen: der Seele und den okkulten und medialen Bereichen. Doch jedes der drei Sternzeichen verbucht genau einen Bereich ganz besonders für sich allein: der Krebs die Seele, der Skorpion die Magie und das Ritual, während die Fische die Mystik verkörpern.

Erscheinen in einem Tarotlegebild überwiegend Kelche, dann symbolisiert dies, daß es entweder um eine Angelegenheit der Gefühle geht oder um Beziehungen, die gefestigt werden. (Dies kann sich sowohl auf berufliche als auch auf private Fragen beziehen!)

Übung

1. Was bedeutet die Zwei der Kelche?
2. Was würde sie in Zusammenhang mit dem Mond bedeuten?
3. Was sagt die Drei der Kelche aus?
4. Was bedeutet sie in Zusammenhang mit der Mäßigkeit?
5. Was bedeutet die Vier der Kelche?
6. Was sagt sie in Zusammenhang mit dem Gehängten aus?
7. Was würde sie in Kombination mit dem Mond aussagen?

Fünf, Sechs und Sieben der Kelche

Sie haben nun sicherlich schon bemerkt, daß zwar auch die Kelche nicht nur von schönen Erfahrungen und Eindrücken sprechen, doch die Herausforderungen und manchmal auch die negativen Aussagen beispielsweise der Schwerter fehlen hier. Doch lassen Sie uns sofort voranschreiten! (Tip: Achten Sie besonders bei der Fünf und der Sieben der Kelche auf die Symbolik, um sie richtig entschlüsseln zu können! Die Deutung der Sechs der Kelche anhand der Symbolik ist nicht unbedingt zu erkennen, also lassen Sie sich nicht entmutigen!)

Die Symbolik der Karten im einzelnen

Fünf der Kelche
Hintergrundfarbe: Grau – die Farbe der Zurückgezogenheit.
Burg: Symbol des Schutzes.
Brücke: Symbol der Verbindung und der Vermittlung.
Fluß: Symbol der ewigen Veränderung und der Rückkehr.

Person: Die Figur wendet sich vom Betrachter ab – sie hat also gewisse Dinge hinter sich gelassen. Sie ist in einen schwarzen Mantel gehüllt – die Farbe der Trauer.
Anordnung der Kelche: Drei Kelche auf der rechten, bewußten Seite der Figur; diese Kelche sind umgekippt, der Inhalt ergießt sich über den Boden. Zwei volle Kelche stehen jedoch auf der linken Seite der Figur, von der sie sich mehr abwendet. (Diese Symbolik ist besonders wichtig, wie Sie gleich bei der Deutung sehen werden!)

Die Deutung:
- Etwas ist zerstört worden, kaputtgegangen. Der Betreffende denkt jedoch, es wäre rettungslos alles verloren, was aber nicht stimmt! Man muß sich nur öffnen und umdrehen, um zu erkennen, daß immer noch »zwei Kelche« da sind. Etwas hat also Bestand!
- Die Angelegenheit ist nicht völlig verloren, auch wenn der Betreffende dies denkt. Sein Bewußtsein ist allerdings so blockiert vom Verlust, daß er sein Unterbewußtsein unterdrückt, das ihm signalisiert, daß ohnehin noch etwas da ist!

Beispiel für die Deutung der Fünf der Kelche:

a) Privat: Der Betreffende denkt, die Beziehung wäre verloren. Dies stimmt jedoch nicht. Es ist zwar etwas zerstört worden, doch noch ist genügend da, um die Beziehung wieder aufleben zu lassen.
b) Beruflich: Der Betreffende denkt, der berufliche Erfolg wäre verloren. Ist er aber nicht – der Betreffende muß sich nur umwenden, um zu erkennen, daß er noch viele Möglichkeiten hat!

Sechs der Kelche

Vorherrschende Farben: Blau im Hintergrund als Farbe des Schutzes, des intuitiven Wissens, die Hauptfarbe ist hier allerdings Gelb – die Farbe des kreativen Geistes.
Umgebung: Die Szene findet innerhalb schützender Burgmauern statt.
Kind: Symbol der Unschuld. Die Farbzusammensetzung des Kleides spricht von Ausgewogenheit zwischen Kreativität, Macht, Intuition/Wissen und Autorität.
Zwerg: Die zweite Figur stellt einen Zwerg dar, der in der Symbolik die nützlichen, aber nicht zu kontrollierenden Kräfte der Natur und des Unterbewußtseins darstellt. Wichtig für die Bedeutung der Karte ist aber auch die symbolische Bedeutung des Zwerges als Schatzhüter. Seine Kleidung zeugt von einer Mischung aus Intuition und Macht des Geistes (die lange rote Mütze).
Kelche: Der Zwerg reicht dem Mädchen einen Kelch, was in der Symbolik der Hand aus der Wolke gleichkommt – es wird eine Gabe oder ein Geschenk dargeboten. Die Kelche sind alle mit Lilien gefüllt. Die Lilien sind das Symbol der Reinheit und bedeuten hier also die Reinheit dieser Geschenke und Gaben.

Die Deutung:

- Wunderschöne Erinnerungen.
  Man erinnert sich plötzlich an vergangene schöne Zeiten.

Beispiel für die Deutung der Sechs der Kelche:

Der Betreffende erlebt Stunden der Fröhlichkeit und des Optimismus durch schöne Erinnerungen, die plötzlich aufsteigen.

Sieben der Kelche

Vorherrschende Farbe: Blau – die Farbe des Wissens.

Person: Die Figur ist komplett in Schwarz dargestellt als Zeichen dafür, daß sie die Außenwelt komplett abblockt und nicht an sich heranläßt. Auch ist sie vom Betrachter abgewandt – sie hat mit gewissen Dingen gebrochen.

Kelche auf den Wolken: Die Wolken stehen symbolisch eigentlich für die Wohnstatt der Götter, aber auch den geheimnisvollen Ratschluß und die manchmal undurchschaubaren Entscheidungen der Götter. Da Wolken aber auch luftig sind und in höheren Sphären »schweben«, symbolisieren sie hier die Illusion.

Dinge in den Kelchen: Alle dargestellten Symbole stehen für eine illusionäre Vorstellung, die sich die Figur auf diesem Gebiet macht: Frauenkopf – Illusion in der Liebe, Gottesvision –

die Illusion, spirituelle Weisheit erlangt zu haben, Schlange (als Symbol der Klugheit) – Illusionen für Wahrheiten halten, Burg – illusorischer Schutz, Lorbeerkranz – die Illusion, unsterblich und unverwundbar zu sein, Diamanten – illusionäre Vorstellung von Reichtum, Drache – die Illusion, gegen dunkle Mächte kämpfen zu müssen.

Die Deutung:

- Illusion.
- Der Betreffende macht sich selbst Illusionen, oder es werden ihm Illusionen vorgegaukelt.
- Achtung: In Kombination mit dem Teufel kann aus den beiden negativen Karten eine positive Bedeutung entstehen: Der Teufel ist eine Illusion, sprich: man hat im Grund keine Angst oder man braucht keine zu haben!

Beispiel für die Deutung der Sieben der Kelche:

Privat: Die große Liebe eingegangen zu sein ist eine Illusion. (Auch: die Beziehung zu erreichen ist eine Illusion.)
Beruflich: Der große berufliche Erfolg ist vorerst eine Illusion.

Übung

1. Was bedeutet die Fünf der Kelche?
2. Was sagt sie in Kombination mit der Sonne aus?
3. Was bedeutet die Sechs der Kelche?
4. Was sagt sie in Kombination mit der Hohenpriesterin aus?
5. Was bedeutet die Sieben der Kelche?
6. Was sagt sie in Kombination mit der Kraft aus?

Acht, Neun und Zehn der Kelche

Mit diesen drei Karten haben Sie alle Zahlenkarten des Tarot kennengelernt! Und Sie haben nun sicherlich bereits erkannt, daß Sie nichts auswendig lernen müssen, sondern einfach nur auf die Symbolik und die Szenen auf den Karten achten müssen!

Die Symbolik der Karten im einzelnen

Acht der Kelche

Hintergrundfarbe: Blau als Symbol des Wissens und der Intuition.

Mond: Der Mond als Symbol des Unterbewußtseins und der Dunkelheit. So wie er auf der Karte dargestellt ist, symbolisiert er den Neumond und damit die dunkelste Mondphase, in der ein Wanderer in der Nacht nur schlecht sehen kann.

Felsen: Symbol der Unveränderlichkeit und der Stärke.

Wasser: Symbol der Seele und erneut ein Symbol des Unterbewußtseins.

Person: Auch diese Figur wendet sich vom Betrachter ab – sie hat etwas abgeschlossen und läßt etwas hinter sich. Doch sie ist in Rot und Grün gekleidet – Macht und Harmonie werden miteinander vereint. Sie stützt sich zudem mit der rechten Hand auf einen Stab – erneut ein Symbol der Macht – hier der bewußten Machtausübung.

Anordnung der Kelche: Die Kelche stehen im Vordergrund – die Figur wendet sich also von den Kelchen ab. So wie sie aufeinandergestellt sind, wirken sie, als würde etwas fehlen – als würde ein Kelch in der oberen Reihe fehlen und damit die Harmonie stören.

Die Deutung:

- Der Betreffende wendet sich von einer Sache ab, da er erkennt, daß er hier nicht mehr viel erreichen kann. Dies bedeutet nicht, daß die Angelegenheit endgültig abgeschlossen ist – er sollte sich eine andere Position aneignen, um eine neue Perspektive zu gewinnen und damit mehr erreichen zu können.

Beispiel für die Deutung der Acht der Kelche:

Es kostet den Betreffenden sehr viel Kraft, seine Emotionen unter Kontrolle zu halten und sich vorerst von einer Angelegenheit abzuwenden, in der er von der jetzigen Position aus nichts mehr erreichen kann. Er soll einen neuen Standpunkt beziehen, um weitersehen (auch: weiter sehen) zu können.

Neun der Kelche

Vorherrschende Farben: Gelb als Farbe des schöpferischen Geistes und Blau als Farbe des Wissens.

Figur: Die Figur sitzt auf dem Schemel wie auf einem Thron – ein Symbol der kleinen Macht. Die Hände sind zwar verschränkt, doch zeigt die Haltung nichts von Verweigerung, sondern eher stolzem Präsentieren. Daß darin nichts Negatives mitschwingt, zeigt auch das weiße Kleid der Figur. Ihr roter Hut mit der Feder daran steht für Kommunikation und den machtvollen Austausch von Gedanken.

Anordnung der Kelche: Die Kelche stehen erhöht und sollen dem Betrachter präsentiert werden.

Die Deutung:

- Sich präsentieren. Sich im rechten Licht zeigen.
- Zeigen, was man geleistet hat. Mit Stolz, aber nicht überheblich.

Beispiel für die Deutung der Neun der Kelche:

Der Betreffende ist ein Könner. Er ist in der Lage, seine Ideen auch umzusetzen und hat dies in der Vergangenheit bereits des öfteren getan. Nun kann er präsentieren, was er geleistet und erreicht hat.

Zehn der Kelche

Hintergrundfarbe: Blau als Farbe des Schutzes.

Fluß: Symbol der Veränderung und der Rückkehr.

Bäume: Symbole des Wachstums.

Hügel: Symbole der Vermittlung.

Haus: Symbol des Schutzes, des Heimes.

Personen: Eine Familie, die zusammen glücklich ist. Die Erwachsenen wenden sich vom Betrachter ab – eine Phase ist abgeschlossen.

Anordnung der Kelche: Die Kelche sind in einem Halbbogen auf einem Regenbogen angeordnet. Der Regenbogen ist das Symbol der Verbindung von Himmel und Erde, aber auch der Verbindung allgemein, auch das Symbol der Maria, der Vermittlerin der Versöhnung.

Die Deutung:

- Vollkommenheit innerhalb der Familie.
  Es entbehrt jeglicher Erklärung, aber die Erfahrung zeigt, daß diese Karte nur sehr selten in Berufsfragen auftaucht. Ist dies dennoch der Fall, dann sind für den Betroffenen der Beruf und die Arbeitskollegen wie eine Familie.
- Deuten auch andere Karten darauf hin, dann kann diese Karte auch die Familiengründung bedeuten. (Heirat o. ä., vornehmlich in Verbindung mit der Zwei der Kelche, Vier der Stäbe und den Liebenden. Achtung: Eine Familie ist man auch ohne Kind!)

Beispiel für die Deutung der Zehn der Kelche

Der Betreffende steht momentan nicht mit beiden Beinen in seinem Familienglück. Er zieht sich zurück, um zu Ruhe und Selbsterkenntnis zu gelangen und so letztlich wieder Harmonie zu erlangen.

Übung

1. Was bedeutet die Acht der Kelche?
2. Was sagt sie in Verbindung mit der Hohenpriesterin aus?
3. Was bedeutet die Neun der Kelche?
4. Was sagt sie in Verbindung mit dem Mond aus?
5. Was bedeutet die Zehn der Kelche?
6. Was sagt sie in Verbindung mit dem Teufel aus?

Die Hofkarten – Bube, Ritter, Königin und König der Kelche

Es sind nicht mehr viele Karten, dann sind Sie am Ziel – gehen Sie also frischen Mutes voran und versuchen Sie, auch die letzten Hofkarten des Tarot noch zu entschlüsseln!

Die Symbolik der Karten im einzelnen

Bube der Kelche

Hintergrundfarbe: Grau als Farbe der Autorität.

Wasser: Symbol der Seele. Das Wasser bewegt sich in harmonischen Wellen – die Seele ist zwar in Bewegung, aber nicht unruhig.

Bube: Er steht auf gelbem Grund – das Symbol seines kreativen Tuns (auch seine Schuhe sind gelb), er trägt ein orangefarbenes Unterkleid – Zeichen seines Selbstbewußtseins. Sein Überkleid ist blau mit Lilien – Symbol für die Reinheit seines Geistes. Sein Hut mit der Feder und dem Schleier ist das Symbol der geistigen, intellektuellen Kommunikation.

Kelch mit Fisch: Der Fisch ist das mystische Symbol des Christentums und wurde im Urchristentum als geheimes Erkennungssymbol verwendet. Der Fisch verkörpert symbolisch aber auch ein Fruchtbarkeits- und zugleich Todessymbol, wobei der Tod hier den Neubeginn in einem Leben darstellt. Im Tarot verkörpert der Fisch aber auch kreative Ideen, die dem Unterbewußtsein (dem Element der Fische, dem Wasser) entspringen.

Die Deutung:

- Meistens bedeutet der Bube der Kelche eine unverhoffte, sehr gute Neuigkeit, die sehr plötzlich eintrifft.
- Er verkörpert in Beziehungsfragen oftmals den Geliebten, den Liebhaber (auch: die Geliebte, denn der Bube kann Mann oder Frau darstellen). Achtung: Verwenden Sie diese Deutung wirklich nur nach sorgfältiger Prüfung der umliegenden und nachfolgenden Karten! Meistens kommt dem Buben der Kelche die erstgenannte Bedeutung zu.

- In Ausnahmefällen symbolisiert er auch einen Menschen, der voll kreativer Energien ist und immer wieder neue Ideen hat.

Beispiel für die Deutung des Buben der Kelche:

Der Betreffende erfährt völlig unverhofft eine sehr gute Neuigkeit, die seinen weiteren Lebensweg betrifft.

Ritter der Kelche

Hintergrundfarbe: Blau als Farbe des Schutzes und des Wissens.

Felsen: Symbole der Beständigkeit.

Bäume: Diese sind sehr weit im Hintergrund – die Symbole des Wachstums (Wachstum erfolgt also nicht unmittelbar).

Sand: Symbol der Unendlichkeit.

Fluß: Symbol der Rückkehr und der immerwährenden Veränderung.

Pferd: Symbol der Stärke, aber auch des Todes und des Seelenführers. Das Pferd des Ritters ist aber in eine etwas starre Haltung und Pose verfallen.

Ritter: Er trägt eine Rüstung zum Zeichen dafür, daß er sich an die Regeln der Gesellschaft hält. Sein Unterkleid trägt Fischsymbole als Zeichen der Fruchtbarkeit und der Erneuerung. Sein Helm ist geflügelt und erinnert an das Symbol des drei mal großen Hermes (Hermes Trismegistos). Die Flügel zeigen an, daß sein Geist durchaus zu Höhenflügen fähig ist.

Kelch: Der Ritter trägt den Kelch etwas steif und formell in Händen. Er sieht auch nicht in den Kelch, wie der Bube es tut. Die Allegorie darauf, daß er sich von seiner Seele und seinen kreativen Kräften etwas abgeschnitten hat.

Die Deutung:

- Symbolisiert einen verträumten jungen Menschen, der in manchen Lebensphasen etwas zu passiv wird, aber sehr kreativ sein kann.

Beispiele für die Deutung des Ritters der Kelche:

Privat: Der Betreffende geht eine Freundschaft mit einem Menschen ein, auf den Attribute des Ritters passen (verträumt, kreativ).

Beruflich: Der Betreffende geht eine berufliche Verbindung, einen Vertrag mit einem kreativen, manchmal etwas passiven Menschen ein.

Königin der Kelche

Hintergrundfarbe: Blau als Farbe des intuitiven Wissens.

Felsen: Symbol der Beständigkeit und der Stärke.

Wasser: Symbol der Seele und des Unterbewußtseins.
Thron: Der Thron als das Symbol der weltlichen Macht. Dieser Thron hat oben die Form einer Muschel, des Symbols der Auferstehung. Durch ihre Verbindung zum Wasser und der Schönheit der Perlen ist die Muschel auch Symbol des Glückes und der Schönheit. Meerjungfrauen und Wassernixen verzieren den Thron. Die geheimnisvollen Wasserwesen stehen in der Symbolik der Seele und dem Unterbewußtsein sehr nahe und zeugen hier davon, daß die Königin mit ihrer Seele und ihrem Unterbewußtsein sehr eng verbunden ist.
Kelch: Vergleichen Sie den Kelch der Königin mit dem aller anderen Figuren! Sie trägt den schönsten und am reichsten verzierten Kelch in ihren (beiden!) Händen. Zwei Engel säumen die Seiten. Engel als das Symbol der mächtigen, himmlischen Wesen, die zwischen Gott und den Menschen vermitteln und mit denen sie in Kontakt steht.
Königin: Sie trägt ein blaues Kleid, das wie aus Wasser scheint und dessen Enden in das Wasser zu ihren Füßen übergehen. Erneut ein Hinweis darauf, daß sie vollkommen eins ist mit ihrem Seelenleben. (Auch die Versunkenheit in die Betrachtung des Kelches spricht dafür.)

Die Deutung:
- Eine kreative, phantasievolle und sehr sensible Frau, die ihren Geist und ihre Intuition energisch und mit Vitalität einsetzt, wenn es um die Durchführung kreativer Ideen geht.
- Selbstverständlich kann auch ein Mann damit symbolisiert werden, der genau diese Fähigkeiten einsetzen soll.

Beispiel für die Deutung der Königin der Kelche:

Ist die Fragestellerin eine Frau:
Die Fragestellerin wird als phantasievolle, sensible und vitale Frau charakterisiert, die mit ihrer Seele im Einklang lebt und die innerhalb der gestellten Frage eine gerechte Entscheidung treffen muß.
Ist der Fragesteller ein Mann:
Eine phantasievolle, kreative Frau bemüht sich um eine gerechte Entscheidung.

König der Kelche

Hintergrundfarbe: Grau als Farbe der Zurückgezogenheit.
Wasser: Symbol der Seele, die in Bewegung ist (durch die Wellen angezeigt)
Fisch: Symbol der kreativen Ideen aus dem Unterbewußtsein. Allerdings symbolisiert der Fisch hier vergangene Ideen, da er hinter dem König aus dem Wasser springt!
Schiff: Symbol der Lebensfahrt und des Lebens.
Thron: Das Symbol der Macht. Hier ist der Thron allerdings beinahe ohne Verzierungen, und das Rückenteil wirkt wie eine von hinten betrachtete Muschel – die Fruchtbarkeit hat sich von ihm abgewandt. (Oder er sich von ihr.) Einzig eine Säule, die

aus dem Wasser ragt, verziert die linke Thronseite. Die Säule ist das Symbol der tragenden Kraft und der Verbindung von Himmel und Erde. Eine einzelne freistehende Säule bedeutet mitunter auch die Weltsäule. Hier zeugt die Säule allerdings vom Ruhm vergangener Taten.

König: Er sitzt etwas starr auf seinem Thron. Das blaue Kleid symbolisiert sein Wissen, das gelbe Cape zeugt von seiner Kreativität, die allerdings durch die rote Schärpe eingegrenzt wird (die Macht). In seiner rechten Hand hält er den Kelch, in seiner linken Hand das Zepter – Ausdruck dafür, daß er sehr wohl in der Lage ist, Unbewußtes mit Bewußtheit harmonisch zu verbinden. Seine Füße stecken in grünen Schuhen und berühren das Wasser nicht – er ist allerdings nicht mehr in Kontakt mit seiner Seele, obwohl er es könnte. Um seinen Hals ist eine Kette mit einem steinernen Fisch zu sehen. Dies symbolisiert, daß er durch seine Kreativität in der Vergangenheit Erfolge feiern konnte, diese sind nur symbolisch zu erkennen.

Krone: In seine Krone sind Wellen eingraviert als Symbol dafür, daß sein Geist in Bewegung war und ihm zur Macht verholfen hat (die Krone als Zeichen der Macht).

Die Deutung:

- Ein kreativer, phantasiebegabter Mann, der sich durch seinen weltlichen Erfolg von der eigenen Seele und damit der eigenen Schöpferkraft entfernt hat. Er weiß zum Teil nicht mehr, wie er früher leicht und mit Vitalität zu seinen Erfolgen kam.
- Selbstverständlich kann auch der König der Kelche eine Frau symbolisieren, die diese Eigenschaften in sich trägt.

Beispiel für die Deutung des Königs der Kelche:

Ist der Fragesteller ein Mann:
Der Fragende ist zwar phantasiebegabt und kreativ, hat sich aber von diesen Eigenschaften durch weltlichen Erfolg entfernt. Er hat sich zurückgezogen, um ein Problem näher zu beleuchten.
Ist die Fragestellerin eine Frau:
Die Fragende hat sich zurückgezogen und denkt intensiv über einen Mann nach, der phantasiebegabt und kreativ ist, aber auch ein wenig versteinert wirkt, da er sich durch weltlichen Erfolg von seiner Stelle abgeschnitten hat.

Übung

1. Was bedeutet der Bube der Kelche? (Generell und in Ausnahmesituationen)
2. Was sagt er in Kombination mit der Herrscherin aus?
3. Was bedeutet der Ritter der Kelche?
4. Was sagt er im Zusammenhang mit dem Mond aus?
5. Was bedeutet die Königin der Kelche?
6. Was sagt sie im Zusammenhang mit dem Eremiten aus?
7. Was bedeutet der König der Kelche?
8. Was sagt er im Zusammenhang mit der Kraft aus?

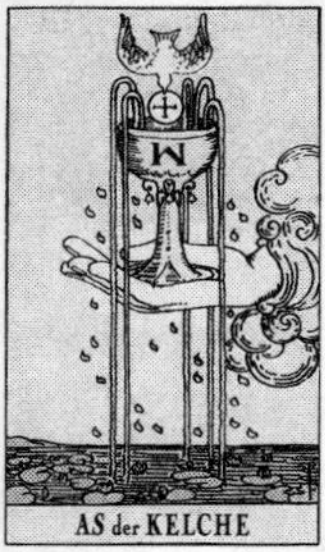

As der Kelche

Neben dem Gehängten ist das As der Kelche die mystischste Karte des ganzen Tarot. Sie wird mit dem Heiligen Gral, der Schale Christi und magischen Ritualen in Verbindung gebracht. Auch in der Aussage ist sie von spezieller Bedeutung:

Die Symbolik der Karte im einzelnen

Hintergrundfarbe: Grau als Farbe der Autorität.
Hand aus der Wolke: Das Symbol des göttlichen Eingreifens und der göttlichen Darbietung eines besonderen Geschenkes oder einer besonderen Gabe.
Wasser: Das Symbol der Seele und des Unterbewußtseins.
Seerosen: Altes Lichtsymbol, Symbol der Entstehung der Welt aus den Urwassern sowie der Weltschöpfung und des Kosmos.
Kelch: Aus dem Kelch fließen fünf Wasserstrahlen zurück ins Wasser. Fünf ist hier die Zahl der fünf Elemente (Erde, Feuer, Wasser, Luft und das fünfte Element: Äon).
Tau: Der hebräische Buchstabe bedeutet »Zeichen«. Er symbolisiert das Äußerste der materiellen Welt. (Bedenken Sie, daß mit dem As der Satz abgeschlossen ist – damit könnte man auch sagen, das Ende der materiellen Welt ist hier eingetreten. Vor allem aber wird das As der Kelche oft als das höchste As bezeichnet. Die Vollendung ist mit diesem As abgeschlossen. Das Höchste, was der Mensch erreichen kann, ist die Spiritualität, die mit diesem As ausgedrückt wird. Die ganze Darstel-

lung erinnert sehr an den Heiligen Gral der Artussage, siehe Wissenwertes.)
Weiße Taube: Symbol des Heiligen Geistes und der Seele im Zustand himmlischen Friedens.
Oblate: Das Symbol der Spiritualität.

Die Deutung:
- Asse sind immer eine Chance.
- Die Chance auf eine spirituelle Begegnung, eine spirituelle Erfahrung.
- Erscheint das As der Kelche zusammen mit den Liebenden, ist dies die Kombination der »Großen Liebe«.

Beispiel für die Deutung des Asses der Kelche:

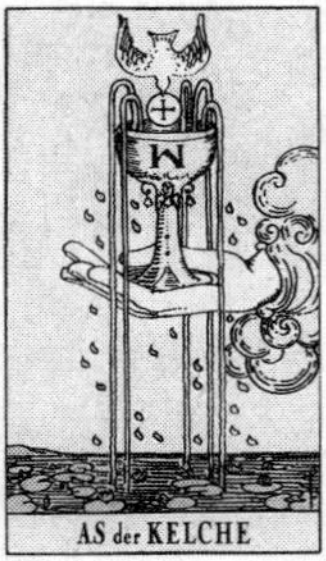

Die Chance auf eine spirituelle und tiefgreifende Freundschaft.

Übung

1. Was bedeutet das As der Kelche?
2. Was sagt es im Zusammenhang mit den Liebenden aus?
3. Was sagt es im Zusammenhang mit dem Teufel aus?
4. Was sagt es im Zusammenhang mit der Mäßigkeit aus?

Teil III

DAS LEGEN UND DEUTEN DER KARTEN

Bevor es losgeht – die wichtigsten Fragen

Bevor wir nun anfangen, wollen wir erst noch die dringlichsten und vor allem immer wieder auftauchenden Fragen klären. Auch wenn die Erwartung groß ist und Sie am liebsten sofort mit dem eigentlichen Legen und Deuten loslegen möchten – sehen Sie sich dennoch auch die vorangestellten Lektionen an. Denken Sie daran, Kartenlegen setzt voraus, daß man die Regeln kennt!

Wie oft darf man sich oder für jemanden anderen die Karten legen?
Grundsätzlich können Sie eigentlich legen, sooft Sie möchten. Nur – übertreiben sollte man wirklich nicht. Besonders zu Beginn werden Sie feststellen, daß Sie auf jede kleinste Begebenheit und zu jedem Anlaß die Karten legen möchten. Seien Sie beruhigt, das macht jeder am Anfang – es schult das Auge für die Karten, und außerdem gibt sich das permanente Legen auch wieder.
Beobachten Sie sich selbst dabei. Sie werden bemerken, daß die Treffsicherheit der Aussagen mit zunehmender Kartenlegung abnimmt! Dies liegt nicht an der Aussagekraft der Karten, sondern vielmehr an Ihrer eigenen Aufmerksamkeit – denn je öfter Sie legen, desto »schludriger« werden Sie dabei vorgehen. (Mit »öfter« ist vier-, fünfmal hintereinander zur selben oder ähnlichen Frage gemeint!)

Darf ich die Karten anderen Personen in die Hand geben?
Natürlich dürfen Sie!

So einfach die Antwort darauf ist, so häufig wird die Frage auch gestellt. Es geht den Karten auch keine Energie verloren, wenn viele Menschen sie anfassen und berühren! Grundsätzlich sind die Karten bedrucktes Papier. (Man muß es beinahe so lapidar formulieren, um den richtigen Zugang zum Tarot zu finden.) Die Magie dieses »bedruckten Papiers« entwickelt sich durch das Zusammenspiel vieler Faktoren: Eine dringliche Frage, die nach außen drängt, das Unterbewußtsein des Fragestellers, das durch die Karten Kontakt zur Außenwelt herstellt, und und und.
Die Energie kommt also aus dem Unterbewußten des Fragestellers! Der Tarot selbst besitzt heilige oder mystische Symbole mit tiefer Bedeutung, doch sind die Karten selbst doch nur bedrucktes Papier! Die Magie der Karten entsteht durch den jeweiligen Benutzer!

Wie soll ich die Karten aufbewahren?
Wie und wo immer Sie möchten! Es gibt Leute (ich zähle selbst dazu), die ihre Karten mit einem einfachen Küchengummiring zusammenhalten und die Karten selbst offen vor dem Schreibtisch etc. liegen haben, andere wiederum bewahren sie immer in der Originalschachtel auf.
Wenn Sie es gerne möchten, können Sie Ihre Karten natürlich in Samt oder Seide einschlagen! Es sieht hübsch aus und bewahrt die Karten vor Staub und ähnlichem. Außerdem ist das Auswickeln der Karten bereits eine Einstimmung in die Legung. (Was dem Gummiband keinen Abbruch tun sollte – das Unterbewußtsein stimmt sich bereits bei der bloßen Berührung der Karten ein!)
Doch vergessen Sie eines nicht: *Die Karten selbst brauchen keinen Schutz vor »schlechten Schwingungen«!*

Kann ich die Karten für nicht anwesende Personen legen?
Ja und nein, obwohl ich selbst – mit Ausnahmen – eher zu einem klaren »Nein« tendiere.
Stellen Sie sich vor, Sie legen auf jemanden, den Sie schon lange nicht mehr gesehen haben – der Kontakt ist doch nicht mehr eng genug, um gewisse Stimmungen des anderen wirklich unterbewußt aufzufangen und dann in den Karten widerzuspiegeln.
Auf keinen Fall auch können Sie für Personen fragen, mit denen Sie überhaupt nicht richtig in Kontakt stehen – z. B. für einen Mann/eine Frau, den/die Sie sich als »Traumpartner« ausgesucht, mit dem/der Sie aber noch nie ein Wort gewechselt haben!
»Ja« gilt für Personen, mit denen Sie in engem Kontakt stehen. Doch achten Sie besonders darauf, nicht eigene Gefühle in die Frage und das Mischen der Karten einfließen zu lassen. Die Kraft der Manipulation ist hier sehr groß. Unbewußt ist ein Wunsch da – der Person soll es gut- oder schlechtgehen, sie soll mich lieben, zu mir zurückkommen etc. – und dies spiegelt sich sehr schnell in den Karten wider – also Vorsicht!
Die große Ausnahme sind für mich Mütter! Eine Mutter kann ohne schlechtes Gewissen auf ihr Kind legen. Kommen Sie in eine derartige Fragesituation, dann sollten Sie die Fragestellerin zwar unbedingt darauf hinweisen, daß auch sie sich während des Mischens (sind Sie selbst die Mutter, dann erinnern Sie sich selbst daran) nicht von Ängsten oder anderen Gefühlen leiten läßt, aber da Mütter ohnehin ihre Kinder betreffend einen beinahe magischen sechsten Sinn haben, ist dies die große Ausnahme, bei der eigentlich nichts schiefgehen kann! (Väter können zwar schon auch auf ihre Kinder legen, doch ist bei Männern das Bewußtsein mehr im Spiel – also mehr bewußte Vorstellungen, die erst abgestreift werden müssen!)

Können die Karten auch zu außerpersönlichen Fragen gelegt werden?
Natürlich können Sie die Karten auch zu umweltfassenden politischen Themen, zum Wetter oder der nächsten Wahlperiode befragen, doch vergessen Sie hierbei nicht: Die Antworten beziehen sich dann immer auf Sie selbst, wie Sie persönlich auf ein politisches Ereignis reagieren würden/werden!

Kommen bei einer Frage, die unmittelbar hintereinander mehrmals gestellt wird, die gleichen Antworten?
Nein. Aber sehr ähnliche! Das liegt daran, daß Sie die Frage bereits einmal gestellt und eine Antwort erhalten haben – Ihr Unterbewußtsein reagiert sofort darauf und speichert diese neuen Informationen. Bei der nächsten Befragung wissen Sie einfach bereits mehr und haben auch andere Handlungsmöglichkeiten in sich parat. Daher werden ähnliche Karten erscheinen, aber auch andere, die Sie auf einen neuen Aspekt der befragten Angelegenheit hinweisen möchten.
Fragen Sie aus reiner Neugier ein zweites Mal, so werden nicht einmal ähnliche Karten erscheinen, sondern möglicherweise ganz andere. Dann wollen Ihnen die Karten nicht »eins auswischen«, sondern vielmehr liegt es an Ihnen und Ihrer inneren Haltung, daß das Ergebnis ein anderes ist. Ihr Unterbewußtsein ist dann nicht mehr im Einklang mit Ihrem Bewußtsein, Sie verkrampfen sich innerlich, und dies schlägt sich in den Karten nieder!

Welche Fragen sind moralisch und ethisch zu vertreten?
Diese Frage muß man sich selbst stellen! Sie übernehmen sehr viel Verantwortung, wenn Sie als geübter Kartenleger die Karten für andere Menschen legen. Gehen Sie davon aus, daß andere nur dann auf Sie zukommen, wenn ein Problem ansteht!

Ich persönlich lege nicht auf gesundheitliche Fragen. Ich bin kein Arzt und kann demzufolge auch keine Hilfe in medizinischen Fragen anbieten. Mir erscheint das Kartenlegen auf die Gesundheit als äußerst problematisch. Hinzu kommt, daß mein Gedanke vornehmlich ist: Wer schon an eine Frage im gesundheitlichen Bereich denkt, sollte wirklich gleich zum Arzt gehen, um sich Gewißheit zu verschaffen. (Zu manchen Karten wurde zwar auch ein Hinweis auf gesundheitliche Fragen gegeben, dies geschah aber, um von vornherein Mißverständnisse auszuräumen, falls jemand doch auf die Gesundheit legen möchte.)
Sie haben nun bereits die erste Lektion des dritten Teils hinter sich gebracht!

Das Rüstzeug zum Legen der Karten

Auch zu Beginn der 2. Lektion behandeln wir zunächst weitere Fragen, deren Beantwortung aber entscheidend ist für das weitere Voranschreiten! Diese sehr häufig gestellten Fragen wirken vielleicht sehr einfach, stiften aber manchmal ziemliche Verwirrung – bevor man überhaupt mit der Deutung der Karten angefangen hat ...

Die richtige Fragestellung

Keine Entweder-Oder-Frage. Wenn Sie fragen: »Soll ich im alten Beruf bleiben oder zum neuen Angebot wechseln?« und es erscheinen gute Karten, werden Sie nicht wissen, ob sich diese auf den alten oder den neuen Job beziehen! Also splitten Sie diese eine Frage in zwei Fragen auf – einmal nach dem alten Beruf fragen, die nächste Frage richtet sich dann nach dem neuen Angebot! (Oder umgekehrt, je nachdem, was drängender erscheint.)
Formulieren Sie so präzise wie möglich – ist die Frage nicht ganz eindeutig, sind auch die Karten nicht mehr eindeutig zu erklären!

Wie mische ich die Karten richtig?

Wie Sie wollen! Mit rechts oder links, legen Sie die Karten auf den Tisch und vermischen Sie sie auf der Tischoberfläche – Sie können sie in die Luft werfen und wieder aufsammeln (diese Technik sei nur spaßeshalber empfohlen, da es doch zeitaufwendig wird, alle Karten wieder einzusammeln).
Also – Sie können mischen, wie Sie möchten, wichtig ist dabei nur, daß Sie Ihr Unterbewußtsein von der Frage leiten lassen

und erst dann mit Mischen aufhören, wenn Sie dies innerlich wirklich für richtig befinden!

Das Aufdecken und Legen der Karten

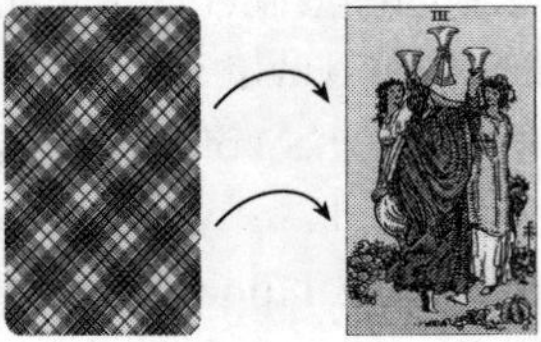

Zum Legen der Karten nehmen Sie einfach die Anzahl der erforderlichen Karten vom Stapel – eine nach der anderen.

Umgekehrte Karten

Manche Kartenleger messen dem eine besondere Bedeutung bei, wenn die Karte mit dem Kopf nach unten vom Stapel gezogen oder gelegt wird. In einem solchen Fall wird die Karte nur in ihrer negativen Bedeutung ausgelegt.

Meines Erachtens jedoch können Sie die umgekehrten Karten immer sofort richtig herumdrehen – nach der hier gelehrten Methode entfällt das umständliche Deuten der umgekehrten Karten. (Bedenken Sie: Sie müßten dafür vor einer Kartenlegung immer kontrollieren, ob alle Karten auch in der richtigen Lage im Stapel sind!) Da die hier gelehrte Methode aber die Großen Arkana immer durch die Kleinen Arkana erklärt, ist es ohnehin auf den ersten Blick klar, ob die negative oder die positive Seite der Großen Arkana für die Beantwortung der Frage von Bedeutung ist!

Dies ist keine Schönfärberei – Sie werden anhand der Karten im Umfeld sowieso sehen, daß sich die negativen Aspekte »wie von alleine« zeigen und nicht unter den Tisch gekehrt werden!

Die Legemethode – das Keltische Kreuz in zweifacher Form

In unserem Tarotsprachkurs haben Sie nun die Vokabeln hinter sich gebracht – Sie kennen ihre Bedeutungen, wissen sie zu entschlüsseln. Nun geht es an den Teil, der in Sprachkursen noch weniger gemocht wird als die Vokabeln: die Grammatik. Das Auswendiglernen von Vokabeln wird in normalen Sprachkursen immer ein wenig zur Qual, doch Sie haben bereits gesehen, daß Auswendiglernen im Tarotsprachkurs nicht gefragt ist! Lassen Sie sich also überraschen – auch das Legen und Deuten der Karten, also die Grammatik, ist nicht so schwierig, wie man immer wieder denkt. Nur das Basiswissen muß stimmen, sollte richtig trainiert sein, dann kann nichts schiefgehen!
Das Legen und Deuten der Karten entspricht einem Satzaufbau, die Bausteine müssen nur richtig zusammengefügt und dann gelesen werden, und schon haben Sie ein komplettes Bild vor sich, das eine klare, detaillierte Antwort gibt.
Noch etwas gleich zu Beginn: Sie lernen nun das Legen und Deuten der Karten nach einer sehr alten Legemethode, die leider in Vergessenheit geraten ist. Warum dies so ist, kann leider nicht zurückverfolgt werden, doch ist diese Methode um so vieles klarer als die einfachen (hier im Sinne von »nicht doppelt«) Auslegearten des Keltischen Kreuzes.
Manche Tarotautoren empfehlen, das Kreuz nur mit den Großen Arkana zu legen, was leider keine sehr differenzierte Antwort zuläßt. Andere Tarotautoren legen das Keltische Kreuz mit allen Karten. Erscheint eine Große Arkana auf einer Position, so soll diese besonders wichtig sein innerhalb der gestellten Frage.
Für uns jedoch sind alle Positionen wichtig: Erst das Zusammenspiel der einzelnen Bausteine ergibt die komplette Sicht der

Dinge! Und für uns sind Große und Kleine Arkana in ihrem Aussagegehalt gleichwertig! Die einen brauchen die anderen und umgekehrt. Stellen Sie sich vor, Sie legen auf eine berufliche Frage, und Die Liebenden erscheinen – dies deutet klar auf einen Erfolg hin, nicht wahr? Belassen Sie es bei der Auslage mit nur einem Kreuz, dann bleiben Sie auch bei der Aussage des Erfolges. Legen Sie nun aber ein zweites Kreuz mit den Kleinen Arkana neben das erste Kreuz der Großen Arkana, dann könnte es sein, daß Die Liebenden mit der Sieben der Stäbe beschrieben werden – und diese Kombination bedeutet: Der Erfolg wird abgeblockt! Eine grundlegend andere Aussage, nicht wahr?
Wie unsere Legemethode also aussieht, sehen Sie auf der nächsten Seite.

Die Auslage der Karten und die Bedeutung der einzelnen Positionen

Die Auslage der Karten

a) Teilen Sie die 78 Karten in zwei Stapel: die 22 Großen Arkana und die 56 Kleinen Arkana.

b) Formulieren Sie die richtige Frage.

c) Nehmen Sie zuerst die 22 Großen Arkana zur Hand und mischen Sie sie (mit der Rückseite nach oben, die Bildseite nach unten), während Sie an die Frage denken, ohne sie zu manipulieren. (Kein Wunschdenken!)

d) Legen Sie die 22 Großen Arkana zur Seite, sobald Sie das Gefühl habe, Sie hätten genug gemischt.

e) Nehmen Sie nun die 56 Kleinen Arkana, mischen Sie auch diese so lange und mit der gleichen Frageformulierung wie die 22 Großen Arkana. Legen Sie den Stapel zur Seite.

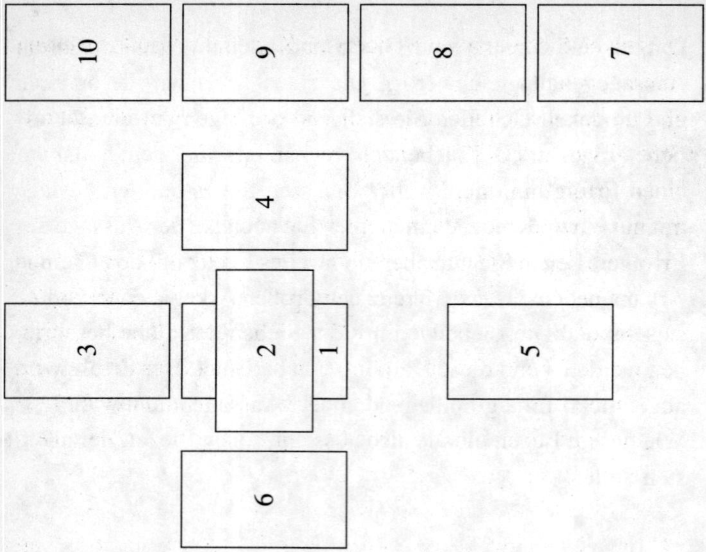

10
9
8
7
4
3
2
1
5
6

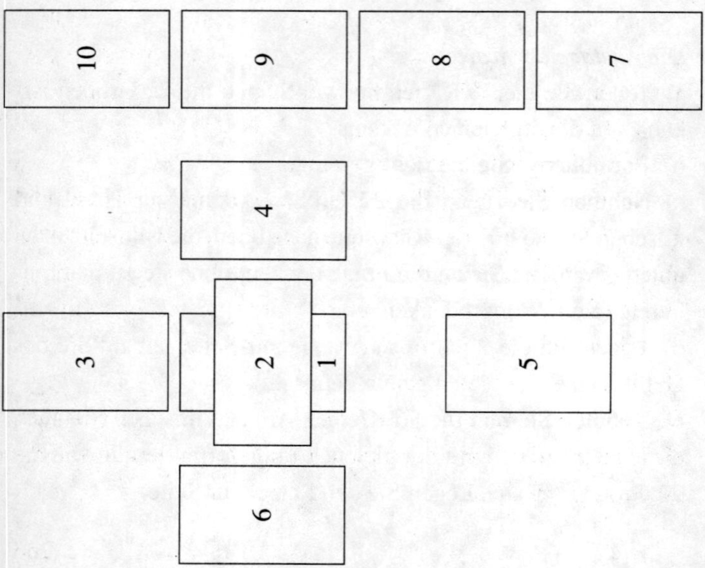

10
9
8
7
4
3
2
1
5
6

f) Decken Sie zuerst die 10 obersten Karten der Großen Arkana zum Kreuz auf.
g) Decken Sie dann daneben die 10 obersten Kleinen Arkana ebenfalls zu einem Keltischen Kreuz auf.

Die Bedeutung der einzelnen Positionen

1. Grundlage, Ausgangsposition. Das »Jetzt« – also das, was bereits eingetreten ist, uns unmittelbar berührt oder spätestens noch in den nächsten zwei Tagen eintreten wird. Diese Position spiegelt häufig auch die Frage selbst wider.
2. Unmittelbarer Einfluß – dieser kann die Grundlage bestätigen und fördern oder aber bei einer negativ zu deutenden Karte auf Hindernisse hinweisen.
3. Los und Ziel in ca. drei Wochen.
4. Vergangenheit, die mit der Frage in Verbindung steht und zu der momentanen Lage führte.
5. Verhalten und Möglichkeiten, wie man sich verhalten soll, um zum gewünschten Ziel zu gelangen, bzw. wie man sich nicht verhalten soll, um Negatives zu vermeiden (bei schlechtem Endergebnis etc.).
6. Zukünftiger Einfluß in ca. vier Wochen.
7. Charakterisierung des Fragenden oder der Frage.
8. Äußere Einflüsse, die helfend einwirken oder aber bei negativ zu deutenden Karten hinderlich oder sogar hemmend wirken können.
9. Hoffnungen und/oder Ängste des Fragestellers in bezug auf die gestellte Frage (sein Innerstes).
10. Endergebnis in drei Monaten.

Die Bedeutung der Karten bezieht sich sowohl auf die Großen als auch auf die Kleinen Arkana! (Mehr zur Deutung in Lektion 3.)

Achtung!
Es gibt keine Regel im Tarot ohne große Ausnahmen, so auch hier: Sie sehen, daß sich die Positionen Nr. 3, Nr. 4 und Nr. 10 ganz klar auf einen bestimmten Zeitraum beziehen (drei Wochen, vier Wochen und drei Monate).
Sie können die Karten aber natürlich auch auf eine Frage legen, die sich nicht innerhalb dieses Zeitrahmens bewegt. Z. B.: Wie wird die Besprechung mit meinem Chef an diesem Vormittag und wie soll ich mich dabei verhalten? Drei Wochen o. ä. sind natürlich viel zu lange Zeitspannen, um diese Frage detailliert beantworten zu können. Man könnt zwar die Auswirkungen der Besprechung in drei Wochen sehen, nicht aber den Vormittag in seinen Facetten.
Bei einer anderen Zeitspanne gilt also: die Position der drei Wochen ist das erste Ereignis (kann manchmal drei Stunden sein). Der zweite Höhepunkt ist die Position der vier Wochen, und das Endergebnis erfolgt dann natürlich nicht erst in drei Monaten (bei unserem Beispiel wäre dies das Ende der Besprechung, der Ausgang der Unterredung mit dem Vorgesetzten)!
Also: Sie können auf jeden Zeitraum legen – wandeln Sie dann die Wochen einfach im Verhältnis um!

Übung

1. Kann man im Tarot eine sogenannte Entweder-Oder-Frage stellen?
2. Wie formuliert man eine Frage richtig?
3. Wie legt man die Karten auf?
4. Wie mischt man für die zweifache Kreuzaussage?
5. Muß man umgekehrte Karten deuten?

6. Ist das Deuten der umgekehrten Karten in der Auslage des zweifachen Keltischen Kreuzes notwendig?
7. Was bedeuten die einzelnen Positionen?

Die ersten Schritte in der Deutung der Karten

Was Sie hier lernen können, wird manchmal auch der formal-methodische Weg genannt. Sprich: Sie lernen die Bedeutungen der Karten, die Kartenbilder, die Legesysteme und schließlich die Kombination der Karten in der Deutung.
Was nicht richtig erlernt, sondern eher angeregt werden kann – und dies ist auch unser Ziel – ist es, Ihre Kräfte in dem Maße zu trainieren, daß Sie möglicherweise intuitiv ein Gesamtbild erfassen können und somit zu einer umfassenden und richtigen Deutung gelangen, ohne eigene Hoffnungen und Ängste in das Kartenbild zu projizieren.

Wie untergliedert sich die Deutung der Karten

1. Die Einzelbedeutung der Karten auf ihren Positionen
2. Die nähere Erklärung durch die Kleinen Arkana
3. Das Zusammenfassen und Herausfiltern der Quintessenz

Zur Quintessenz sei angemerkt, daß sich hier die Geister scheiden: Manche Kartenleger sprechen von der Quintessenz als zentraler Aussage, die sich aus dem Gesamteindruck ergibt. Andere Kartenleger bilden die Quersumme der gelegten Karten. Diese wird ebenfalls als Quintessenz bezeichnet.
Für uns bildet sich die Quintessenz aus drei Bestandteilen: der Gesamteindruck plus die Elementeverteilung und die Quersummenkarte!

Die logische Abfolge innerhalb des Kartenbildes

Nach der Fragestellung, dem Mischen und dem Auflegen der Karten folgt der erste wichtige Schritt in der Deutung: die logische Abfolge.

Sie kennen bereits die Bedeutungen der einzelnen Positionen, und Ihnen ist sicherlich aufgefallen, daß es wie ein Bruch in der Abfolge wirkt, daß die Karte der drei Wochen die Nummer 3 ist, während die Karte der Vier-Wochen-Position erst die sechste Karte ist. Dies ist völlig richtig!

Innerhalb der Deutung gehen Sie also wie folgt vor:

1. Nr. 4 (symbolisiert nur den Teil der Vergangenheit, aus dem alles resultiert!)
2. Dann Nr. 1 und Nr. 2 (Grundaussage und unmittelbarer Einfluß, dies entstand auch aus der Vergangenheit!)
3. Als nächstes Nr. 5 (das Verhalten, welches erst zu den nächsten Stationen führen kann!)
4. Dann folgen Nr. 3 und Nr. 6 und die restlichen Karten (Charakter, Umfeld, Hoffnungen und Ängste, Endergebnis) nach Numerierung.

Warum verschiebt sich in der Deutung die Reihenfolge? Diese Frage ist eine logische Konsequenz des Obengenannten. Doch wenn Sie sich die Bedeutungen der einzelnen Positionen genau ansehen, werden Sie erkennen, daß die Karte der Vergangenheit selbstverständlich sehr früh behandelt werden muß, da aus ihr alles resultiert, was innerhalb der gestellten Frage von Relevanz ist.

Ebenso logisch ist es, daß das Verhalten nach der Grundaussage und der Vergangenheit die nächste zu interpretierende Karte ist.

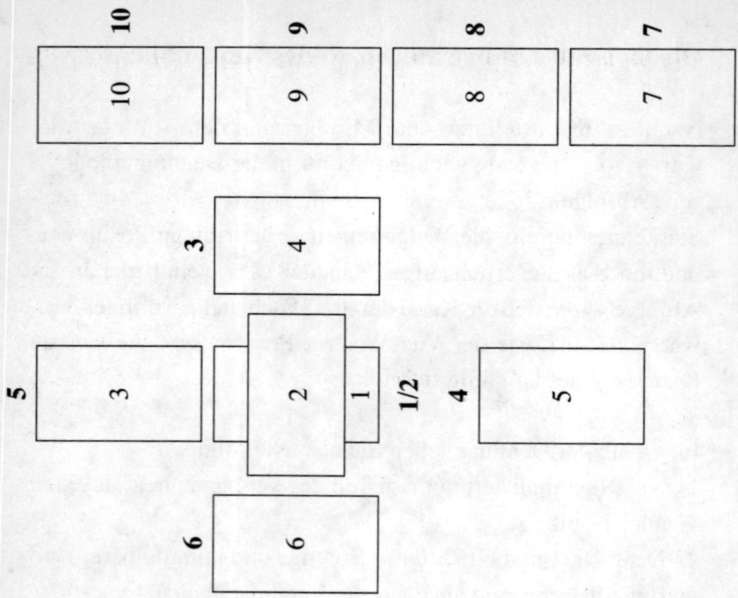

1
2
3
4
5
6
7
8
9
10
1/2

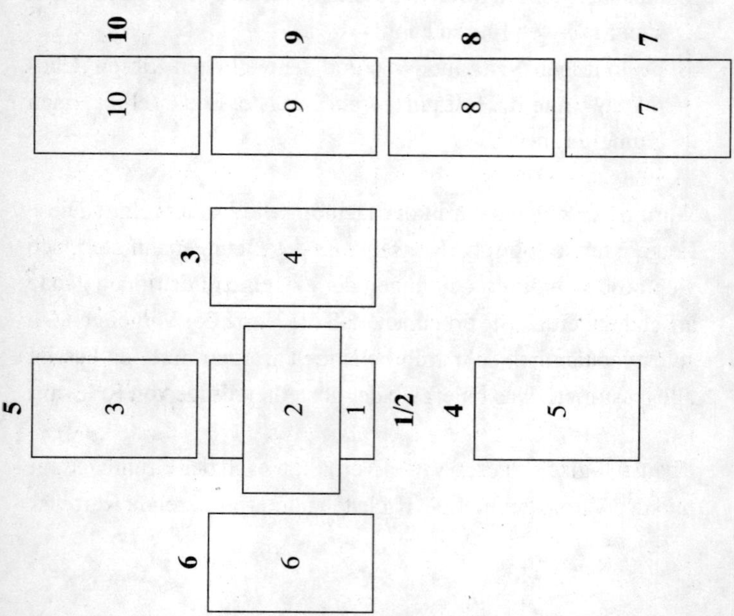

1
2
3
4
5
6
7
8
9
10
1/2

Das Kartenbild spiegelt immer nur die Möglichkeit der Zukunft wider, die am wahrscheinlichsten eintreten wird. Das heißt nicht, daß dies unbedingt so kommen muß! Wenn Ihnen das Endergebnis also nicht gefällt, dann betrachten Sie die Verhaltenskarte nochmals. Aus ihr resultiert das restliche Kartenbild. Sie ist strenggenommen eigentlich die wichtigste Position. Ändert der Fragende sein Verhalten, verändert er auch seine Zukunft!
Sie können auch ein einfaches Beispiel zur Veranschaulichung nehmen: Sie fragen, ob Sie mit Ihrem Partner weiter nicht sprechen und abblocken sollen – das Ergebnis ist die Trennung. Da Sie diese nicht möchten, müssen Sie sich also anders verhalten. Ändern Sie Ihr Verhalten, wird dies unmittelbar auch zu einem anderen Ergebnis führen! Selbstverständlich gibt es auch Situationen, die derart von außen gelenkt werden, daß selbst das eigene Verhalten nichts Entscheidendes mehr hinzufügen kann, aber generell kommt es auf das eigene Handeln an!
Die Zeichnung verdeutlicht es nochmals – aus dem Verhalten resultieren Ereignisse in vier Wochen ebenso wie das Endergebnis. Eines führt zum anderen. Möchten Sie das Endergebnis verändern, müssen Sie eine anders formulierte Frage stellen: Soll ich mich statt abzublocken anders verhalten? Oder: Wie soll ich mich verhalten?
Sie sehen – der Tarot zeigt Ihnen niemals ein unwiderrufliches Ereignis an! Sie können immer in Ihr eigenes Schicksal eingreifen! (Was natürlich nicht heißt, daß wir alles manipulieren können, aber wir können im Rahmen unserer Möglichkeiten mitgestalten!) Die erste Quintessenz ergibt sich aus der logischen Abfolge der Karten. Wenn Sie auf den ersten Blick nur Verhalten, vier Wochen und Endergebnis sehen, dann erfassen Sie auch bereits einen großen Teil der Quintessenz der Kartenlegung auf diese Frage!

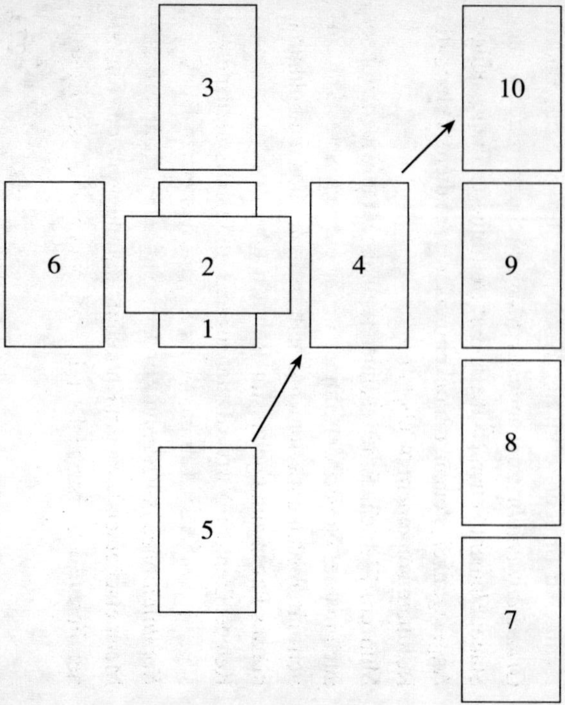
3
10
6
2
1
4
9
8
5
7

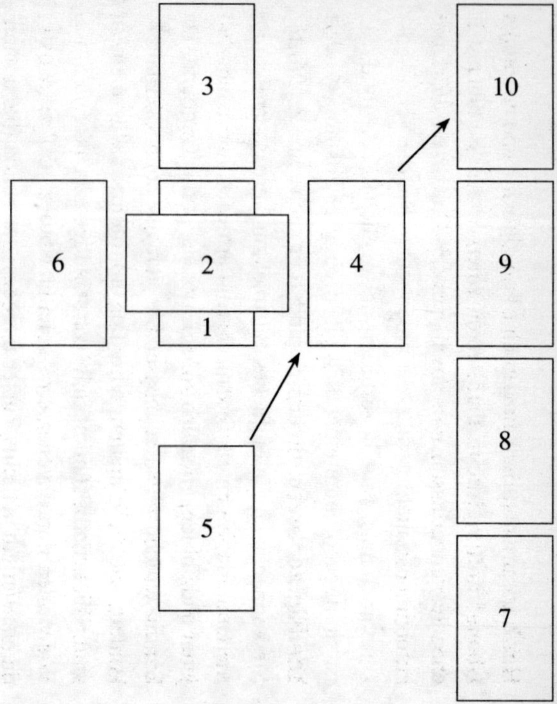
3
10
6
2
1
4
9
8
5
7

Hinzu kommt natürlich auch noch Übung, Übung und nochmals Übung, die Ihre Intuition trainieren wird, so daß Sie die restlichen Karten erfassen und das Gesamtbild in seiner Wirkung aufnehmen.

Die Elementeverteilung

Sie kennen die vier Sätze des Tarot und wissen nun auch, daß jeder Satz einem Element zugeordnet ist. In Teil 2 des Tarotkurses wurde schon angesprochen, daß es auch darauf ankommt, wie die Elemente innerhalb eines Kartenbildes verteilt sind. (Viele Stäbe deuten auf einen Neubeginn hin etc.)
Wir wollen nun die Elementeverteilung eingehend betrachten, da sie viel zur Klärung der Frage beitragen kann. (Für unsere Methode zählt die Elementeverteilung ebenfalls zur Quintessenz!)

Grundsätzliche Bedeutungen der Elemente/Sätze
Stäbe: Element Feuer. Neubeginn. Erste Impulse innerhalb einer Angelegenheit. Arbeit, die mit neuen Dingen zu tun hat, und die Resultate von einem Neubeginn.
Münzen: Element Erde. Materielle Dinge, Geld, Besitz. Aber auch innerer »Besitz«.
Schwerter: Element Luft. Entscheidungen und Kommunikation, die aus Entscheidungen resultiert.
Kelche: Element Wasser. Beziehungen, Gefühle, das Seelenleben.

Kombinationen der Elemente
Meist erscheinen in einem Kartenbild die Elemente nicht in reiner Form, d.h. nur Stäbe oder nur Münzen in der Kleinen

Arkana. Aber die Verteilung liegt fast immer bei einem überwiegenden Element, das mit einem anderen Element kombiniert erscheint. Bei 10 Kleinen Arkana zum Beispiel 6 Stäbe, 3 Münzen und ein Schwert – dann liegt der Schwerpunkt auf den Stäben kombiniert mit Münzen.

Stäbe und Münzen: Ein materieller Neubeginn, der oft mit Geld, Besitztümern zu tun hat.

Manchmal auch ein Neubeginn, der mit innerem Reichtum zu tun hat.

Stäbe und Kelche: Ein Neubeginn innerhalb von Beziehungen, Gefühlen.

Stäbe und Schwerter: Eine Entscheidung über einen Neubeginn steht an.

Münzen und Kelche: Die Frage dreht sich um inneren Reichtum.

Münzen und Schwerter: Eine Entscheidung über Geld und Besitzungen steht an.

Schwerter und Kelche: Eine Entscheidung innerhalb einer Beziehungsfrage.

Betrachten Sie das Kartenbild vor der genauen Auslegung der Karten genau, zählen Sie die Elemente ab und Sie haben bereits die zweite Quintessenz: die Veränderung der Elemente! So sehen Sie auf den ersten Blick, worum sich die Frage im großen dreht.

Die Quersummenkarte

Zum Errechnen der Quersummenkarte zählen Sie die Zahlen aller (!) Karten des Bildes zusammen und bilden dann die Quersumme aus dem Ergebnis. Die Quersummenkarte ist also immer eine Große Arkana, deren Grundaussage und Archetyp in die gestellte Frage noch einen weiteren Aspekt einbringen. Die

Quersummenkarte dient der Verdeutlichung einer Aussage innerhalb einer Frage und kann auch eine Karte sein, die nicht im Kartenbild erschienen ist!

Zu beachten ist bei der Addition:
Asse zählen 1
Hofkarten zählen 0
Ist das Ergebnis höher als 22, wird erneut die Quersumme gebildet. Z. B.: 25 = 2 + 5 = 7, die Quersummenkarte ist also Der Wagen.
Ist das Ergebnis nicht höher als 22, zum Beispiel 17, so ist die Karte Der Stern eine wichtige Voraussetzung für ein Ereignis, die endgültige Quintessenz allerdings ist die erneute Quersumme, also immer eine einstellige Zahl. In unserem Beispiel also die Neun = Der Eremit.
Der Narr hat auch hier eine besondere Position inne: Beim Zusammenzählen wird er mit Null bewertet; ist aber das Ergebnis exakt 22, so ist Der Narr die Quintessenz (der Großen Arkana)!

Beispiel für die Errechnung der Quersummenkarte
Sie haben folgende Karten vor sich liegen:

Große Arkana	**Zählwert**	**Kleine Arkana**	**Zählwert**
Der Herrscher	4	Ritter der Kelche	0
Die Herrscherin	3	Königin der Münzen	0
Die Welt	21	As der Münzen	1
Der Narr	0	Sieben der Stäbe	7
Gerechtigkeit	11	Sieben der Kelche	7
Der Eremit	9	Neun der Stäbe	9
Der Gehängte	12	Vier der Münzen	4
Der Turm	16	Zehn der Stäbe	10
Der Stern	17	Neun der Kelche	9
Die Hohepriesterin	2	Zwei der Kelche	2
Summe	95		49

Quersumme Große Arkana: 95 plus Quersumme Kleine Arkana 49 = 144

144 = 1 + 4 + 4 = 9

Der hier zu beschreitende Weg fordert also vom Fragenden vor allem, daß er sich zurückzieht und sein Problem von allen Seiten beleuchtet, bis er es lösen kann.

Übung

1. Woraus besteht die Quintessenz innerhalb einer Kartenlegung?
2. Geht man bei der Deutung der Karten nach den Positionsnummern des Legebildes vor, oder verändert sich die Reihenfolge?
3. Wenn ja, wie verändert sich die Reihenfolge?
4. Woraus resultiert das Endergebnis hauptsächlich?
5. Kann ich das Endergebnis verändern, oder steht dies unwiderruflich fest?
6. Gibt es auch Situationen, in denen das Umfeld so stark einwirkt, daß das eigene Verhalten nicht mehr maßgeblich entscheidend ist?
7. Was zeigt die Elementekombination Stäbe/Schwerter?
8. Was zeigt die Elementekombination Kelche/Schwerter?
9. Was zeigt die Elementekombination Münzen/Stäbe?
10. Was zeigt die Elementekombination Münzen/Kelche?
11. Wie wird die Quersummenkarte errechnet?
12. Kann die Quersummenkarte auch eine Kleine Arkana sein?

Die Kombination von Großer und Kleiner Arkana

Manche Tarotschüler sehen die größten Schwierigkeiten in der Kombination von Großer Arkana und Kleiner Arkana. Nehmen wir an, auf einer Position liegt Der Stern, und die dazugehörige Kleine Arkana ist die Zwei der Münzen. Der Schüler kennt die Bedeutung: Der Stern = der Lebensweg, der Stern, dem man folgen möchte. Zwei der Münzen = Hin- und Herschwanken in einer Angelegenheit. Schön und gut – aber was bedeuten die beiden in der Kombination? Die Lösung ist eigentlich sehr einfach. Der Betreffende schwankt hin und her in bezug auf den weiter zu beschreitenden Lebensweg.
Sie bemerken schon: »In bezug auf« ist eine wichtige Redewendung innerhalb des Kombinierens zweier Karten.

Grundregel für die Kombination von Großer und Kleiner Arkana ist:
Die Große Arkana ist die Basis. Sie stellt die Ausgangssituation dar. Sie zeigt die grundlegende Bedeutung auf der jeweiligen Position.
Die Kleine Arkana erklärt und definiert die Basis näher.

In unserem Beispiel oben ist Der Stern, also der Lebensweg, die Basis. Dieser Lebensweg wird mit der Kleinen Arkana näher beschrieben. Was macht der Betreffende mit seinem oder auf seinem Lebensweg (im Rahmen der gestellten Frage) – er schwankt zwischen zwei Möglichkeiten, zwischen zwei verschiedenen Richtungen!

Tip: Es gibt einige »Füllwörter«, die ihnen weiterhelfen können! (Es sind keine wirklichen Füllwörter im grammatikalischen Sinne, ich nenne sie nur so, da sie die Lücke zwischen Großer Arkana und Kleiner Arkana rein wörtlich gesehen »füllen«.)
Die Basis ist die Große Arkana, und mit Wörtern wie »aber, weil, doch, deshalb« kommen Sie zur Kleinen Arkana!
Grundsätzlich kann man sagen:
Ist die Große Arkana positiv zu bewerten, die Kleine Arkana aber negativ, können Sie folgende Füllwörter in Ihren Satz (die Kombination) einbauen: aber, jedoch, leider.
Beispiel: Die Kombination Die Sonne – Sieben der Kelche: Man denkt, man würde sehr positiv gestimmt sein, sehr optimistisch nach außen erscheinen, *aber* dies ist eine Illusion.
Sie sehen – zuerst die Grundaussage, dann kommt die nähere Definition.

Sind Große und Kleine Arkana positiv zu bewerten, können Sie folgende Füllwörter in Ihren Satz einbauen: Weil, dies kommt daher, daß ...
Beispiel: Die Kombination Die Sonne – As der Münzen: Man strahlt einen ungeheuren Optimismus aus und man hat wirklich Grund zur Freude, *weil* man die Chance auf großen Reichtum (auch inneren) bekommt.

Sind beide Karten eher negativ zu bewerten, bieten sich folgende Füllwörter an: weil, dies kommt daher, daß; dies bewirkt, daß ...
Beispiel: Die Kombination Der Mond – Zehn der Schwerter: Man wird hintergangen, betrogen oder sitzt einer Lüge auf, und *dies bewirkt (dies führt dazu), daß* man in Panik gerät, sich wie erschlagen fühlt und hysterisch werden kann.

Wie gesagt, es gibt keine Regel ohne Ausnahme:
Ist die Große Arkana eher negativ zu bewerten, die kleine Arkana hingegen positiv, dann sollten Sie (meistens) mit der Deutung der Kleinen Arkana beginnen und erst dann die Große Arkana hinzufügen. Dies kommt daher, weil die Kleine Arkana etwas sehr Schönes darstellt, das sein könnte, aber durch die Große Arkana meist verhindert wird! Daher sollte zuerst erwähnt werden, was sein könnte, und dann erst, warum es nicht so sein kann. Als Füllwörter bieten sich hier an: aber, jedoch.
Beispiel: Die Kombination Der Hierophant – Zwei der Kelche: Man könnte eine schöne Verbindung eingehen, hat auch schon die Schlüssel zur Lösung zur Hand, *aber* das soziale Umfeld verhindert dies.

Sie sehen, hier ist die Bedeutung der Zwei der Kelche vorweggenommen. Sie können durchaus auch hier die Große Arkana zuerst interpretieren, dies brächte Sie aber zu einer sehr umständlichen Beschreibung. Probieren Sie es ruhig aus!
Natürlich gibt es noch sehr viel mehr Füllwörter, hier sind nur jene erwähnt, die am häufigsten verwendet werden!

Welche Bedeutung der Karte ist nun die entscheidende?

Hier läßt sich nicht so einfach eine Faustregel aufstellen, außer die, daß es keine gibt …
Manche Karten tragen sehr unterschiedliche Bedeutungen in sich. Welche dieser Bedeutungen letztendlich entscheidend ist, muß in der Kartenlegung herausgefiltert werden, was am Anfang vielleicht etwas schwierig erscheint, doch mit einiger

Übung ist Ihre Intuition so stark geschult, daß Sie darin kein Problem mehr sehen werden!

Folgende Punkte können Ihnen dabei helfen

1. Wichtig ist vornehmlich, daß Sie sich beim Fragesteller immer nach dem »Oberbegriff« seiner Frage erkundigen. (Beruflich, privat, Rechtsangelegenheit etc.) Dies hat nichts damit zu tun, daß Sie damit besser mutmaßen könnten, sondern daß manche Karten eben unterschiedliche Bedeutung haben je nach Oberbegriff der Frage. Ich persönlich zeige dem Fragesteller immer die Karte der Liebenden mit der Erklärung, daß diese in einer privaten Frage zwar die Beziehung anzeigt, in einer beruflichen Frage aber den Erfolg! Um so exakt wie möglich antworten zu können, ist es also wichtig, diesen Oberbegriff zu kennen! Selbstverständlich macht auch hier wieder die Übung den Meister, und es ist irgendwann soweit, daß Sie beinahe wie von selbst auf den ersten Blick erkennen, worum sich die Frage dreht!
2. Die umliegenden und nachfolgenden Karten. Betrachten und studieren Sie das Umfeld. Ein Kartenbild und dessen Aussage hängt nicht von einzelnen Positionen ab, sondern davon, wie diese zusammenwirken! Wenn Sie die umliegenden und nachfolgenden Karten genau betrachtet haben, wird sich sehr schnell herausstellen, welche Bedeutung die ausschlaggebende ist!

Übung

Diese Übung soll nicht nur für diese Woche gelten – Sie können den nachfolgenden Ratschlag als Übung für den Tarot betrachten, aber auch als generelle Methode, für sich selbst mit den Karten zu arbeiten:

Um die Bedeutungen der Karten nun nicht mehr aus dem Gedächtnis zu verlieren, können Sie auch einen spielerischen Umgang mit dem Tarot wählen: Ziehen Sie für sich persönlich jeden Morgen eine *Tageskarte!* Lassen Sie sich einfach von Ihrem Unterbewußtsein leiten, verkrampfen Sie sich nicht dabei und ziehen Sie dann mit der linken Hand (das Unterbewußtsein! Also auch als Linkshänder mit der linken Hand ziehen!) – dies können Sie tun, indem Sie die Karten z. B. fächerartig ausbreiten oder alle Karten umgekehrt auf einem Tisch liegend mischen und dann mit der linken Hand die Karte wählen. Wenn Sie möchten, können Sie natürlich auch die Karten mischen und dann die oberste wählen. Gehen Sie hier so vor, wie Sie sich am wohlsten dabei fühlen!

Ziehen Sie eine Große Arkana und zu deren näherer Erklärung eine Kleine Arkana. Die Große Arkana ist die Grundbedeutung der Aussage, die Kleine Arkana definiert diese näher.

Durch das Ziehen einer Tageskarte (es kann auch eine Wochen- oder Monatskarte sein!) wiederholen Sie die Bedeutungen der Karten ohne mühevolles Eintrichtern. Halten Sie während des Tages dann auch die Augen offen, um zu sehen, wo sich die Aussagen der Karten in Ihrem Leben wiederfinden – so lernen Sie auch gleich, inwieweit Aussagen wirken!

Die Bedeutung der Karten auf den Positionen 1, 2 und 4

Sie haben die ersten Schritte im Erlernen der »Grammatik« des Tarot hinter sich. Sie kennen die Quintessenz und Sie haben einige Füllwörter für die Kombination kennengelernt, so daß auch diese für Sie keine Schwierigkeit mehr sein wird!
Nun geht es darum, wie die Karten auf den einzelnen Positionen zu interpretieren sind. Dies mag auf den ersten Blick beinahe als unsinnige Übung erscheinen. Auffällig ist jedoch, daß viele Kursschüler zwar zum Beispiel wissen, daß die Große Arkana Der Stern zwar den Lebensweg symbolisiert, wissen dann aber letztendlich mit dieser Aussage nichts anzufangen, wenn Der Stern auf der Verhaltensposition erscheint usw.
Daher ist es wichtig, alle Positionen einzeln durchzugehen. Ich werde nicht allzuviel Zeit darauf verwenden, damit Sie endlich auch zur »richtigen« Legung kommen, aber kurz wollen wir dennoch darauf eingehen, ja?

Position 1 – Die Grundlage, die Ausgangssituation

Karten, die hier liegen, zeigen immer den momentanen Stand der Dinge. Hier ist der Dreh- und Angelpunkt für Ihr weiteres Vorgehen. Hier können Sie ersehen, was den Fragesteller im Augenblick der Kartenlegung brennend interessiert, was ihn beschäftigt. Diese Position spiegelt in großem Maße die Frage wider!
Die Karten, die hier erscheinen, strahlen auch auf das gesamte Bild aus, auch wenn sie nur das Geschehen der Jetztzeit zeigen!

Das heißt, erscheinen hier durchwegs gute Karten (Große und Kleine Arkana), dann zeigt dies auch eine sehr gute Basis für den Fragesteller. Negative Karten wirken weiterhin negativ ein. Eine besondere Stellung hat auch hier wieder einmal Der Teufel inne! Seine Wirkung ist ohnehin sehr stark, liegt er jedoch auf Position 1, wirkt er noch dazu auf alle anderen Karten negativ ein, auch wenn diese positiv sind! Das bedeutet, daß er das weitere Geschehen beeinflußt. Hier kommt es sehr stark darauf an, welche Karten auf der Position des Verhaltens liegen. Zeigt sich dort eine positive Kombination, dann zeigt diese auch an, wie man dem Teufel und seinem Einfluß entgegenwirken kann. Erscheinen auch hier negative Karten, dann sollte unbedingt noch einmal neu gelegt werden, mit der Frage: »Wie kann ich mich verhalten, um dem entgegenzuwirken?«
Denken Sie immer daran: im Tarot gibt es immer eine Möglichkeit, auch aus den unmöglichsten Situationen herauszukommen. Wollen sich mit dem Teufel auf Position 1 partout keine guten Karten und keine annehmbaren Verhaltensmöglichkeiten einstellen und auch durch weitere Kartenlegungen nicht zeigen, dann heißt dies ganz einfach für den Fragesteller: erst einmal ein paar Tage abwarten. Man befindet sich momentan in der komplett falschen Denkrichtung. Dies legt sich wieder. Man soll ein wenig in sich gehen und das Denken in eine andere Richtung lenken!

Position 2 – Der unmittelbare Einfluß

Auch diese Position betrifft die Jetztzeit wie Position 1.
Sie verdeutlicht die Situation, die durch die erste Kartenkombination vorgegeben ist.

Da diese Kartenkombination quer über die Karten der ersten Position liegt, zeigt sich bereits optisch, daß diese Karten sehr stark einwirken auf die Grundlage.
Sind die Karten der Position 2 im Gesamtbild eher positiv zu bewerten, so »heben« sie die Aussage der Grundlagekarten.
Sind die Karten der Position 2 im Gesamtbild eher negativ zu bewerten, so blockieren sie die Aussage der Grundlagekarten oder verstärken gegebenenfalls sogar eine negative Grundaussage.

Beispiel 1:
Auf Position 1 liegen Der Hierophant und die Zwei der Schwerter.

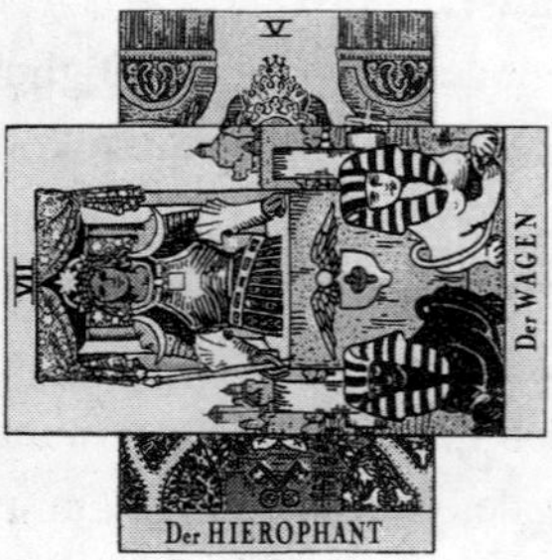

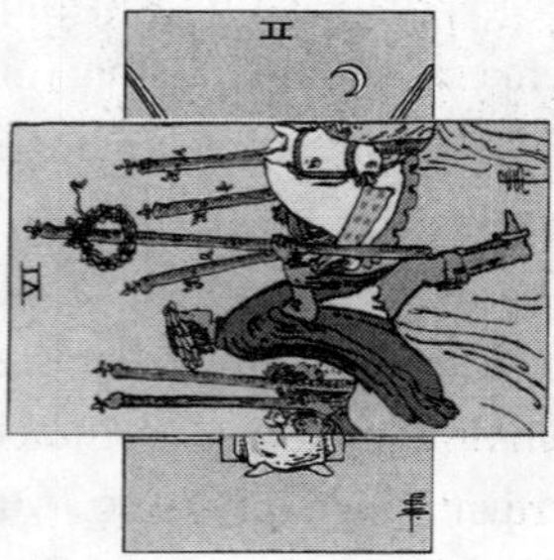

Die Ausgangssituation ist also eher prekär – das soziale Umfeld wirkt sehr stark auf den Fragestellenden ein. Er wollte etwas unternehmen, hatte die Schlüssel zur Lösung vor sich liegen, konnte aber nichts tun, da das Umfeld dies verhinderte. Dies verursachte in ihm Wut und Angst. Darüber liegen auf Position 2 Der Wagen und die Sechs der Stäbe.
Der Wagen ist hier ein Triumphwagen (erklärt durch die Sechs der Stäbe). Der Fragende konnte also trotz des hinderlichen Umfeldes zu einem Sieg innerhalb der gestellten Frage kom-

men. Wichtig ist, daß er Herz und Verstand in Einklang gebracht und die Schwerter der Wut und Angst von sich geworfen hat; dadurch konnte er trotz der Umwelt den erhofften Triumph herbeiführen – zumindest in der momentanen Situation!
Hier blockieren die Karten nicht, sondern wirken positiv auf die Ausgangssituation ein, verhindern die negative Wirkung!

Beispiel 2:
Auf Position 1 liegen Der Stern und die Sechs der Stäbe.

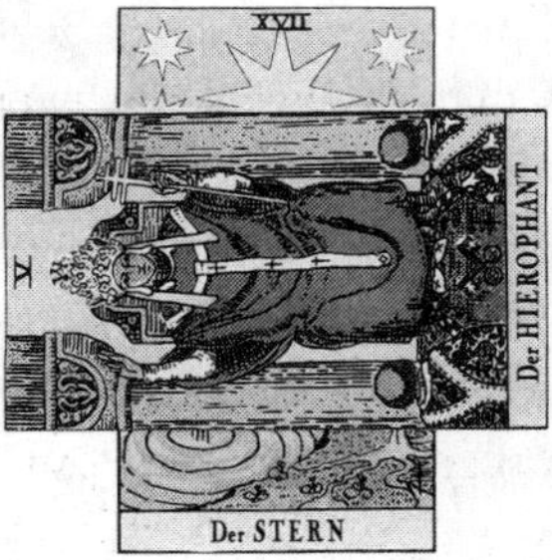

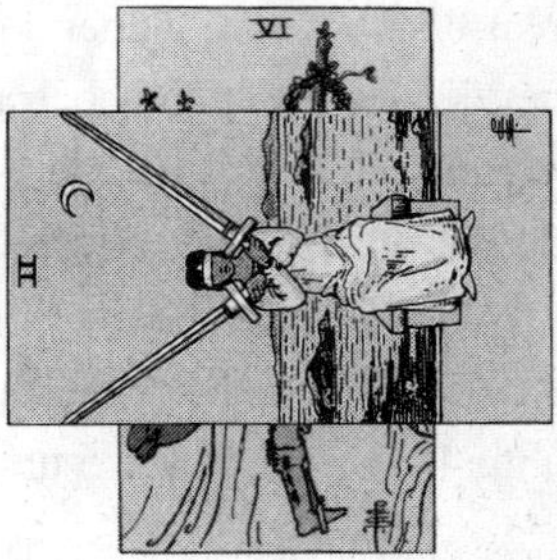

Die Ausgangssituation ist also der Lebensweg, den man in der Jetztzeit, im Augenblick, sehr siegreich beschreiten könnte (nicht »kann«, da die querliegenden Karten ja negativ sind und daher blockieren!).
Darüber (Position 2) liegen Der Hierophant und die Zwei der Schwerter.
Das Umfeld wirkt aber hinderlich und blockierend, dies führt zu Wut und Angst im Fragenden, der sich dessen sehr wohl bewußt ist.
In diesem Beispiel blockieren die Karten der Position 2 die sehr schöne Grundaussage. Sie verhindern, daß der Lebensweg so siegreich beschritten wird, wie es eigentlich möglich wäre.

Sie sehen also, daß die Positionen 1 und 2 untrennbar miteinander verbunden sind. Entweder blockieren die Karten der zweiten Position oder sie verhindern eine negative Wirkung.

Position 4 – Die Vergangenheit

Hier muß zunächst erklärt werden, warum jetzt die vierte Position behandelt wird und nicht die dritte. Dies kommt daher, daß die Kartenlegung auf einer logischen Abfolge aufbauen soll. Position 3 behandelt aber das Geschehen in drei Wochen. Bevor man dieses aber näher betrachtet, muß man wissen, was in der Vergangenheit geschehen ist und wie man sich verhalten soll oder verhält, um zu wissen, was die Zukunft bringt! Daher also jetzt die Vergangenheit. Denken Sie bitte immer daran: In der Kartenlegung gehen Sie zuerst zu Position 1 und 2, dann zu Karte 4, dann zu Karte 5 und dann erst zu den nächsten Positionen!

Die vierte Position zeigt die Vergangenheit des Fragestellers. Diese Vergangenheit ist nur jene, die unmittelbar mit dem Geschehen in der Jetztzeit und der Zukunft zusammenhängt. Diese Vergangenheit kann bisweilen sogar Jahre zurückliegen, manchmal aber auch nur ein paar Tage oder Stunden.

Sie können aus dieser Position ersehen, woher Probleme kommen, warum Gutes passiert, manchmal aber auch, ob sich eine Situation in der Vergangenheit bereits einmal abgespielt hat und nun erneut auftritt!

Beispiel:

Auf der Position der Vergangenheit liegt bei den Großen Arkana Tod und bei den Kleinen Arkana die Sieben der Stäbe.

Diese Kombination zeigt an, daß der Fragesteller in der Vergangenheit eine radikale Wende, eine radikale Änderung der Dinge abgewehrt hat. Wie sich dies nun auswirkt – positiv oder negativ – auf das jetztige Geschehen, zeigen die anderen Positionen.

Übung

1. Warum wird in einer Kartenlegung nach Position 1 und 2 gleich Karte Nr. 4 besprochen?
2. Was sagen Position 1 und 2 grundsätzlich aus?
3. Wie wirkt Position 2 auf Position 1 ein?
4. Was sagt die vierte Position aus?
5. Warum ist die Vergangenheit in der Kartenlegung überhaupt wichtig?

Die Bedeutung der Karten auf den Positionen 5, 3 und 6

Nochmals möchte ich darauf hinweisen, daß kein Tippfehler vorliegt – die Reihenfolge beim Legen der Karten des Keltischen Kreuzes unterscheidet sich von der Reihenfolge der Deutung. Dies kommt daher, daß die Positionen 3 und 6 die Zukunft behandeln, die aber erst aus dem Verhalten resultieren kann – also aus Position 5! Lassen Sie sich also nicht verwirren – spätestens bei den Übungen mit einer kompletten Kartenlegung werden Sie im praktischen Umgang sehen, warum die logische Abfolge hier so wichtig ist. Übung macht den Meister – und bis dahin einfach nicht durcheinanderbringen lassen!

Position 5 – Das Verhalten

Diese Position könnte als die wichtigste innerhalb des ganzen Legebildes bezeichnet werden! Aus dem Verhalten resultiert die Zukunft. Mit dem Verhalten entscheidet man die Zukunft. Aus den Verhaltenskarten können Sie ersehen, ob das Verhalten des Fragestellers eine eher negative oder eine positive Zukunft bringt!
Ist das Ergebnis der Kartenlegung nicht im Sinne des Fragenden, dann kann eine Zusatzfrage gestellt werden: Wie muß ich mich verhalten, um etwas anderes zu erreichen? Auch daran können Sie erkennen, wie wichtig diese Position ist.

Beispiel:
Auf der Position des Verhaltens liegt bei den Großen Arkana Der Teufel und bei den Kleinen Arkana das As der Münzen.

Man könnte also durch das Verhalten eine Chance auf großen Reichtum nutzen. Doch mit dem Teufel an dieser Stelle sieht es nicht gut aus. Der Teufel spricht von Ängsten und Abhängigkeit. Mit so viel Angst in sich wird der Betreffende kaum die große Chance annehmen können. Folgen dann negative Karten in diesem Bild, sollte man also unbedingt fragen, wie die Ängste zu verhindern sind, damit der Betreffende auch wieder handeln kann!

Tip: Wenn Sie später einmal für jemand anderen legen, der nach einer Kartenlegung befindet, die Ereignisse wären nicht eingetroffen, dann fragen Sie den Betreffenden, was genau er gemacht hat und ob dies der Verhaltenskarte entsprochen hat. Hier wird nochmals einiges deutlich …

Position 3 – Zukünftige Ereignisse in ca. drei Wochen

Hier können Sie ersehen, was den Fragesteller in ca. drei Wochen erwartet. Dies resultiert aus dem Verhalten (in Zusammenwirkung mit dem Umfeld).

Beispiel:
Es kommt die Kartenkombination Kraft und Sechs der Stäbe.

In ca. drei Wochen wird der Fragesteller seine Emotionen unter Kontrolle halten müssen. Dies kostet ihn zwar Kraft, aber durch solches Verhalten kann er einen Sieg davontragen.
Eine sehr einfach zu deutende Position, wie Sie sehen!

Position 6 – Zukünftige Ereignisse in ca. vier Wochen

Diese Position unterscheidet sich von der vorhergehenden nur dadurch, daß die Ereignisse eine Woche später eintreten werden.
Hier können Sie also Ereignisse ersehen, die sich in ca. vier Wochen ereignen werden.

Beispiel:
Es liegt die Kartenkombination Tod und Drei der Kelche.

Dies bedeutet, daß in ca. vier Wochen eine radikale Wende innerhalb der gestellten Frage auf den Fragenden zukommt. Diese Wendung bringt eine Änderung hin zum Guten. Der Fragende wird Grund zum Feiern haben. (Ob dies so bleibt, sieht man am Endergebnis.)

Achtung: Es kann natürlich sein, daß Sie eine Frage stellen möchten, die sich nicht in diesem Zeitrahmen bewegt, sondern kurzfristiger angesetzt ist: Was passiert heute abend bei dem Treffen mit meinem neuen Schwarm? Sie sehen dann zwar die Vergangenheit, die Gegenwart und das Verhalten etc. wie gehabt, nur beziehen sich die Positionen 3 und 6 natürlich nicht auf drei und vier Wochen! Position 3 wird zuerst eintreten (manchmal sind es drei Stunden) und dann Position 6. Das Endergebnis ist dann ebenfalls nicht in drei Monaten zu finden, sondern zeigt den Abschluß des Abends!

Übung

1. Was resultiert aus der Verhaltenskarte?
2. Was bedeutet Position 3?
3. Was bedeutet Position 5?
4. Was bedeutet Position 6?
5. Worin unterscheiden sich die Positionen 3 und 6?

Die Bedeutung der Karten auf den Positionen 7 und 8

Position 7 – Der Fragesteller und die Frage selbst

Hier können Sie sehen, welche Einstellung der Fragesteller zur Frage hat.
Sie können hier aber auch erkennen, welchen Charakter die gefragte Sache hat. Dies mag auf den ersten Blick etwas merkwürdig erscheinen, aber es kann auch sein, daß der Fragesteller zum Beispiel die Frage stellt: Wie sieht mein Arbeitsvertrag aus? Dann ist der Grundcharakter des Arbeitsvertrages die Position 7!

Beispiel:
Auf Position 7 liegt die Kombination Gericht und Drei der Stäbe.

Der Fragesteller verspürt einen sehr starken inneren Ruf, etwas Neues zu beginnen, obwohl er momentan noch am Alten festhält.

Position 8 – Das Umfeld, die Außenwelt

Diese Position bereitet neben der Verhaltenskarte den meisten Tarotschülern Probleme bei der Deutung. Dabei ist es im Grund genommen sehr einfach!
Sie müssen sich nur immer vergegenwärtigen: Alle Karten, die hier liegen, symbolisieren das Umfeld des Fragestellers und wie dieses auf ihn einwirkt.
Erscheinen auf dieser Position negative Karten, dann hat der Fragesteller mit wenig oder gar keiner Unterstützung aus der Umwelt zu rechnen bzw. muß sogar mit Blockaden aus dem Umfeld umzugehen wissen.
Erscheinen hier positive Karten, dann kann der Fragesteller auf Unterstützung aus dem Umfeld bauen.
Es kann aber auch sein, daß das Umfeld ihn zwar unterstützen möchte, aber selbst daran gehindert wird.
Sehr einfach ist die Interpretation dieser Position, wenn die Kleine Arkana eine Hofkarte zeigt und damit ganz konkret einen Menschen symbolisiert, dessen Eigenschaften man aus der einzelnen Karte ersehen kann.
Aber das Umfeld muß sich nicht nur aus Personen gestalten! Es können auch hinderliche Situationen angezeigt werden.

Beispiel 1:
Es liegt die Kombination Der Mond und Königin der Schwerter.

Dies symbolisiert, daß eine Frau aus dem Umfeld Intrigen gegen den Fragesteller spinnt. Sie wird als intellektuelle, logisch denkende Frau charakterisiert, die vielleicht geschieden oder Witwe ist, zumindest aber in ihrem Leben schon viel durchgestanden hat. Von dieser Frau gehen die Intrigen aus.

Beispiel 2:
Es liegt die Kombination Der Mond und Neun der Stäbe.

Aus dem Umfeld können üble Nachrede und/oder Intrigen erwachsen. Dies sollte sich der Fragesteller bewußtmachen und seine Nase zwar »in die Gerüchteküche« stecken, um der Intrige auf die Schliche zu kommen, sich aber dennoch den Rücken stärken, da dies wahrscheinlich schon einmal in ähnlicher Form

passiert ist und er damals Blessuren davongetragen hat. (Denken Sie an die Binde am Kopf – es ist schon einmal passiert, man hat sich bereits einmal weh getan.)
In diesem Beispiel ist also nicht zu ersehen, daß die Intrige von einer einzelnen Person ausgeht, sondern es wird nur auf die Situation hingewiesen, in der sich der Fragesteller den Rücken stärken, sich also darauf vorbereiten sollte.

Beispiel 3:
Es liegt die Kombination Die Herrscherin und Bube der Münzen.

Dies zeigt an, daß große Unterstützung von einer Frau kommen kann. Sie möchte die Mutter oder die Ehefrau sein (in beruflichen Dingen auch die Vorgesetzte) oder eine andere Frau, die sehr weiblich und sehr souverän ist. Sie hegt große Wertschätzung für den Fragesteller und trägt ihn bisweilen auf Händen (der Bube der Münzen).

Beispiel 4:
Es liegt die Kombination Die Herrscherin und Acht der Stäbe.

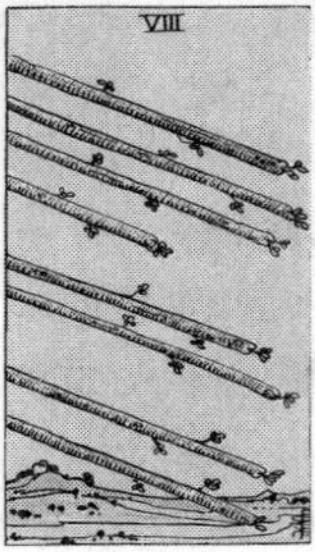

Hier sind zwei Deutungsmöglichkeiten offen:
a) Eine sehr souveräne Mutter (Mutter, Ehefrau, Vorgesetzte oder andere Frau mit königlichen Eigenschaften) würde vielleicht gerne helfend eingreifen, hat aber selber sehr viel Streß und kann deshalb nicht.
b) Eine Frau mit den Eigenschaften der Herrscherin bereitet Streß.
Hier kommt es sehr stark auf die genaue Frage an bzw. auf die umliegenden und nachfolgenden Karten. (Handelt es sich zum Beispiel um eine Beziehungsfrage über eine Ehe, die in der Krise steckt, dann wird hier eher Möglichkeit b) in Betracht kommen etc.)

Übung

1. Was bedeutet Position 7?
2. Was kann es bedeuten, wenn hier die Große Arkana Der Mond liegt?
3. Was bedeutet Position 8?
4. Was bedeuten negative Karten auf Position 8?
5. Was zeigen positive Karten auf dieser Position an?

Die Bedeutung der Karten auf den Positionen 9 und 10

Position 9 – Hoffnungen und Ängste

Diese Position wird oft verschmäht und wenig beachtet. Für mich persönlich ist sie eine enorm wichtige Stelle, da Sie hier auf einen Blick erkennen können, was den Fragenden im tiefsten Inneren beschäftigt. Manchmal ist es die Bestätigung der Charakterposition, oftmals aber auch das genaue Gegenteil. Ist die Charakterposition von positiven Karten belegt und hier erscheinen negative Karten, dann werden meistens Ängste angezeigt. Umgekehrt können sich dann hier Hoffnungen zeigen. Diese Position zeigt niemals reale Dinge, sondern immer das Innere, die Seele. Große Ängste können dennoch natürlich auf das Geschehen einwirken. Ist eine der Karten positiv und die andere negativ zu interpretieren, dann zeigen sich hier Hoffnungen und Ängste gleichzeitig!

Beispiel 1:
Hier liegt die Kombination Die Hohepriesterin und die Zwei der Kelche.

Der Fragesteller hofft auf einen Vertragsabschluß (beruflich) oder eine Freundschaft, die geschlossen wird (privat).

Beispiel 2:
Es liegt die Kombination Die Sonne und Sieben der Stäbe.

Der Fragesteller hofft darauf, daß wieder Optimismus, Sonnenschein und Freude in sein Leben treten werden, und hat gleichzeitig Angst davor, daß ihm dies verwehrt wird.

Beispiel 3:
Es liegt die Kombination Der Mond und Neun der Schwerter.

Der Fragesteller hat Angst, daß er einen geliebten Menschen (privat) oder eine geliebte Sache (beruflich) verlieren könnte.

Wie gesagt: Achten Sie darauf, daß hier keine realen Geschehnisse angezeigt werden. In Beispiel 3 wird von Intrige und Verlust gesprochen – dies ist kein Vorkommnis der Wirklichkeit, sondern spiegelt eine tiefe Angst des Fragestellers vor einem derartigen Ereignis wider.

Position 10 – Das Endergebnis

Diese Position zeigt das Endergebnis der gestellten Frage.
Dieses Ergebnis tritt in drei Monaten ein.
Wird die Frage zu einem kürzeren Zeitrahmen gestellt, dann bedeutet diese Position das Endergebnis in diesem Zeitraum. (Frage nach dem Ausgang eines romantischen Abends = das Endergebnis ist das Ende des Abends, Frage nach dem Ausgang eines Gespräches am Vormittag = Endergebnis ist das Resultat des Gespräches.)
Die Position wird zwar Endergebnis genannt. Diese Bezeichnung bezieht sich allerdings nur auf drei Monate. Selbstverständlich kann es sein, daß selbst in drei Monaten eine Sache noch nicht ausgestanden bzw. beendet ist! Das heißt, Sie müßten dann in drei Monaten erneut fragen und darauf legen! Das heißt aber auch, daß sich bei einem nicht sehr positiven Ergebnis immer noch etwas ändern kann – nach Ablauf von drei Monaten. Betrachten Sie dabei immer die Verhaltenskarte, denn mit ihr läßt sich bereits viel verändern. Ist dies nicht der Fall, heißt es, erst einmal abwarten und in drei Monaten nochmals legen!
Achtung: Erscheint hier Der Wagen, dann ist er immer ein Triumphwagen, auch wenn eine negative Kleine Arkana den Triumph etwas abschwächt.

Erscheint hier Der Teufel, sollten Sie unbedingt die Verhaltenskarte näher kontrollieren, gegebenenfalls nochmals legen mit der Frage nach einer anderen Verhaltensmöglichkeit! Diese Position ist sehr wichtig, denn auch wenn im Rest des Bildes negative Karten liegen, das Endergebnis aber sehr positiv ist, heißt es: »Augen zu und durch – in drei Monaten steht das positive Endergebnis an!«
Sind die restlichen Karten sehr positiv und das Endergebnis dagegen eher negativ zu bewerten, dann sollten Sie vor allem die Verhaltenskarte nochmals kontrollieren und die logische Abfolge näher betrachten.
Trotzdem gibt es Vorkommnisse, Ereignisse, die trotz bester Absichten und einer hervorragenden Ausgangsposition nicht positiv enden wollen – zumindest nicht in drei Monaten.

Beispiel 1:
Es liegt die Kombination Der Wagen und Sechs der Stäbe.

Der Fragesteller wird in drei Monaten den Sieg errungen haben, triumphieren können in bezug auf die gestellte Frage.

Beispiel 2:
Es liegt die Kombination Der Wagen und Sieben der Kelche.

Ein rauschender Erfolg in drei Monaten ist eine Illusion, trotzdem wird der Fragesteller siegen (nur eben nicht so triumphal, wie er es wahrscheinlich gerne hätte).

Beispiel 3:
Es liegt die Kombination Die Welt und Vier der Stäbe.

In drei Monaten kann der Fragesteller endlich schützende Mauern verlassen (Mauern, die er selbst errichtet hat oder die ihm aufgezwungen wurden). Dadurch findet er Harmonie und absolutes Wohlbefinden.

Übung

1. Was bedeutet Position 9?
2. Worauf muß hier besonders geachtet werden?
3. Was bedeutet Position 10?
4. Wann, zu welchem Zeitpunkt trifft Position 10 ein?
5. Ist dies immer so?
6. Was bedeutet Der Wagen auf Position 10?
7. Was ist zu tun, wenn hier Der Teufel erscheint?
8. Was besagt es, wenn die restlichen Karten negativ sind, das Endergebnis aber sehr positiv ist?

Legebeispiele – Einführung

Es ist soweit! Sie haben sich in Ihrem Tarotsprachkurs die Symbolik der Karten angeeignet, die Vokabeln zu entschlüsseln gelernt, verstehen die Symbole und kennen die Grundbegriffe der Grammatik. Das Rüstzeug zum Dolmetscher haben Sie damit erlangt – Ihre erste Übersetzung kann beginnen.
Doch denken Sie dabei immer daran – ein Kartenleger ist ein neutraler Übersetzer der Karten, er ist kein Kommentator und schon gar kein Kritiker! Persönliche Einstellungen zur Frage haben nichts in der Deutung der Karten verloren, sie behindern nur, verbauen Ihnen den Weg zum richtigen Ergebnis und helfen Ihnen und dem Fragenden überhaupt nicht weiter!
Hinzu kommt, daß eine bewußt gefaßte Meinung die Intuition enorm blockiert bzw. ausschaltet, damit geht Ihnen aber auch das intuitive Erfassen des Gesamtbildes verloren! Vergessen Sie zudem nie, sich immer nach dem Oberbegriff zu erkundigen. Stellen Sie also in der Anfangsphase auch selbst keine allgemeinen, sondern immer präzise Tarotfragen.
Wichtigste Grundvoraussetzung beim Kartenlegen ist Übung, Übung und nochmals Übung.
Achtung: Üben Sie an sich selbst und nicht an anderen. Auch wenn Freunde Sie beknien und ganz dringend und unbedingt eine Kartenlegung möchten – Sie müssen sich immer vor Augen halten, daß die Karten auch eine Art Macht darstellen – Macht über andere Menschen. Fast niemand legt die Karten aus purer Langeweile oder weil mal eben keine Probleme anstehen. Niemand legt, weil es ihm so gutgeht! Jedem, der mit einer Frage zu Ihnen kommt, lastet etwas auf dem Herzen. Fehlt die Übung,

kann es schnell zu einer falschen Interpretation kommen, und die Ergebnisse können ein gebrochenes Herz, enorme Angst vor der Zukunft und andere »herrliche« Aussichten für den Fragenden sein.

Mißbrauchen Sie also Ihre Macht nicht – legen Sie erst für andere Menschen, wenn Sie sich genügend Selbstexperimenten mit positivem Ausgang und richtiger Übersetzung der Karten unterzogen haben!

Doch nun genug damit – Sie haben die Karten in all ihren Facetten kennen- und damit bestimmt auch respektieren gelernt. Nun kommt es darauf an, keine Angst vor dem Einsatz Ihrer neu erworbenen Fähigkeiten zu zeigen. Denken Sie immer daran: Sie kennen die Symbole, wissen um ihre Aussage. Betrachten Sie die Karten genau und tasten Sie sich in kleinen Schritten vor, dann stellt sich eine richtige Interpretation sehr schnell ein!

Hinzuzufügen wäre noch, daß es sich bei den hier gestellten Beispielen um Fragen handelt, die mir im Laufe vieler Kartenlegungen gestellt wurden. Sie können einerseits daran erkennen, wie klar der Tarot Antworten zu geben vermag, und andererseits, wie schwierig eine Legung auch sein kann! (Bei manchen Beispielen sind zum besseren Verständnis Hintergrundinformationen angegeben.)

Sie werden in den nächsten Lektionen immer ein komplettes Legebild sehen, die Lösung dazu finden Sie dann auf den nächsten Seiten. Gehen Sie hier vor wie beim Entschlüsseln der Karten. Lassen Sie alles auf sich wirken, versuchen Sie dem Ergebnis selbst auf die Spur zu kommen. Notieren Sie alles und vergleichen Sie erst dann Ihre Notizen mit der Lösung! Auch wenn Sie das Bild betrachten und dann erst einmal das Gefühl haben, gar nichts mehr zu wissen, lassen Sie einfach nicht locker. Es ist das erste komplette Bild – Sie müssen hier nicht

sofort jedes Detail erkennen. Es reicht schon, wenn Sie die ersten Zusammenhänge sehen und eine Abfolge erkennen oder zumindest nur die Kombination in das richtige Verhalten bringen! Keine Angst vor den Karten – sie sind Ihre Freunde!
Tip: Denken Sie an die logische Abfolge, die Elementeverteilung, die Quersummenkarte. Und interpretieren Sie in der richtigen Reihenfolge!
Und nun kann's losgehen! Viel Spaß und viel Erfolg bei Ihrer ersten Übersetzung!

Kartenbild 1 – Neuer Beruf

Frage: Wie wird meine neue berufliche Stellung?
Die Frage wurde von einer Frau gestellt.

Lösung

1. Grundlage: Der Wagen und die Königin der Kelche. Die Frau, die diese Frage stellt, ist persönlich noch hin- und hergerissen in bezug auf ihre neue Stellung. Sie weiß nicht, ob sie von positiven oder negativen Erwartungen ausgehen soll. Sie selbst wird als äußerst kreativ und sensibel dargestellt.
2. Direkter Einfluß: Der Gehängte – Die Fragestellerin steckt in der Sache nicht wirklich drin. Also hat sie die neue Stellung möglicherweise noch gar nicht angetreten! Erklärt wird Der Gehängte mit der Zehn der Stäbe. Zudem fragt sie sich, ob sie sich mit der neuen Stellung nicht zu viel aufgeladen hat. (Hier kommt die Bedeutung des Gehängten, daß

Der TURM
GERECHTIGKEIT
Der GEHÄNGTE
Der WAGEN
TOD
Der STERN
Die WELT
Der HIEROPHANT
Der MOND
Die LIEBENDEN
KÖNIGIN der KELCHE
AS der SCHWERTER
BUBE der MÜNZEN
KÖNIGIN der SCHWERTER

die Fragende die Dinge von anderen Menschen erledigt haben möchte, nicht zum Tragen – siehe Position 7. Sie ist sehr rege und erfolgreich.)

Achtung: Obwohl Karte Nr. 3 rein numerisch gesehen nun folgen würde, folgt jetzt die Nr. 4 – die Vergangenheit, da diese Dinge anzeigt, die aus der Vergangenheit auf der Jetztgeschehen einwirken. Danach folgen Karte Nr. 5, dann erst Nr. 3 und dann Nr. 6!

4. Die Vergangenheit: Ein radikaler Umbruch hat stattgefunden. Die Frau hat möglicherweise nicht nur die Firma gewechselt, sondern eine völlig neue Berufsrichtung eingeschlagen. Die Acht der Münzen sagt uns, daß sie dafür sehr hart und ausdauernd gearbeitet hat, um diesen Umbruch herbeizuführen.
5. Das Verhalten/Die Möglichkeiten: Der Stern – sie hat die Möglichkeit, ihren Lebensweg zu finden, dem Stern zu folgen. Das As der Schwerter zeigt, daß sie die Chance hat, den Lebensweg kraft einer intellektuellen, logischen Entscheidung zu finden.
3. Zukünftige Ereignisse in drei Wochen: In drei Wochen wird die Frau in ihrer geistigen Einstellung zu ihrer neuen Stellung wie vom Blitz getroffen werden (Turm)! Es kann sich auch ein heftiger Streit anbahnen. Dies entsteht, weil sich jemand in ihrer Umgebung höhnisch besiegt fühlt. Daß sie selbst dies nicht ist, erklärt sich aus den Positionen 7 und 8.
6. Zukünftige Ereignisse in vier Wochen: Wenn sich die Frau nicht gemein ihren Mitarbeitern gegenüber verhält, wird sie in vier Wochen die Möglichkeit haben, sich selbst im rechten Licht darzustellen. Die Meinungen der anderen ihr gegenüber werden ihr dann gerecht werden! Neun der Kelche – das erfolgreiche Präsentieren seiner selbst, was man

kann, was man bereits erreicht hat, zusammen mit der Gerechtigkeit – es wird eine gerechte Entscheidung zu ihren Gunsten fallen!

7. Der Fragesteller: Die Liebenden – die Frau wird als höchst erfolgreich beschrieben. Sie hat also keinerlei Probleme mit sich selbst und/oder ihrer Arbeit – die Probleme kommen also eindeutig von außen (Nr. 8). Zudem werden Die Liebenden, der berufliche Erfolg, mit der Drei der Münzen, dem sogenannten »Dombauer«, beschrieben: Sie ist also ein Meister ihres Fachs!
8. Die Umwelt: Hier zeigt sich jetzt das Problem, das ihr in drei Wochen schlagartig bewußt sein wird! Intrigen werden gegen sie gesponnen (Der Mond), sie wird verleumdet, und hinter ihrem Rücken wird schlecht über sie gesprochen. Ausgangspunkt/Initiator dieser Intrigen ist eine Frau, die dadurch charakterisiert wird, daß sie logisch, kühl und hart sein kann, da sie selbst bereits viel durchgemacht hat. Wahrscheinlich wollte sie selbst die gehobene Stellung. Der Posten wurde aber an jemanden von »außen« vergeben – die Fragende selbst, von der sich die Frau nun in drei Wochen höhnisch besiegt fühlt (Nr. 3).
9. Hoffnungen und Ängste: Hier handelt es sich ganz klar um Ängste: Die Fragende hat wahrscheinlich intuitiv bereits gefühlt, daß eine Sache hinter ihrem Rücken am Laufen ist! Sie hat Angst, daß ihr berufliches Umfeld sie nicht wirklich vorankommen lassen will, ihr die Hände gebunden werden (Hierophant), weil man ihre enormen Qualitäten nicht sieht (Zehn der Münzen).
10. Endergebnis: Wenn die Frau die Chance in vier Wochen nützt, sich im rechten Licht zu präsentieren, dann kann sie sich in der neuen Stellung eine Welt erschaffen, in der sie

auch sehr geschätzt wird (Bube der Münzen) bzw. wird auch sie ihren Beruf sehr schätzen (denken Sie auch an den Stern, den Lebensweg, in den Möglichkeiten).

Zusammenfassung:
Die Frau hat mit Schwierigkeiten zu rechnen, obwohl sie die Stellung nicht zu Unrecht bekommen hat, denn sie wird als Meisterin ihres Faches charakterisiert. Zudem ist sie eine sensible, kreative Frau, der Verleumdungen seelisch besonders stark zusetzen können, trotzdem wird sie weiterhin erfolgreich arbeiten (Charakter-Position)! Sie muß »nur« auf die Verleumdungen achtgeben und darauf, daß sich die andere Frau nicht zu stark in den Hintergrund versetzt fühlt, da sie eindeutig die bessere Ausgangssituation in bezug auf die Mitarbeiter hat – sie arbeitet wahrscheinlich schon länger in dieser Firma und kennt daher die anderen Angestellten besser. Als Neuling hat man es oftmals schwer! Trotzdem wird die Fragestellerin die Chance bekommen, sich im rechten Licht zu zeigen und der Angelegenheit eine positive Wendung zu geben.

Die Quintessenz:
a) Die logische Abfolge: Der Stern – Gerechtigkeit – Die Welt und As der Schwerter – Neun der Kelche – Bube der Münzen. Diese Abfolge ergibt die Chance, durch eine Entscheidung den Lebensweg zu beeinflussen, durch eine Präsentation der eigenen Fähigkeiten zu Gerechtigkeit zu gelangen und als Endergebnis Harmonie durch Wertschätzung zu erlangen. Die logische Abfolge zeigt also, daß die Fragestellerin eine große Chance bekommt, die sie durchaus zu einem positiven Ergebnis führen kann.

b) Elementeverteilung: 4 Münzen, 1 Stab, 3 Schwerter, 2 Kelche. Münzen und Schwerter überwiegen. Es geht also um berufliche/geschäftliche Dinge, die noch von einer Entscheidung abhängen. Es ist die Entscheidung, nicht zu schnell aufzugeben und sich nicht entmutigen zu lassen.
c) Quersummenkarte: Große Arkana 126 + Kleine Arkana 46 = 172 = 1 + 7 + 2 = 10 Rad des Schicksals. Die 10 kann aber auch noch in 1 + 0 = 1 zerlegt werden = Der Magier. Wenn die Fragende am Rad des Schicksals dreht, sich bemüht, dann wird sich das Schicksalsrad zu ihren Gunsten drehen, denn sie wird hier als der Meister, der absolute Könner, Der Magier dargestellt, der sie am Ende wieder sein wird.
Geschafft – Sie sehen, so schwer ist es gar nicht. Sie müssen erst einmal nur durchhalten und strikt von einer Position zur nächsten vorgehen. Beachten Sie dabei, daß das Verhalten vor den Ereignissen steht, und filtern Sie dann die Quintessenz heraus, die Ihnen sehr behilflich sein kann!

Kartenbild 2 – Partnerschaft

Sollten Sie nun vielleicht noch nicht so umfassend vorangekommen sein, dann macht das nichts. Das nächste Beispiel wartet schon. Sie haben sich nun warm gelaufen und können gleich weitermachen. Überstürzen Sie nichts und gehen Sie einfach Schritt für Schritt voran. Lesen Sie die Lösung wirklich erst, wenn Sie sicher sind, nichts mehr entdecken zu können, was Sie aufschlüsseln könnten!

Legebeispiel
Frage: Komme ich mit meinem Exfreund wieder zusammen?

Die SONNE
RAD des SCHICKSALS
Der HERRSCHER
Die LIEBENDEN
Der EREMIT
Der MOND
MÄSSIGKEIT
Der TURM
Die HOHEPRIESTERIN
Der HIEROPHANT
KÖNIGIN der KELCHE
KÖNIGIN der STÄBE

Lösung

1. Grundlage: Die Liebenden/Sieben der Kelche – Momentan ist die große Liebe zwischen den beiden eine Illusion bzw. die Liebe, die die Fragende dem Exfreund entgegenbringt, ist momentan illusionär.
2. Unmittelbarer Einfluß: Der Eremit/Vier der Kelche – Die Fragestellerin ist sich der Illusion bereits bewußt und denkt sehr stark darüber nach, warum das, was sie anbietet, nicht angenommen wird.
4. Vergangenheit: Der Mond/Drei der Schwerter – Ein Betrug in der Vergangenheit bereitete großen Liebeskummer.
5. Möglichkeiten/Verhalten: Die Hohepriesterin/Königin der Kelche – Die Fragende hat die Möglichkeit, sich freundschaftlich zu verhalten.
3. Zukünftige Ereignisse in ca. drei Wochen: Die Sonne/Drei der Kelche – In drei Wochen wird sich eine Gelegenheit, ein Grund zum Feiern ergeben. Dies bedeutet nicht, daß die beiden hier wieder zusammenkommen, sondern daß Grund zu Freude und Optimismus gegeben ist. Diese Kombination deutet oftmals auf ein Fest, eine Party etc. hin, zu der man gerne gehen kann, da die Festlichkeit durch Die Sonne erklärt wird. (Man wird Spaß haben!)
6. Zukünftige Ereignisse in ca. vier Wochen: Der Herrscher/Sechs der Münzen – In vier Wochen wird die Fragende erkennen, daß sich der Mann (Exfreund, durch den Herrscher symbolisiert) zwischen zwei Gefühlen aufteilt! (Diese Aussage wird durch die Charakterposition und das Umfeld verstärkt.) Er teilt sich zwischen zwei Menschen auf.
7. Die Fragestellerin: Der Hierophant/Sieben der Schwerter – Auf diese Kombination ist ein besonderes Augenmerk zu

werfen. Sie zeigt nämlich deutlichst, daß es der Fragenden nicht möglich ist, einen Diebstahl zu begehen! Sie wüßte zwar bereits wie, aber das Umfeld verhindert dies (Hierophant). Der Diebstahl bezieht sich selbstverständlich nicht auf materielle Dinge, sondern auf einen Menschen (sehen Sie dazu Position 8 und Position 6).

8. Das Umfeld: Der Turm/Königin der Stäbe – Diese Kombination kann zum einen die blitzartige Erkenntnis der Fragenden aufzeigen, die plötzlich die Existenz einer anderen Frau erkennt. (Der Mann ist bereits dadurch charakterisiert, daß er sich aufteilt.) Es kann aber auch einen Streit mit dieser Frau symbolisieren. Ein sehr plötzliches Aufeinandertreffen der beiden, das eskaliert. Die sexuelle Beziehung zwischen dem Exfreund und dieser Frau wird verdeutlicht durch die Königin der Stäbe!
9. Hoffnungen und Ängste: Mäßigkeit/Zwei der Schwerter – Die Hoffnung darauf, das Unmögliche möglich machen zu können, und die Angst vor Wut und Angst, die die Fragende innerlich blockieren.
10. Endergebnis: Rad des Schicksals/Zwei der Kelche – Trotz der anderen Frau ergibt sich in drei Monaten die Möglichkeit für die Fragende, in das Schicksal einzugreifen und eine erneute Verbindung mit dem Expartner zu schließen. Erneut die Beziehung einzugehen.

Zusammenfassung:
Ein Betrug in der Vergangenheit führte zum Bruch dieser Beziehung, so daß die große Liebe in der momentanen Situation eine Illusion wäre, da der Mann alles abwehrt, was ihm von der Fragenden angeboten wird. Ihre Möglichkeiten beschränken sich vorerst auf eine Freundschaft, da der Mann sich zwischen zwei

Stühlen befindet. Es ist der Fragenden in den nächsten drei Monaten nicht möglich, in eine andere Beziehung des Mannes, die bereits besteht (zumindest auf sexueller Basis), einzugreifen. Doch in drei Monaten wird sich für die Fragende die Möglichkeit ergeben, in das Schicksal einzugreifen und die Beziehung erneut einzugehen. Achtung: Die Karte des Todes fehlt in diesem Kartenbild. Dies ist ein eindeutiger Hinweis darauf, daß ein endgültiger, unwiderruflicher Bruch noch nicht stattgefunden hat.

Die Quintessenz:
a) Die logische Abfolge: Die Hohepriesterin/Königin der Kelche – Der Wagen/Sechs der Münzen – Rad des Schicksals/Zwei der Kelche – Aus der Freundschaft heraus wird sie erkennen, daß der Mann sich zwischen ihr und jemand anderem aufteilt. Erst in drei Monaten ergibt sich die Möglichkeit, wieder mit ihm zusammenzukommen.
b) Elementeverteilung: 5 Kelche – 3 Schwerter – 1 Stab – 1 Münze, Kelche und Schwerter überwiegen. Es geht also um eine Beziehung, eine Angelegenheit der Gefühle, in der eine Entscheidung gefällt oder herbeigeführt werden soll. (Die Entscheidung, daß er sich zwischen zwei Frauen entscheiden muß, stand für die Fragende eigentlich nicht zur Debatte, trotzdem erscheint dies auch bereits in der Elementeverteilung!)
c) Quersummenkarte: Große Arkana 103 + Kleine Arkana 27 = 130 = 1 + 3 = 4 = Der Herrscher. Die Fragestellerin sollte in dieser Konstellation ihren Stolz und ihre Souveränität beibehalten – sich wie ein Herrscher verhalten!

Kartenbild 3 – Bewerbung

Frage: Was passiert noch alles, bis ich die Stellung bekomme, für die ich mich beworben habe und die ich unbedingt haben möchte?
(Die Frage wurde von einer jungen Frau gestellt, die sich für eine Stellung beworben hatte, die einen großen Wendepunkt in ihrem Leben bedeutete und für die sie noch keine definitive Zusage hatte).

Lösung

1. Grundlage: Rad des Schicksals/Königin der Münzen – Die junge Frau trägt große Potentiale in sich und hat auch bereits kräftig am Schicksalsrad gedreht.
2. Unmittelbarer Einfluß: Der Gehängte/Vier der Kelche – Sie steht aber trotz allem nicht wirklich drin in der Sache, dadurch fühlt sie sich momentan absolut angewidert von der ganzen Situation. Sie ist bereits so weit, daß sie in der derzeitigen Lage sogar ein Angebot ausschlagen würde.
3. Zukünftige Ereignisse in ca. 3 Wochen – Der Stern/Drei der Schwerter – In ca. drei Wochen wird ein Ereignis eintreten, das sie den Lebensweg mit Kummer betreten läßt.
4. Vergangenheit: Der Mond/Ritter der Kelche – Den Grund dafür sehen Sie in der Vergangenheit. Ihr ist nicht klar, ob in der Vergangenheit bereits eine gute Nachricht für sie zustande kam oder nicht. Sie steht daher auch nicht in der Sache drin.
5. Verhalten/Möglichkeiten: Der Teufel/Neun der Schwerter – Gut, daß sie in der Vergangenheit bereits tätig war, da sie jetzt voller Angst ist. Diese Angst besteht darin, daß sie

XVII
Der STERN
0
Der NARR
VII
Der WAGEN
X
RAD des SCHICKSALS
XII
Der GEHÄNGTE
XVIII
Der MOND
XIII
TOD
II
B
J
Die HOHEPRIESTERIN
XV
Der TEUFEL
IX
Der EREMIT

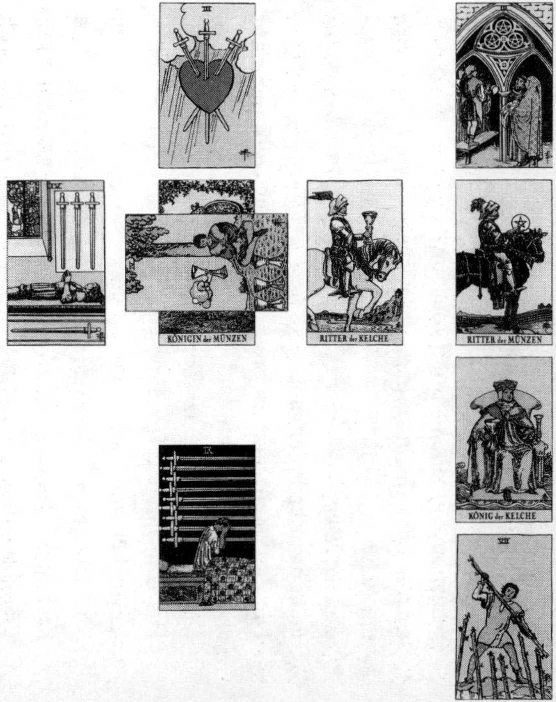
III
IV
KÖNIGIN der MÜNZEN
RITTER der KELCHE
RITTER der MÜNZEN
KÖNIG der KELCHE
IX
VII

befürchtet, den geliebten (gewünschten) Job zu verlieren. Sie befürchtet den Verlust einer geliebten Sache und ist deswegen im Verhalten absolut gehemmt.

6. Zukünftige Ereignisse in ca. 4 Wochen – Der Wagen/Vier der Schwerter – In ca. 4 Wochen wäre der Kampf ausgestanden. Der Wagen wird also zum Triumphwagen, da sie nicht mehr kämpfen muß.
7. Die Fragestellerin: Der Eremit/Sieben der Stäbe – Sie hat sich zurückgezogen und denkt darüber nach, welchen Kämpfen sie ausgesetzt sein könnte, was sie abwehren muß.
8. Die Umwelt: Die Hohepriesterin/König der Kelche – Von außen bekommt sie Unterstützung von einem kreativen Mann, der zwar mit seinen eigenen Ideen nicht mehr so im Einklang steht, der aber sehr erfolgreich ist und der ihr mit Freundschaft entgegentritt.
9. Hoffnungen und Ängste: Tod/Ritter der Münzen – Die Hoffnung mit dem radikalen Umbruch, was die Finanzen betrifft. Der Ritter betont hier auch sehr stark die finanziellen Aspekte der Frage. Die Fragende ist auf das Geld angewiesen, kann auch sehr unangenehm werden, wenn sie Geld verliert. Daher ist natürlich auch eine gewisse Angst der Hoffnung beigemengt, daß nicht alles so klappt, wie sie möchte, und die Wende zu einem Verlust von Geld führen könnte.
10. Endergebnis: Der Narr/Drei der Münzen – Trotz des Teufels im Verhalten ist das Endergebnis sehr gut! Sie wird die Stelle bekommen, da sie sich frei und fröhlich fühlen wird wie ein Kind und sich als Künstlerin (Beruf in einem künstlerischen Bereich) beweisen wird.

Hintergrundinformation:

Die junge Frau arbeitete zum Zeitpunkt der Fragestellung noch in einer Anwaltskanzlei auf Probe. Die Probezeit lief aus, die Kanzlei wollte sie übernehmen, die junge Frau wollte aber unbedingt wechseln, da sie die Aussicht auf einen lukrativen Job in der Filmbranche hatte. Der alte Arbeitgeber war noch nicht darüber informiert, der neue Arbeitgeber hatte zwar positive Gespräche mit ihr geführt, ihr aber noch keine definitive Zusage erteilt. Sie befürchtete also, die Kündigung vielleicht voreilig auszusprechen.

Zusammenfassung:
Man sieht die große Angst der Fragestellerin, die in Aussicht stehende Stellung doch nicht zu bekommen. Diese Angst behinderte sie unglaublich in ihrem Verhalten. In drei Wochen hätte sie ihre Kündigung aussprechen müssen. Sie wollte ihren Lebensweg weiter beschreiten, hatte aber trotzdem Kummer – sie wußte auch drei Wochen nach der Kartenlegung noch immer nicht, ob sie die neue Stelle bekommen würde. Die Unterstützung von außen und das Endergebnis zeigen aber eindeutig, daß sie diese Angst eigentlich über Bord werfen kann. Freundschaftliche Unterstützung von einem einflußreichen Mann steht ihr zur Seite, und nach drei Monaten fühlt sie sich wie befreit und kann endlich den Künstler in sich herauslassen. Hier ist also eine erneute Legung nicht nötig, auch wenn Der Teufel die ersten vier Wochen sehr stark blockiert und das gesamte Verhalten der Fragenden hemmt – sie kann ohnehin nichts mehr dazu tun und muß abwarten, bis sie die Nachricht bekommt. (Sie bekam die Stelle, allerdings erfuhr sie später als erwartet davon! Sie hatte mit einer Nachricht in spätestens zwei Wochen ab dem Zeitpunkt der Fragestellung gerechnet, erhielt die Zusage aber erst fünf Wochen nach der Kartenlegung. Also zwischen dem Wagen und dem Narren!)

Quintessenz:

a) Die logische Abfolge: Der Teufel/Neun der Schwerter – Der Wagen/Vier der Schwerter – Der Narr/Drei der Münzen – Diese Abfolge zeugt von den Schleichwegen des Lebens! Aus der Handlungsfähigkeit, die die eigene Verlustangst hervorbringt, kommt erst einmal alles zum Stehen, bis sich die Dinge durch die Ruhepause in Wohlgefallen auflösen!

b) Elementeverteilung: 3 Münzen – 3 Schwerter – 3 Kelche – 1 Stab. Münzen, Schwerter und Kelche sind im gleichen Verhältnis vorhanden. Dies zeugt von einer Angelegenheit, die sowohl eine Entscheidung verlangt als auch das Seelenleben betrifft und in gleichem Maße auch noch die finanzielle, materielle Seite der Sache anspricht! Die Fragende sehnte sich nach der Stelle, wartete auf eine Entscheidung und hoffte auch aus finanziellen Gründen auf diese Stelle, die einen fünffachen monatlichen Lohn versprach!

c) Quersummenkarte: Große Arkana 103 + Kleine Arkana 30 = 133 = 1 + 3 + 3 = 7 = Der Wagen. Der Wagen als Quersummenkarte und damit Bestandteil der Quintessenz deutet immer auf einen Triumph hin! (Wie Der Wagen als Endergebnis.) Dieser Triumph ruht zwar in vier Wochen noch, doch im Endeffekt wird er sich zeigen!

Ich möchte Ihnen jetzt ein Beispiel dafür geben, was passiert, wenn eine Frage auch nur minimal anders formuliert wird. Daher sehen Sie jetzt das gleiche Kartenbild wie in Lektion 11 mit einer nur etwas abgewandelten Frage. Viel Spaß damit!

Legebeispiel

Frage: Werde ich die Stelle bekommen, für die ich mich beworben habe?

(Gehen Sie auch hier von einer jungen Frau aus).

Der STERN
Der NARR
Der WAGEN
RAD des SCHICKSALS
Der GEHÄNGTE
Der MOND
TOD
Der TEUFEL
Die HOHEPRIESTERIN
Der EREMIT

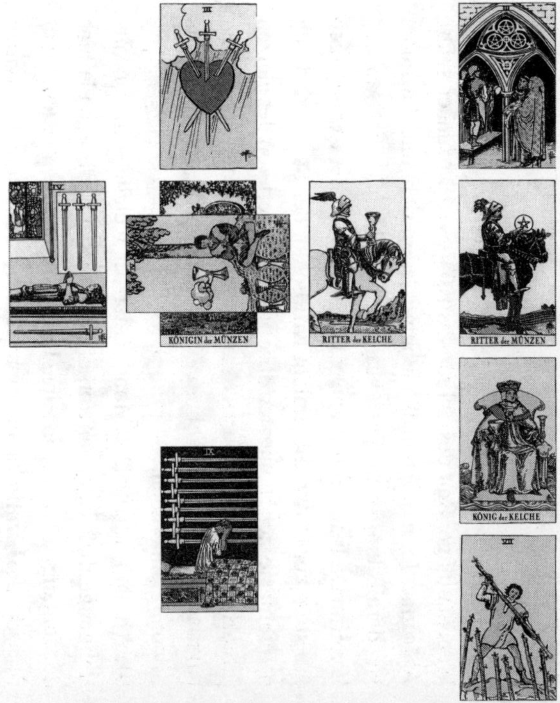

KÖNIGIN der MÜNZEN
RITTER der KELCHE
RITTER der MÜNZEN
KÖNIG der KELCHE

Lösung

1. Grundlage: Rad des Schicksals/Königin der Münzen – Die junge Frau trägt große Potentiale in sich und hat auch bereits kräftig am Schicksalsrad gedreht.
2. Unmittelbarer Einfluß: Der Gehängte/Vier der Kelche – Sie steht aber trotz allem nicht wirklich in der Sache, dadurch fühlt sie sich momentan absolut angewidert von der ganzen Situation. Sie ist bereits soweit, daß sie in der derzeitigen Lage sogar ein Angebot ausschlagen würde. sie will nichts mehr annehmen.
4. Vergangenheit: Der Mond/Ritter der Kelche – In der Vergangenheit ist etwas vorgefallen, wobei die Fragende hintergangen wurde, in eine Intrige versponnen wurde und/oder die berufliche Situation nicht mehr überschauen konnte. An der Intrige beteiligt war ein Mann oder eine Frau, der/die als sehr kreativ bezeichnet wird.
5. Verhalten: Der Teufel/Neun der Schwerter – Ihr Verhalten ist durch große Angst gebremst. Sie hat eigentlich momentan keine Möglichkeiten, in das Geschehen einzugreifen. Diese Angst ist als Verlustangst gekennzeichnet. Der Verlust einer geliebten Sache wäre für sie so schlimm wie ein real gewordener Alptraum!
3. Zukünftige Ereignisse in ca. drei Wochen: Der Stern/Drei der Schwerter – In drei Wochen wird sich etwas ereignen, was de Lebensweg betrifft. Er wird in drei Wochen mit Herzschmerzen und Kummer gepflastert sein.
6. Zukünftige Ereignisse in ca. vier Wochen: Der Wagen/Vier der Schwerter – Der Wagen ruht. Er ist damit weder Streit- noch Triumphwagen. Dies bedeutet aber auch, daß die Fragende in vier Wochen zum ersten Mal wieder zur Ruhe fin-

den wird, was ihr auch Genesung von zu vielen Sorgen bringen kann. Herz und Verstand lassen sich so in Einklang bringen!

7. Die Fragestellerin: Der Eremit/Sieben der Stäbe – Sie selbst hat sich in sich zurückgezogen und denkt darüber nach, wie sie sich zur Wehr setzen soll, und vor allem auch darüber, daß sie etwas abwehren möchte! Der Angriff, die Intrige aus der Vergangenheit wirkt noch nach, vielleicht will sie sich auch dagegen zur Wehr setzen!
8. Das Umfeld: Ein kreativer Mann, der sehr erfolgreich ist, sich aber ein wenig von seiner Seele abgeschnitten hat, bietet Unterstützung durch seine freundschaftliche Beziehung zur Fragestellerin.
9. Hoffnung und Ängste: Es sind zwei Möglichkeiten vorhanden.
   a) Die Hoffnung auf eine radikale Wende, die von jemandem gebracht wird, der sehr stark im Materiellen verhaftet ist und auf nichts anderes achtet
   b) Die Angst vor einer radikalen Wende, die von jemandem gebracht wird, der sehr stark im Materiellen verhaftet ist und nur auf dieses achtet.
10. Endergebnis: Der Narr/Drei der Münzen – In drei Monaten wird die Fragende endlich wieder fröhlich und ausgelassen sein können, da sie ihr Können zeigen darf! Sie kann sich dann als wahre »Künstlerin« präsentieren!

Zusammenfassung:

Mit dieser Fragestellung weist alles darauf hin, daß die Fragende nicht unbedingt freiwillig ihre Stelle wechseln möchte. Der Mond in der Vergangenheit zeigt die Intrige, Der Teufel und die Neun der Schwerter weisen eindeutig auf Verlustangst hin, während sie auf den weiteren Lebensweg von Herzschmerz begleitet würde! Auch ihre Grundeinstellung ist die des Abwehrens. Sie will nicht wechseln. Markant ist, daß Der Wagen, der auch hier die Quersummenkarte bildet, eben auf eine Ruhephase hinweist, in der sie zur Besinnung im wahrsten Sinne des Wortes kommen kann. Durch dieses Ereignis und die Unterstützung von außen wird sie nicht wechseln und statt dessen in ihrer alten Stelle zu neuen Ehren kommen. Dies resultiert daraus, daß der Tod nur in den Hoffnungen und Ängsten liegt. Die radikale Wende, der Bruch findet nicht real statt. Bei einem Wechsel von einer Stellung in eine andere muß der Tod aber innerhalb des restlichen Kartenbildes erscheinen und nicht auf dieser Position!

Quintessenz:
Die logische Abfolge weist nochmals darauf hin, daß aus der Verlustangst und der daraus resultierenden Hemmung erst eine Ruhephase erwächst, die dann auch den Rest der Ereignisse wahrscheinlich zum Stillstand bringt (die Intrige, Bewerbungsgespräche etc.) und daraus eine neue Freiheit innerhalb der alten Stelle entsteht!
Die Elementeverteilung weist darauf hin, daß die seelischen und materiellen Belange eine Entscheidung fordern. Da die Stäbe »unterbesetzt« sind, zeigt sich hier aber auch sehr deutlich, daß von einem Neubeginn im Sinne eines Berufswechsels keine Rede sein kann!
Der Wagen ist die Quersummenkarte (siehe Zusammenfassung).

Kartenbild 4 – Finanzielle Krise

Frage: Kann ich meine finanzielle Krise überwinden?
(Die Frage wurde von einem älteren Geschäftsmann gestellt)

Lösung

1. Grundlage: Der Gehängte/Acht der Kelche – Der Fragende steht nicht mehr mit beiden Beinen in der Angelegenheit. Er weiß aber, daß er momentan nicht viel erreichen kann und sich eine neue Perspektive aneignen muß, um das Ziel besser vor Augen zu haben und um mehr erreichen zu können.
2. Unmittelbarer Einfluß: Kraft/Acht der Stäbe – Die Grundsituation macht einem Geschäftsmann natürlich zu schaffen. Er muß seine Emotionen stark unter Kontrolle halten, was ihn nicht nur viel Kraft kostet, sondern ihm auch noch zusätzlichen Streß bereitet.
4. Vergangenheit: Der Mond/Fünf der Schwerter – In der Vergangenheit ist die Ursache für seine finanzielle Krise zu finden. Ein Betrug, eine Intrige gegen ihn ließ ihn höhnisch besiegt werden. (Daß nicht er der höhnische Sieger ist, liegt daran, daß ja er momentan die finanzielle Krise zu überwinden hat.) Dieser Betrug wirkt sich auch jetzt noch derart stark aus, daß er eben nicht mehr in den eigenen Geschäften mit beiden Beinen steht (s. Grundlage und unmittelbarer Einfluß).
5. Verhalten/Möglichkeiten: Tod/Sechs der Münzen – Hier ist eine sehr gegensätzliche Aussage zu sehen, die aber sehr Eindeutiges ausdrückt: Der Fragende soll eine »Entweder-Oder«-Haltung einnehmen, gerechtes Aufteilen der finan-

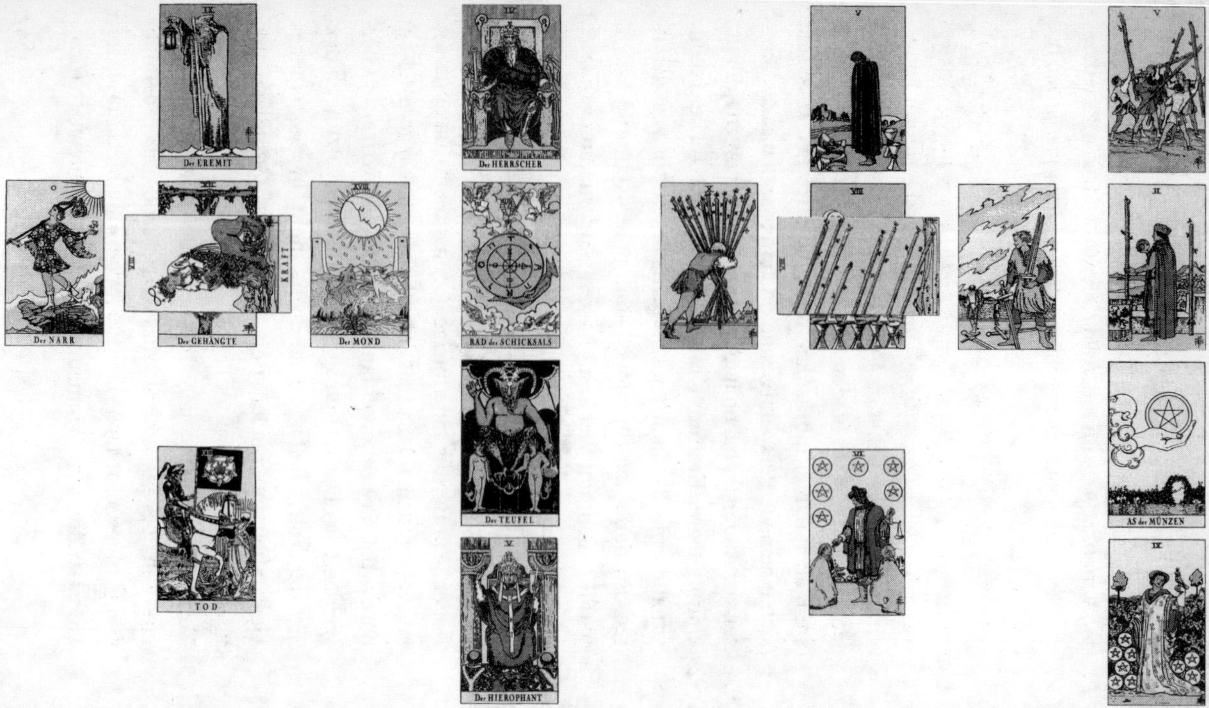

Der EREMIT
Der HERRSCHER
Der NARR
KRAFT
Der GEHÄNGTE
Der MOND
RAD des SCHICKSALS
AS der MÜNZEN
Der TEUFEL
TOD
Der HIEROPHANT

ziellen Mittel würde jetzt nicht mehr weiterführen. Er muß selbst einen radikalen Wandel herbeiführen, manche Dinge müssen absterben, damit andere leben können. Momentan verteilt er aber sich selbst und sein Geld noch zu sehr an verschiedene Seiten!

3. Zukünftige Ereignisse in ca. drei Wochen: Der Eremit/Fünf der Kelche – Die radikale Haltung seinerseits und der totale Wandel, den er durch dieses Verhalten herbeiführen kann, bringen ihn zunächst in drei Wochen dazu, intensiv darüber nachzudenken, ob er nicht doch alles verloren hat. Ihn wird eine Situation ereilen, in der er sich zurückzieht und denkt, alles wäre verloren. Doch dann muß er sich dessen entsinnen, daß diese Trauer etwas voreilig wäre. Er muß sich nur umdrehen, um zu sehen, daß noch zwei Kelche vorhanden sind. Etwas ist zwar kaputtgegangen, aber er hat noch immer Möglichkeiten!
6. Zukünftige Ereignisse in ca. vier Wochen: Der Narr/Zehn der Stäbe – Sobald er erkannt hat, daß er noch Möglichkeiten hat (in drei Wochen), wird er sich wie befreit fühlen, auch wenn ein Neubeginn viel Arbeit für ihn bedeutet. Dieser Neubeginn ist alleine beinahe nicht zu schaffen, er muß ihn aber unbedingt alleine durchführen (siehe das Umfeld und der Charakter).
7. Der Fragesteller: Der Hierophant/Neun der Münzen – Hier zeigt sich schon die erste Karte, die darauf hinweist, warum der Fragesteller auf sich allein angewiesen ist! Er hat die Schlüssel zur Lösung zur Hand, eine Taktik, um aus der finanziellen Krise zu kommen, doch sein soziales Umfeld wirkt hinderlich ein, verhindert manche Aktionen. Er muß also alleine arbeiten und dabei auch an die Schnecke denken. Auch mit langsamen, kleinen Schritten kommt man ans Ziel.

8. Das Umfeld: Der Teufel/As der Münzen – Größte Vorsicht nochmals vor dem Umfeld. Es kommt ein Angebot, eine Chance von außen, viel Geld zu machen oder bekommen zu können. Doch wenn er diese Chance annimmt, begibt er sich in größte finanzielle Abhängigkeit!
9. Hoffnungen und Ängste: Rad des Schicksals/Zwei der Stäbe – Er hofft, daß das Rad des Schicksals sich von selbst dreht, damit er seine Welt, die er in Händen hält, behalten kann.
10. Endergebnis: Der Herrscher/Fünf der Stäbe – Der Fragende wird sich in drei Monaten wieder souverän dem Konkurrenzkampf stellen können und damit auch seine finanzielle Krise bewältigen können wie ein Herrscher!

Zusammenfassung:
Eindeutig nahm die finanzielle Krise in der Vergangenheit ihren Lauf mit einem Betrug, der ihn höhnisch besiegt aussehen ließ. Doch wenn der Fragende nun eine radikale Wende selbst herbeiführt, dann wird er zwar zuerst noch in drei Wochen eine Phase der Trauer durchmachen, doch kann er bereits in vier Wochen wieder mit einem Neubeginn anfangen! Auf sein Umfeld darf er sich keinesfalls verlassen. Zum einen zeigt die Charakterposition, daß er von außen blockiert wird, zum anderen kommt Der Teufel mit einem verlockenden finanziellen Angebot von außen – nicht leicht, diesem zu widerstehen, doch es muß sein! Der Fragende hofft zwar, daß das Schicksal eingreift und alles wieder so wird wie früher, doch steht ein Neubeginn an – aber hier kann er sich als Beherrscher des Konkurrenzkampfes beweisen! Voraussetzung dafür ist selbstverständlich wie immer, daß er seine Möglichkeiten nutzt, sein Verhalten auf die Todeskarte einstellt und nicht mehr versucht,

durch Verteilung finanzieller Mittel einen Ausgleich zu schaffen. Erst die radikale Haltung bringt die Wende! Die andere Voraussetzung ist, daß er sich nicht auf die dubiosen Machenschaften seiner Umwelt einläßt, sondern allein die Sache angeht. Dies wird zwar sehr viel Arbeit bringen (Zehn der Stäbe), doch bringt es ihm auch die ersehnte Freiheit wieder (Der Narr).

Quintessenz:

a) Die logische Abfolge: Tod/Sechs der Münzen – Der Narr/Zehn der Stäbe – Der Herrscher/Fünf der Stäbe – Wenn der Fragende eine radikale Haltung einnimmt und aufhört, sich selbst und seine Mittel zu verteilen, dann wird er in vier Wochen bereits sehr viel Neues beginnen und damit auch seine Freiheit wiedererlangen, was ihn in drei Monaten zum souveränen Beherrscher des Konkurrenzkampfes macht.

b) Elementeverteilung: 4 Stäbe – 3 Münzen – 2 Kelche – 1 Schwert. Stäbe und Münzen überwiegen und symbolisieren erneut, daß er mit einem Neubeginn in materiellen und finanziellen Dingen rechnen kann, aber auch muß. (Er hofft zwar darauf, daß alles beim alten bleibt, doch kündigt sich eindeutig ein Neubeginn an, zumal der Tod in den Möglichkeiten liegt. Seine große Chance ist es, etwas absterben zu lassen, damit das andere leben kann – ein altes Geschäft vielleicht aufgeben, damit ein neues begonnen werden kann!)

c) Quersummenkarte: Große Arkana 94 + Kleine Arkana 59 = 253 = 2 + 5 + 3 = 10 = Rad des Schicksals, aber auch 1 + 0 = 1 = Der Magier. Wenn er wie Der Magier alle ihm zur Verfügung stehenden Mittel berücksichtigt und seine Ideen auch in die Tat umsetzt, dann kann er als wahrer Meister in das Schicksal eingreifen und zu eigenen Gunsten am Rad des Schicksals drehen!

Kartenbild 5 – Wohnung

Tip: Wenn Sie einmal in der Kartenlegung wirklich stocken, dann filtern Sie doch einfach zuerst die Quintessenz heraus und gehen dann an die Feinarbeit! Vieles wird dann gleich klarer und übersichtlicher. Dies ist zwar nicht immer der Fall, aber gerade wenn man sich selbst gedanklich etwas verstrickt hat, dann hilft es bestimmt!

Frage: Soll ich die Wohnung mieten?
(Die Frage wurde von einer jungen Frau gestellt.)

Lösung

1. Grundlage: Der Eremit/Drei der Stäbe – Die Fragende ist bereits voller »Fernweh«. Sie hat sich zurückgezogen und denkt stark über den Umzug nach, beleuchtet ihn von allen Seiten. Dabei hält sie noch an der alten Wohnung fest. Ihre Gedanken sind aber dennoch bereits »auf Reisen«.
2. Unmittelbarer Einfluß: Eine endgültige Entscheidung hat sie dennoch nicht gefällt, da sie hin- und hergerissen ist. Herz und Verstand ziehen nicht in eine Richtung. Dabei trügt sie ihr Gefühl keineswegs – beachten Sie das Umfeld!
4. Vergangenheit: Der Turm/Acht der Münzen – Es gab entweder einen großen Stein in der Vergangenheit oder eine blitzartige Erkenntnis – das eine kann auch aus dem anderen resultieren, woraufhin sie dann begonnen hat, an grundlegenden Dingen zu arbeiten, den Umzug vorzubereiten, eine Wohnung zu suchen etc.
5. Verhalten/Möglichkeiten: Kraft/Sechs der Schwerter –

TOD
Die WELT
RITTER der SCHWERTER
Die HOHEPRIESTERIN
Der WAGEN
Der EREMIT
Der TURM
GERECHTIGKEIT
BUBE der KELCHE
Der MOND
KRAFT
Die HERRSCHERIN
BUBE der SCHWERTER

Sehr wichtig ist, daß sie alle Emotionen unter Kontrolle halten muß, um den Übergang zu schaffen. Sie sollte Altlasten über Bord werfen und, auch wenn es Kraft kostet, nicht zu schnell handeln, also weiterhin bei ihrem langsamen Vorgehen bleiben.

3. Zukünftige Ereignisse in ca. drei Wochen: Tod/Sieben der Stäbe – In drei Wochen ergibt sich die Möglichkeit einer radikalen Änderung der Verhältnisse. Auch: in drei Wochen wäre es soweit, umzuziehen, einen Bruch mit der alten Wohnung durchzuführen. Doch dieser Umbruch sollte von ihr abgeblockt werden. Daß sie selbst den Umbruch abwehren sollte, resultiert aus der nächsten Position und dem Umfeld.
6. Zukünftige Ereignisse in ca. vier Wochen: Die Hohepriesterin/Bube der Kelche – Eine Freundin bringt eine völlig überraschende Neuigkeit. (Diese wird eine andere Wohnung betreffen als die von der Fragenden besichtigte, da die Neuigkeit völlig überraschend kommt.) Es könnte hier mit der Hohenpriesterin auch ein Vertrag gemeint sein, der völlig überraschend kommt. Oder es kann beides der Fall sein: Eine Freundin, die den Mietvertrag völlig überraschend anbietet.
7. Die Fragestellerin: Die Herrscherin/Bube der Schwerter – Erneut zeigt sich, daß die Fragende ahnt, daß mit der Wohnung irgend etwas nicht ganz stimmt. Sie ist wachsam und auf der Hut, wie der Bube der Schwerter zeigt. Ihr Charakter und ihre Einstellung werden als souverän und hoheitsvoll symbolisiert – die beste Voraussetzung, nicht einem Betrüger auf den Leim zu gehen!
8. Das Umfeld: Der Mond/Zwei der Kelche – Der Mietvertrag der Wohnung, den sie unterschreiben möchte, ist mit einer Fußangel versehen. Etwas wird ihr verheimlicht – größte

Vorsicht ist also geboten. (Daß hier nicht der Vertrag in vier Wochen gemeint ist, ergibt sich daraus, daß dieser sehr überraschend kommt und der andere Vertrag bereits zur Debatte steht.)

9. Hoffnungen und Ängste: Gerechtigkeit/Sieben der Münzen – Die Fragende hofft, daß man ihr gerecht wird und daß sie ernten kann. Das heißt, daß sie richtig handelt und damit auch eine schöne Wohnung ohne Probleme beziehen kann.
10. Endergebnis: Die Welt/Ritter der Schwerter – Sie wird in drei Monaten mit Elan eine Entscheidung treffen und sich sehr schnell eine neue Welt aufbauen können, d. h. eine neue Wohnung beziehen können (jedoch nicht die, die sie ursprünglich im Sinne hatte, wie sich aus Position 3 und 6 ergibt).

Hintergrundinformation:
Die Frage wurde von einer jungen Frau gestellt, die massive Probleme mit ihrem Vermieter hatte (beachten Sie den Turm in der Vergangenheit) und unbedingt und so schnell wie möglich in eine neue Wohnung umziehen wollte, die sie bereits besichtigt hatte. Sie war aber nicht hundertprozentig überzeugt von der neuen Wohnung, da diese auch sehr teuer war (das Element der Münzen ist vorrangig im Kartenbild).

Zusammenfassung:
Die Fragende ist noch nicht ganz überzeugt von der neuen Wohnung, und es zeigt sich, daß sie ihr Instinkt nicht betrogen hat. Von außen kommt Der Mond in Verbindung mit der Zwei der Kelche, was auf einen Vertrag mit Fußangeln hinweist. Sie selbst ist auf der Hut und sehr wachsam eingestellt, was ihr zugute kommt. Daß sie die Wohnung letztendlich nicht nehmen

wird, zeigt sich in drei Wochen, da der Tod, also der Umbruch, abgewehrt wird. Dafür aber ergibt sich schon eine Woche später, daß eine Freundin eine völlig überraschende gute Neuigkeit überbringen wird. Daß diese mit dem Umzug zusammenhängt, ergibt sich daraus, daß die Fragende ja explizit nach einem Umzug gefragt hat, bzw. aus dem Endergebnis, das andeutet, daß die Fragende in drei Wochen mit Elan eine neue Welt erreichen kann! Voraussetzung hierfür ist wie immer, daß sie ihre Möglichkeiten nutzt – nämlich die Emotionen in bezug auf den Umzug unter Kontrolle zu halten.

Quintessenz:

a) Die logische Abfolge: Kraft/Sechs der Schwerter – Die Hohepriesterin/Bube der Kelche – Die Welt/Ritter der Schwerter. Dadurch, daß die Fragende den Umzug nicht voreilig unternimmt, wird sie durch eine völlig überraschende Neuigkeit, die von einer Freundin überbracht wird und die einen Mietvertrag betrifft, in drei Monaten ihre eigene Welt wieder mit Elan aufbauen können.

b) Elementeverteilung: 3 Münzen – 3 Schwerter – 2 Stäbe – 3 Kelche. Münzen, Schwerter und Kelche sind in ausgewogenem Verhältnis. Eine Entscheidung (Schwerter) muß gefällt werden, die sowohl mit Wohlbefinden (Kelche) zu tun hat, als auch von materiellen Dingen und Geld (Münzen) abhängig ist. Die Stäbe sind nicht deutlich in der Minderheit und verweisen darauf, daß der Neubeginn nicht so schnell vonstatten geht wie vielleicht gewünscht.

c) Quersummenkarte: Große Arkana 108 + Kleine Arkana 35 = 143 = 1 + 4 + 3 = 8 = Kraft. Erneut der Hinweis darauf, daß voreiliges Vorgehen nicht angebracht ist. Die Emotionen müssen unter Kontrolle gehalten werden, auch wenn dies Kraft kostet. Darin liegt auch die große Möglichkeit der Fragenden!

Kartenbild 6 – Firmenfusion

Frage: Soll ich fusionieren?
(Die Frage wurde von einem jungen Unternehmer gestellt)

Lösung

1. Grundlage: Der Turm/Neun der Schwerter – Hier zeigt Der Turm die blitzartige Erkenntnis über den Verlust einer geliebten Sache.
2. Unmittelbarer Einfluß: Der Magier/Zehn der Schwerter – Der Fragende ist eigentlich ein Könner, ein Meister seines Faches, doch die blitzartige Erkenntnis ließ diesen Magier in Hysterie und Panik ausbrechen. Er will auch eigentlich nichts mehr hören. Dies hemmt natürlich auch das Können des Magiers.
4. Vergangenheit: Der Mond – Zwei der Kelche – Hier sehen Sie, daß der Fragende nicht die richtige Frage gestellt hat bzw. nicht zugeben wollte, daß die Fusion bereits stattgefunden hat! Der Vertragsabschluß liegt bereits in der Vergangenheit, ebenso wie die Tatsache, daß mit diesem Vertrag etwas nicht in Ordnung war! Die Rechnung hierfür erfolgt in der unmittelbaren Gegenwart: Der Turm, die blitzartige Erkenntnis über den Verlust der geliebten Sache, weist darauf hin, daß der Fragende sein Geschäft durch einen Vertrag verloren hat!
5. Verhalten/Möglichkeiten: Gericht/Sechs der Kelche – Der Fragende verspürt einen sehr starken inneren Ruf, der ihn auch an vergangene Zeiten, an gute Dinge aus der Vergangenheit erinnert. Er sollte diesem Ruf auf alle Fälle folgen.

Der STERN
RAD der SCHICKSALS
Der HERRSCHER
Der MAGIER
Der TURM
Der MOND
Die LIEBENDEN
TOD
GERICHT
Der TEUFEL

RITTER der STÄBE
KÖNIG der MÜNZEN

Durch die Erinnerung daran, wie er sein Geschäft aufgebaut hat, kommt er wieder zu neuen Kräften!

3. Zukünftige Ereignisse in ca. drei Wochen: Der Stern/Ritter der Stäbe – In drei Wochen ergibt sich daraus die Möglichkeit, auf dem Lebensweg voranzuschreiten. Der Fragende ist in drei Wochen auch wieder voller Energien in bezug auf einen Neubeginn. Doch muß er unbedingt darauf achten, daß er auch wirklich handelt und nicht nur darüber nachdenkt, ansonsten »verbrennt« er innerlich!
6. Zukünftige Ereignisse in ca. vier Wochen: Der Herrscher/Fünf der Schwerter – Wenn er die Möglichkeit in drei Wochen annimmt, wieder voranzuschreiten, dann kann er sich in vier Wochen wieder als souveräner Herrscher der Welt stellen. Doch sollte er darauf achten, wirklich gerecht zu sein. Das Kartenbild zeigt, daß er nach einer Frist von drei Wochen wieder etwas unternehmen kann, um sein Geschäft zu retten oder etwas Neues zu beginnen. Doch da er in der Vergangenheit einem üblen Vertrag zum Opfer fiel, deutet die Kombination in vier Wochen stark darauf hin, daß er nun selbst siegen möchte und dabei höhnisch werden könnte! (Betrachten Sie die Quersummenkarte!)
7. Der Fragesteller: Der Teufel/Fünf der Münzen – Er selbst ist gekennzeichnet durch eine sehr große Angst, vor allem davor, keine Lösung zu finden, aber auch davor zu verarmen! Diese Kombination ist sehr heikel – gerade in finanziellen Dingen verweist sie oft auf Armut –, hier zeigt sie aber auch die große Abhängigkeit des Fragenden, in die er sich begeben hat (der Vertrag in der Vergangenheit) und die auch mit Verarmung zusammenhängen kann! Er muß also auf alle Fälle darauf achten, daß er sich nicht zu sehr seiner Angst hingibt, bzw. er sollte darauf hingewiesen werden,

daß die Abhängigkeit zwar die weiteren drei Monate bestehenbleibt, aber am Ende ein Eingriff in das Schicksal möglich wird, was sich bereits in drei Wochen ankündigt!

8. Das Umfeld: Tod/König der Münzen – Für diese Frage scheint ein reicher Mann von Bedeutung zu sein, der selbst im Reichtum schwelgt und diesen für selbstverständlich erachtet. Ob er einen Umbruch, eine radikale Wende hin zum Guten oder zum Negativen bringt, ist leider nicht zu sehen. (Hier hilft nur, den Mann näher zu charakterisieren und damit dem Fragenden einen Anstoß zu geben. Schließlich könnte der König auch der Vertragspartner sein, der den »Tod« des Geschäftes verursacht hat!)
9. Hoffnungen und Ängste: Die Liebenden/Sieben der Kelche – Der Fragende hofft auf geschäftlichen Erfolg, hat aber gleichzeitig Angst davor, daß dieser eine Illusion ist.
10. Endergebnis: Rad des Schicksals/Neun der Stäbe – Dies ist ein Kartenbild, in dem sich zeigt, daß erst das sogenannte Endergebnis in drei Monaten eine Wende bringt. Erst in drei Monaten kann in das Schicksal wirklich eingegriffen werden. Der Fragende hat sich zwar Blessuren geholt, sich aber wieder davon erholt, muß sich den Rücken stärken und kann sich eventuell an einen Neubeginn wagen (die Stäbe). Dies zeigt sich allerdings erst in drei Monaten!

Zusammenfassung:
Die wichtigste Kombination liegt hier in der Vergangenheit – die Fusion ist bereits geschlossen, der Vertrag unterzeichnet. Die blitzartige Erkenntnis über den Verlust und die Hysterie folgten daraus. Die Frage hätte also nicht lauten dürfen: »Soll ich fusionieren?«, sondern »Was kann ich jetzt noch tun?« (Es stellte sich heraus, daß der Fragende anhand der Karten kon-

trollieren wollte, ob ihn die Erkenntnis betrogen hatte oder nicht ...) Wichtig ist auch, daß der Fragende zwar durch den Teufel charakterisiert ist, aber bereits in drei Wochen schon wieder eine Möglichkeit bekommt, auf dem Lebensweg voranzuschreiten. Eine wirkliche Wendung der Dinge ergibt sich allerdings erst in drei Monaten. Es sollte also in drei Monaten nochmals nachgefragt werden!

Quintessenz:
a) Die logische Abfolge: Gericht/Sechs der Kelche – Der Herrscher/Fünf der Schwerter – Rad des Schicksals/Neun der Stäbe. Diese Abfolge zeigt den inneren Ruf, der sehr stark an schöne Dinge aus der Vergangenheit erinnert. Dadurch kommt er zu neuen Kräften, sollte jedoch auf sein herrschaftliches Auftreten aufpassen, das einen höhnischen Sieg oder das höhnische Besiegtwerden zur Folge haben kann. Erst in drei Monaten ergibt sich die Möglichkeit, in das Schicksal einzugreifen, sich den Rücken zu stärken und neu zu beginnen (Stäbe), auch wenn der Fragende Blessuren davongetragen hat.
b) Elementeverteilung: 2 Stäbe – 3 Kelche – 2 Münzen – 3 Schwerter. Schwerter und Kelche überwiegen nicht stark, trotzdem zeigen sie an, daß es vornehmlich um eine Entscheidung geht, die auch mit Gefühlen und Beziehungen zu tun hat (man kann seine Gefühle auch an materielle Dinge hängen). Aber durch diese Verteilung wird auch angezeigt, daß der materielle (Münzen) Neubeginn (Stäbe) noch etwas im Hintergrund steht.
c) Quersummenkarte: Große Arkana 120 + Kleine Arkana 53 = 173 = 1 + 7 + 3 = 11 = Gerechtigkeit, aber auch noch 1 + 1 = 2 = Die Hohepriesterin. Die mächtige Karte der Gerechtigkeit zeigt an, daß alles, was er tut, zu ihm zurückkommt, ihm gerecht wird, aber auch, daß er seine Intuition einsetzen muß. (Die Hohepriе-

sterin kann auch ein Hinweis auf den Vertrag sein, den er bereits in der Vergangenheit abgeschlossen hat und der die Misere verursacht hat!)

Kartenbild 7 – Gehaltserhöhung

Frage: Wann soll ich bei meinem Chef wegen einer Gehaltserhöhung nachfragen?

Lösung

1. Grundlage: Der Turm/Acht der Münzen – Hier zeigt Der Turm eindeutig die blitzartige Erkenntnis der Fragestellerin, daß sie sehr hart und viel arbeitet (dafür aber gerecht belohnt werden möchte).
2. Unmittelbarer Einfluß: Rad des Schicksals/Acht der Schwerter – Die Fragestellerin hat sich schon entschieden, daß sie etwas tun und damit in das Schicksal eingreifen möchte, fühlt sich aber wie gefesselt. (Sie könnte zwar bereits jetzt etwas sagen, aber daß diese Haltung vielleicht gar nicht so schlecht ist – zumindest momentan – zeigt sich auf den Positionen 3 und 6.)
4. Vergangenheit: Die Sonne/Fünf der Stäbe – Sie hat sich in der Vergangenheit bereits im Konkurrenzkampf bewährt, ihr Können also unter Beweis gestellt. Dies noch dazu mit Freude und Optimismus. Dies zeichnet sie also nicht als »Ellenbogen«-Menschen aus!
5. Verhalten/Möglichkeiten: Die Liebenden/Neun der Kelche – Eine enorme Möglichkeit für die Fragestellerin! Sie soll

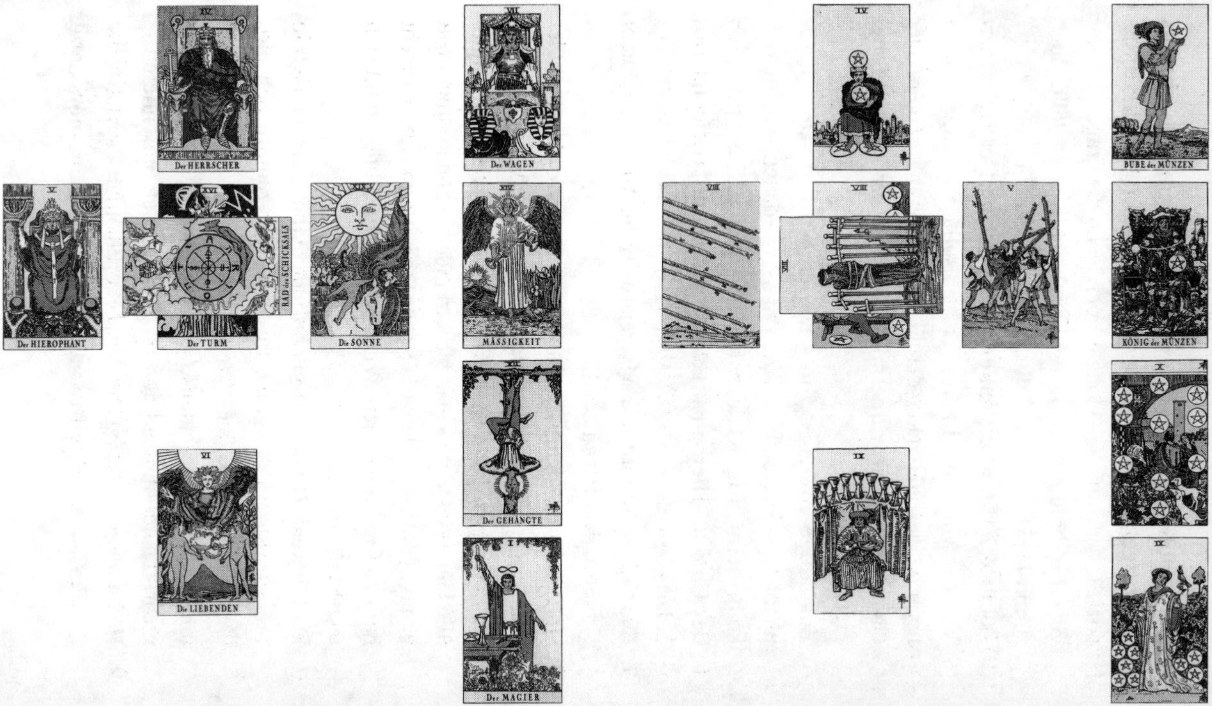

Der HERRSCHER
Der HIEROPHANT
RAD des SCHICKSALS
Der TURM
Die SONNE
Die LIEBENDEN
Der WAGEN
MÄSSIGKEIT
Der GEHÄNGTE
Der MAGIER
BUBE der MÜNZEN
KÖNIG der MÜNZEN

sich erfolgreich präsentieren und auch zeigen, was sie bereits geleistet hat. (Dies bezieht sich selbstverständlich auf die nächsten drei Monate, auch wenn die Frage nach der Gehaltserhöhung noch etwas auf sich warten läßt, doch führt die erfolgreiche Selbstpräsentation zum Ziel!)

3. Zukünftige Ereignisse in ca. drei Wochen: Der Herrscher/Vier der Münzen – In drei Wochen sollte die Fragestellerin noch keinesfalls nach der Gehaltserhöhung fragen. Der Chef (Herrscher) würde mit Geiz (Vier der Münzen) reagieren!
6. Zukünftige Ereignisse in ca. vier Wochen: Der Hierophant/Acht der Stäbe – Auch in vier Wochen scheint sich keine vernünftige Gelegenheit zu ergeben. Sie wird durch das Umfeld (Hierophant) daran gehindert, das durch Streß belastet ist!
7. Die Fragestellerin: Der Magier/Neun der Münzen – Diese Kombination bedeutet »Bewußtes Taktieren«. Die Fragestellerin wird nochmals als sehr gut in ihrem Job charakterisiert. Sie ist die Meisterin ihres Faches. Vor allem aber sollte sie bezüglich ihrer Frage wirklich wie Der Magier alle Gegensätze miteinander verbinden und dann beginnen zu taktieren! Vor allem die Schnecke wird ihr zum Ziel verhelfen: Sie kann ihren Wunsch mit vorsichtigem Herantasten durchsetzen.
8. Das Umfeld: Der Gehängte/Zehn der Münzen – Da sich die Frage auf den Vorgesetzten bezieht, ist er durch den Gehängten symbolisiert. Er steht nicht im Kontakt mit dem inneren Reichtum seiner Angestellten. Er erkennt ihre Werte nicht. (Daher muß sie sich auch erfolgreich präsentieren.)
9. Hoffnungen und Ängste: Mäßigkeit/König der Münzen – Die Fragestellerin hofft darauf, das Unmögliche möglich zu

machen in bezug auf den Vorgesetzten, der alles als selbstverständlich nimmt.

10. Endergebnis: Der Wagen/Bube der Münzen – Der Wagen symbolisiert am Ende einer Kartenlegung immer den Sieg, den Triumph. Sie wird also in drei Monaten bereits geschätzt, ihre Werte werden gesehen, die Gehaltserhöhung ist also bereits eingetreten. Dies bedeutet, daß die Fragestellerin später als in vier Wochen und früher als in drei Monaten auf ihren Vorgesetzten zugehen sollte. (Hier ist dann ihre Taktik gefragt, um den richtigen Zeitpunkt zu erkennen!)

Zusammenfassung:
Die Fragestellerin ist charakterisiert als Frau, die sich in ihrem Beruf bereits in der Vergangenheit erfolgreich im Konkurrenzkampf bewährt hat und die erst jetzt plötzlich bemerkt, daß sie auch angemessen dafür bezahlt werden möchte. Ein zu schnelles Vorgehen wäre jedoch nicht zu empfehlen, da der Vorgesetzte ihre Qualitäten anscheinend nicht sieht und erst durch ihr Verhalten darauf aufmerksam gemacht werden muß. Hier liegt ihre große Möglichkeit: sie sollte sich erfolgreich präsentieren, dann kann sie auch taktieren, was ihr nach vier Wochen und vor Ablauf von drei Monaten die gewünschte und auch verdiente Gehaltserhöhung bringen wird.

Quintessenz:
a) Die logische Abfolge: Die Liebenden/Neun der Kelche – Der Hierophant/Acht der Stäbe – Der Wagen/Bube der Münzen. Sich erfolgreich im rechten Licht präsentieren und unter Beweis stellen, was man bereits geleistet hat, wird zwar nicht sofort belohnt, denn das Umfeld steht unter Streß, doch noch vor

Ablauf von drei Monaten zeigt sich der Erfolg, und die Fragestellerin erfährt die Wertschätzung, nach der sie sucht!
b) Elementeverteilung: 7 Münzen – 2 Stäbe – 1 Kelch – 1 Schwert. Münzen überwiegen sehr stark – es geht also grundsätzlich um Geld und eine finanzielle Angelegenheit. Die Stäbe sind noch minimal in der Überzahl gegenüber den restlichen beiden Elemente und zeigen hier den (finanziellen) Neubeginn, der ansteht, aber noch etwas auf sich warten läßt.
c) Quersummenkarte: Große Arkana 94 + Kleine Arkana 61 = 155 = 1 + 5 + 5 = 11 = Gerechtigkeit, aber auch: 1 = 1 + 2 = 2 = Die Hohepriesterin. Die Gerechtigkeit wird sich für die Fragende bemerkbar machen, die bislang sehr gute Arbeit geleistet hat. Alles, was man tut, kommt zu einem zurück – sie bekommt also eine Gehaltserhöhung, weil ihr Chef erkennt, daß sie sehr gute Arbeit leistet. Die Hohepriesterin kann hier auf einen Vertrag hinweisen (vertragliche Festlegung der Gehaltserhöhung), aber auch auf die Intuition der Fragenden, die sie einsetzen soll, um den richtigen Zeitpunkt für die Fragende nach der Gehaltserhöhung abzupassen, der sich frühestens in vier Wochen und spätestens in drei Monaten einstellen wird!

Kartenbild 8 – Privatleben

Sie haben nun bereits einige Übung im Kartenbilderentschlüsseln, und Sie haben auch bereits gesehen, wie schwierig es manchmal sein kann, zur richtigen Lösung zu kommen. Wie gesagt, hier hilft wirklich nur oftmaliges Üben und damit auch das Trainieren der Intuition, die Ihnen sehr viel helfen kann. Natürlich sollten Sie sich beim Deuten der Karten von Ihrer Intuition leiten lassen, passen Sie jedoch auf, nicht zu weit ins

Reich der Phantasie zu geraten. Mit dem nötigen Training wird es Ihnen gelingen, die Intuition im richtigen Maße zu nutzen. Vor allem aber ist es wichtig, daß Sie immer alle Möglichkeiten in Betracht ziehen und gegebenenfalls den Fragenden auch auf die verschiedenen Deutungsmöglichkeiten hinweisen.
Nun kann es aber auch sein, daß Sie die Frage nicht kennen. Wenn Sie für sich selbst legen, kennen Sie selbstverständlich Ihre eigene Frage, doch was, wenn ein Hilfesuchender die Frage nicht laut formulieren will? Für mich persönlich ist es sogar einfacher, die Frage nicht zu wissen. Ich frage nach dem Oberbegriff, lege die Karten aus und deute das Bild. Meistens will sich der Fragesteller ohnehin mitteilen, doch beeinflußt es den Deutenden enorm, eine Frage in aller Ausführlichkeit zu kennen. Man wird dazu verleitet, eigene Kommentare, Meinungen und Gedanken auf die Karten zu projizieren. Das Ergebnis wird dementsprechend verwaschen. Gut hingegen ist es, wenn Sie erst einmal alles deuten und der Fragende anschließend die Frage genau sagt. Sie können dann noch Feinarbeit leisten. Denken Sie daran: Tarotkartenleger sind Dolmetscher und neutrale Berichterstatter, keine Kommentatoren und erst recht keine Kritiker!
Die nächsten Legebeispiele sind nur mit einem Oberbegriff zur Frage versehen. Lassen Sie sich dadurch nicht irritieren! Wie gesagt, eigentlich ist es einfacher, Fragen zu beantworten, von denen man nur den Oberbegriff kennt!

Oberbegriff der Frage: Privat
(Frage wurde von einem Mann gestellt)

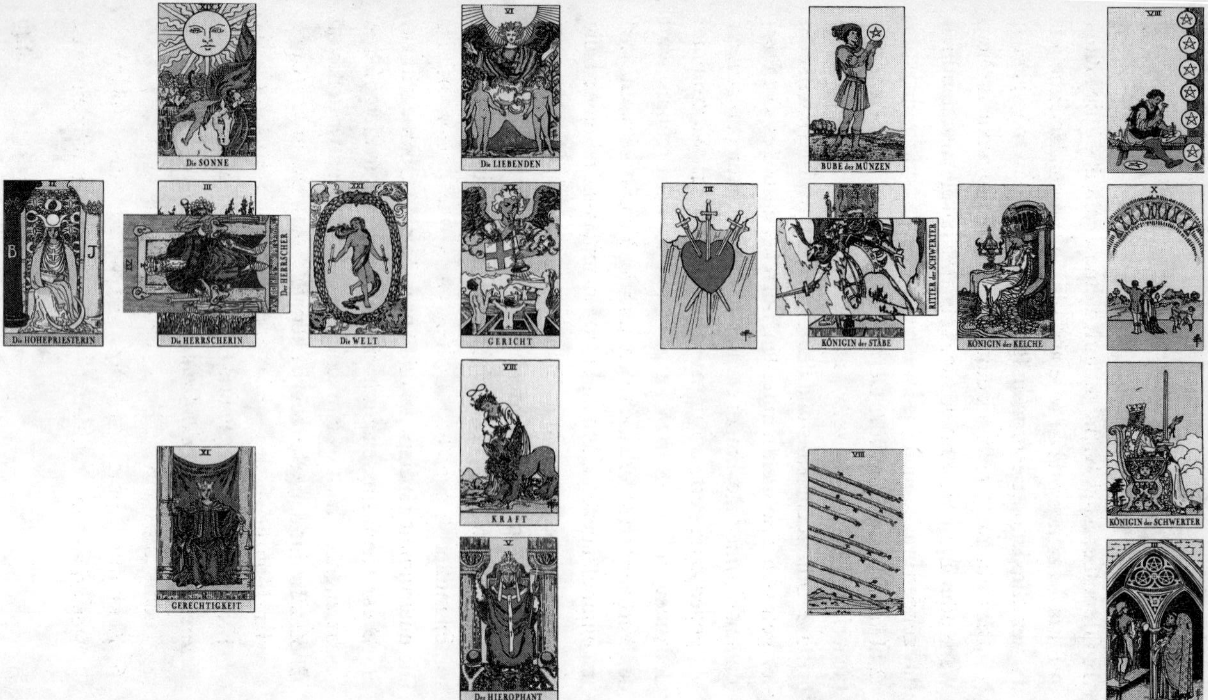
Die SONNE
Die LIEBENDEN
BUBE der MÜNZEN
Die HOHEPRIESTERIN
Der HERRSCHER
Die HERRSCHERIN
Die WELT
GERICHT
RITTER der SCHWERTER
KÖNIGIN der STÄBE
KÖNIGIN der KELCHE
KRAFT
KÖNIGIN der SCHWERTER
GERECHTIGKEIT
Der HIEROPHANT

Lösung

1. Grundlage: Die Herrscherin/Königin der Stäbe – Im Zentrum liegt eine Frau, die als sehr souverän beschrieben wird, mit königlicher Ausstrahlung und viel Optimismus. Die Königin der Stäbe deutet zudem auf eine sexuelle Verbindung mit dieser Frau hin. Dies beschäftigt also den Fragenden.
2. Unmittelbarer Einfluß: Der Herrscher/Ritter der Schwerter – Der Fragesteller selbst ist dank dieser Frau voller Elan und geht auch mit großen Schritten auf sie zu. (Hier spiegelt sich eine sogenannte Wechselwirkung wider. Die Karten blockieren einander nicht, sie heben sich aber auch nicht gegenseitig auf, sondern befinden sich in Wechselwirkung.)
4. Vergangenheit: Die Welt/Königin der Kelche – Erneut wird eine Frau gezeigt. Mit ihr erreichte der Fragesteller die Harmonie der ganzen Welt. Sie wird als sensible, einfühlsame Frau beschrieben mit Sinn für Kunst und Kreativität.
5. Verhalten/Möglichkeiten: Gerechtigkeit/Acht der Stäbe – Er muß sich gerecht verhalten. Alles, was er nun tut und unternimmt, kommt in gleichem Maße zu ihm zurück. Diese Herausforderung könnte ihm allerdings etwas Streß bereiten.
3. Zukünftige Ereignisse in ca. drei Wochen: Die Sonne/Bube der Münzen – In drei Wochen gibt es allen Grund für Freude, Sonnenschein und Optimismus, denn der Fragende erfährt von seiten der Frau sehr viel Wertschätzung. (Das Thema kreist um die Frau, die im Zentrum liegt.)
6. Zukünftige Ereignisse in ca. vier Wochen: Die Hohepriesterin/Drei der Schwerter – In vier Wochen allerdings ist

eine Art Bruch im Kartenbild zu erkennen. Keine radikale Trennung, die vom Tod symbolisiert werden würde, aber ein Bruch in der Beziehung, da die Karten bislang auch von Sexualität gesprochen haben und nun Die Hohepriesterin die Freundschaft anzeigt. Eine Freundschaft, die dem Fragesteller (Liebes-)Kummer bereitet.

7. Der Fragesteller: Der Hierophant/Drei der Münzen – Der Fragesteller ist eigentlich ein Könner, er würde vorgehen wollen wie ein Künstler – mit Feingefühl und sehr viel Geduld, doch sein äußeres Umfeld läßt dies nicht zu.
8. Das Umfeld: Kraft/Königin der Schwerter – Die Frau wird auf dieser Position erneut gezeigt. (Drei verschiedene Königinnen müssen nicht drei verschiedene Frauen symbolisieren, sondern können auch drei verschiedene Charaktereigenschaften einer Frau zeigen oder drei verschiedene Stimmungslagen.) Doch hier zeigt sich ein anderer Charakterzug – sie wird auch als kühl und etwas verbittert beschrieben. Sie hält ihre Emotionen sehr stark unter Kontrolle, dies kostet sie zwar Kraft, aber sie hat in ihrem Leben bereits etwas durchgemacht, was sie so handeln läßt!
9. Hoffnungen und Ängste: Gericht/Zehn der Kelche – Der Fragende hofft, daß sein starker innerer Wunsch nach einer Familie in Erfüllung geht.
10. Endergebnis: Die Liebenden/Acht der Münzen – Das Endergebnis sollte dem Fragenden wirklich Hoffnung geben! Nach Ablauf von drei Monaten kann er damit beginnen, an einer Beziehung mit dieser Frau zu arbeiten. Im Zeitraum zwischen vier Wochen und drei Monaten wird er sich allerdings nach der Deutung mit einer Freundschaft »zufrieden«geben müssen. Doch beweist er Geduld, kann er sie schließlich doch als Partnerin gewinnen.

Zusammenfassung:
In einer Frage, von der Sie nur den Oberbegriff kennen, dreht sich im Kartenbild alles um das Zentrum, die Grundlage. Nachdem hier eine Frau, Die Herrscherin, zu sehen ist, die noch dazu mit der Königin der Stäbe charakterisiert ist, und die Frage von einem Mann gestellt wurde – behandeln die Karten also diese Frau als Thema! Erstaunlich ist, daß nach einer sehr harmonischen Vergangenheit und einer sehr aufregenden Gegenwart die Karten plötzlich eine Wende vollziehen und Die Hohepriesterin die Freundschaft ankündigt, was dem Mann Kummer bereitet. Die Frau hingegen hält später ihre Emotionen unter Kontrolle – sie schreckt zurück. Aber nach Ablauf von drei Monaten kann der Fragende schließlich doch an der Basis der Beziehung arbeiten!

Quintessenz:
a) Die logische Abfolge: Gerechtigkeit/Acht der Schwerter – Die Hohepriesterin/Drei der Schwerter – Die Liebenden/Acht der Münzen. Die Abfolge führt von gerechtem Verhalten, das ihm Streß bereiten könnte, über eine Freundschaft, die ihm noch dazu Kummer bringt, letztendlich doch zur Beziehung, an deren Grundfesten er arbeiten kann.
b) Elementeverteilung: 2 Stäbe – 3 Münzen – 2 Kelche – 3 Schwerter. Ein Neubeginn in Sachen Gefühle und Beziehung steht erst später an – dies zeigt die Unterbesetzung von Stäben und Kelchen. Schwerter und Münzen überwiegen hingegen. Es geht um eine Entscheidung, die den inneren Reichtum betrifft. (Dies könnte erneut die Frau verweisen, die anscheinend mit ihrem Innersten kämpft und dem Mann noch mißtraut.)
c) Quersummenkarte: Große Arkana 99 + Kleine Arkana 32 = 131 = 1 + 3 + 1 = 5 = Der Hierophant. Die Quersummenkarte zeigt es nochmals sehr deutlich auf – der Fragesteller kann nicht so

handeln, wie er möchte, da er durch das Umfeld daran gehindert wird. In dieser Kartenlegung ist das Umfeld die Frau, mit der er eine Beziehung eingehen möchte, die aber zunächst ihre Emotionen unter Kontrolle hält, nachdem sie sich für einen kurzen Moment geöffnet hatte und erst in drei Monaten nach einer Probe der Freundschaft zu einer Beziehung bereit sein wird!

Hintergrundinformation:
Der Mann hatte gefragt: »Ich habe jemanden kennengelernt. Ich würde mit dieser Frau sehr gerne eine feste Bindung eingehen. Wie entwickelt sich unsere Beziehung weiter – kommen wir fest zusammen?«

Kartenbild 9 – Berufsleben

Frage: Oberbegriff »Beruflich«
(Frage wurde von einem Angestellten gestellt)

Lösung

1. Grundlage: Der Stern/Zehn Der Schwerter – Es geht also um den Lebensweg und darum, in welcher Weise ihn der Fragende in der nächsten Zeit beschreiten wird. Hier zeigt sich jedoch auch schon, daß etwas vorgefallen sein muß, da er in bezug auf seinen Lebensweg in Hysterie und Panik ausgebrochen ist. Er fühlt sich wie erschlagen und will eigentlich auch gar nichts mehr hören. (Verweisen Sie hier einen Fragenden immer auf den Silberstreifen am Horizont und darauf, daß die Seele eigentlich nicht in Aufruhr ist.)

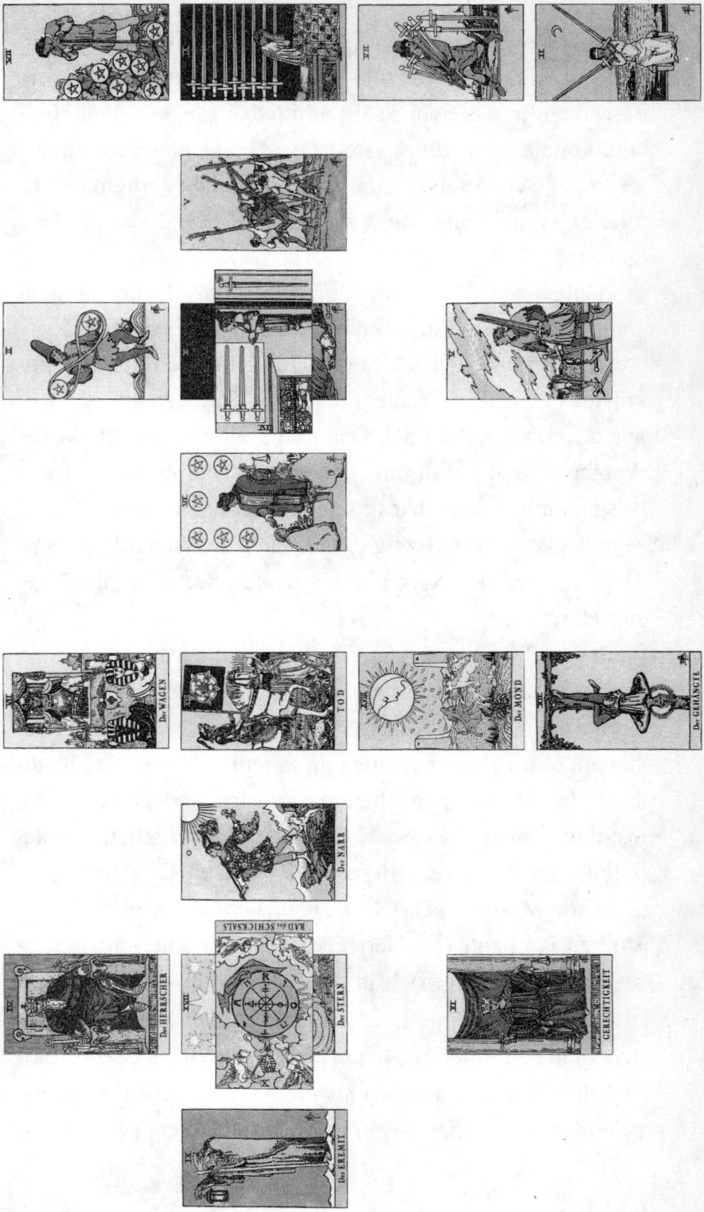
Der GEHÄNGTE
Der MOND
GERECHTIGKEIT
TOD
Der NARR
Der STERN
RAD des SCHICKSALS
Der EREMIT
Der WAGEN
Der HERRSCHER

2. Unmittelbarer Einfluß: Rad des Schicksals/Vier der Schwerter – Das Schicksalsrad ruht, könnte man hier sagen. Es wird also nicht in das Schicksal unmittelbar eingegriffen. Hieraus könnte auch die Hysterie des Fragenden resultieren, denn das Schicksalsrad, das sich noch nicht gedreht hat, ist hier eigentlich eine Blockade für den Lebensweg des Fragenden!
4. Vergangenheit: Der Narr/Fünf der Stäbe – In der Vergangenheit hat er sich instinktsicher und mit Weisheit im Konkurrenzkampf bewährt. Seine Fröhlichkeit und sein Optimismus zeichnen ihn hier als netten Kollegen aus (dies ist wichtig für Position 5!). Dadurch konnte er bereits in der Vergangenheit Erfahrungen sammeln, die er mit auf den Weg nimmt. Auch setzte er seine dadurch gewonnene Macht sehr locker ein und zeigte sich nicht herrschaftlich. (Die Bedeutungen des Narren – der Beutel, der Stab, die Rose, der Hund etc.!)
5. Verhalten/Möglichkeiten: Gerechtigkeit/Fünf der Schwerter – Auch wenn er vorerst höhnisch besiegt wird, muß er nun unbedingt darauf achten, sich immer gerecht zu verhalten, es nie darauf anzulegen, es jemandem »heimzuzahlen«. In der Vergangenheit hat er sich anders verhalten, wodurch ihm erst die Sache, die ansteht, ermöglicht wurde.
3. Zukünftige Ereignisse in ca. drei Wochen: Der Herrscher/Zwei der Münzen – Da es eine berufliche Frage eines Angestellten ist, kann Der Herrscher hier den Chef charakterisieren. Dieser zeigt sich in drei Wochen in einer Situation als wankelmütig und noch unentschlossen. Daß eine Entscheidung zu fällen ist, sehen Sie an den vielen Schwertern und dem Tod in den Hoffnungen und Ängsten! Diese Entscheidung wird aber in drei Wochen noch nicht gefällt sein.

6. Zukünftige Ereignisse in ca. vier Wochen: Der Eremit/Sechs der Münzen – In vier Wochen wird der Fragende noch immer sehr stark darüber nachdenken, wie an seinem Arbeitsplatz etwas verteilt wird.
7. Der Fragesteller: Der Gehängte/Zwei der Schwerter – Er selbst steht in den Ereignissen – dies zeigt nun eindeutig, daß eine Entscheidung zwar ansteht, aber nicht vom Fragenden selbst gefällt werden kann! Dies verursacht im Fragenden ein Gefühl von Wut und Angst. Betrachten Sie dabei auch gleich das Umfeld, und das Gefühl des Fragenden erscheint Ihnen gar nicht mehr so übertrieben.
8. Das Umfeld: Der Mond/Sieben der Schwerter – Vorsicht vor dem Umfeld, heißt es für den Fragenden. Mittels einer Intrige, übler Nachrede und Klatsch und Tratsch soll dem Fragenden etwas weggenommen werden.
9. Hoffnungen und Ängste: Tod/Neun der Schwerter – Der Fragende hat bereits große Angst vor dem Verlust einer geliebten Sache, den ein plötzlicher Wandel mit sich bringen könnte.
10. Endergebnis: Der Wagen/Sieben der Münzen – Das gerechte Verhalten lohnt sich im Endeffekt! Der Fragende wird den Sieg davontragen und ernten können!

Zusammenfassung:

Alles deutet in diesem Kartenbild auf eine Entscheidung hin, die gefällt werden muß. In der Vergangenheit hat sich der Fragende sehr erfolgreich im Konkurrenzkampf bewährt. Nun steht ihm eine Entscheidung bevor, die allerdings nicht in den nächsten vier Wochen fallen wird. Vorsicht ist auch vor dem Umfeld geboten. Hier versucht jemand, dem Fragenden etwas wegzunehmen. Daher warnt die Gerechtigkeit im Verhalten bereits vor einem höhnischen Sieg, aber auch vor einem höhnischen Sieger! Da das Endergebnis den Wagen und die Ernte zeigt, wird der Fragende auf alle Fälle einen Sieg ernten können – er kann also eigentlich die Schwerter der Wut und der Angst (Position 7) von sich werfen, auch wenn er nicht in der Sache steht.

Quintessenz:

a) Die logische Abfolge: Gerechtigkeit/Fünf der Schwerter – Der Eremit/Sechs der Münzen – Der Wagen/Sieben der Münzen. Eine sehr schwere Verhaltenskombination zeigt sich hier: sich gerecht zu verhalten, auch wenn sich ein anderer als höhnischer Sieger zeigt, bzw. es diesem nicht heimzahlen zu wollen, da sich dies erneut auswirken und zurückkommen würde! Dadurch folgt eine Phase des Rückzuges, in der darüber nachgedacht wird, wie man etwas gerecht verteilt. Letztendlich wird zugunsten des Fragenden entschieden. Er wird einen Triumph ernten können!

b) Elementeverteilung: 6 Schwerter – 3 Münzen – 1 Stab. Schwerter und Münzen überwiegen. Eine wichtige Entscheidung im Berufsleben steht an, die mit materiellen Dingen, aber auch inneren Werten zu tun hat. (Daß kein Firmenwechsel o. ä. vorliegt, kann man daran erkennen, daß die Stäbe nur einmal vorhanden sind.)

c) Quersummenkarte: Große Arkana 101 + Kleine Arkana 57 = 158 = 1 + 5 + 8 = 14 = Mäßigkeit, aber auch 1 + 4 = 5 = Der Hierophant. Das Unmögliche kann möglich gemacht werden, jedoch nicht vom Fragenden selbst!

Hintergrundinformation:

Die Frage lautete: »Werde ich befördert?« Der junge Mann hatte noch einen Mitbewerber. Zwei Vorgesetzte sollten über die

Frage entscheiden, wobei einer der Chefs den Fragenden bevorzugte, der andere sehr offensichtlich den Mitbewerber, der sich zunehmend als Intrigant entpuppte und die Beförderung des Fragenden durch Intrigen hintertreiben wollte. Dies gelang ihm letzten Endes jedoch nicht. Die Intrigen kamen teilweise auf, während der Fragende selbst durch seine Loyalität und sein gerechtes Verhalten positiv auffiel. Der Fragesteller wurde noch vor Ablauf der drei Monate befördert! (Hier sehen Sie jetzt auch den Bezug zur Quersummenkarte – Das Unmögliche, die Beförderung, konnte natürlich nicht vom Fragenden selbst bewerkstelligt werden, sondern nur von seinen Vorgesetzten!)

Herzlichen Glückwunsch – Sie haben den Tarotkurs nun bis zum Ende durchgehalten! Sicherlich fehlt noch etwas Übung, doch Sie haben bestimmt schon erkannt, daß auch die Grammatik, also das Legen und Deuten der Karten, kein unerreichbares Ziel ist, sondern sehr wohl erlernt werden kann!
Nun wünsche ich Ihnen viel Freude mit den Karten, viel Erfolg beim Legen und Deuten, und vergessen Sie nie: Sie haben mit den Karten ein Stück Macht in Händen, das Sie nie mißbrauchen solltenl Gleichzeitig ist aber der Tarot ein wunderbarer Wegbegleiter, tröstender Helfer und großer Schutz – viel Freude damit!

Teil IV

LÖSUNGEN ZU DEN ÜBUNGEN

Das Grundwissen – Die Karten

1. Arkana ist das lateinische Wort für »Geheimnis«.
2. Die Karten werden in 22 Große und 56 Kleine Arkana unterteilt. Die Kleinen Arkana unterteilen sich in Hofkarten, Zahlenkarten und Asse.
3. 22
4. 56
5. Archetypen sind Urbilder der Seele, die im Unterbewußtsein eines jeden von uns gespeichert sind.
6. Dualismus ist die philosophische Lehre von zwei Gegensätzen.

Tarotkurs, Teil I, Die Großen Arkana

Der Narr

1. Der kleine Hund symbolisiert den Instinkt.
2. Gelb.
3. Die Null symbolisiert Anfang und Ende und damit den ewigen Kreislauf der Welt, aber auch das Entstehen einer Idee aus dem Nichts.
4. a) Archetypus des Hofnarren, der Illusionen durchschauen kann und b) den Archetypus des Egos.
5. Der Stab ist das Symbol der Macht. Der Narr hält ihn locker in der rechten Hand über seine Schulter. Dies bedeutet, er ist sich seiner Macht bewußt, setzt sich aber nicht auf herrische Weise ein.
6. Gelb ist die Farbe des Geistes, der Kreativität.
7. Der Narr bedeutet Fröhlichkeit, Optimismus und Freude. Er kann genießen, weil er bereits Erfahrungen gemacht hat, die er nicht vergißt, die ihn aber nicht zu Boden drücken. Zusammen mit seinem Instinkt hat er dadurch Weisheit (die weiße Rose) erlangt.
8. Weil ihm sein Instinkt – der kleine Hund – davor warnen wird.
9. Ja, wenn die Kleine Arkana, mit der Der Narr in Kombination liegt, eine negative Aussage hat.

Der Magier

1. Rosen sind das Symbol der Fruchtbarkeit.
2. Lilien sind das Symbol der Reinheit.

3. Die Lemniskate ist eine querliegende Acht, sie symbolisiert die Unendlichkeit.
4. Um seine unendliche Schöpferkraft zu symbolisieren.
5. Das weiße Kleid symbolisiert die Reinheit seines Geistes, während der rote Mantel seine Macht über die Natur anzeigt.
6. Der Magier ist das volle Bewußtsein, während Der Narr instinktiv und aus Erfahrungen heraus handelt.
7. Gelb.
8. Die Eins ist die Zahl der Bewußtwerdung des Menschen.

Die Hohepriesterin
1. Wasser ist das Symbol des Unterbewußtseins und der Seele.
2. Ja, wenn die Kleine Arkana in Kombination mit der Hohenpriesterin negativ zu interpretieren ist.
3. Isis war die ägyptische Mondgöttin, die auch der Zauberkunst mächtig war.
4. Der blaue Mantel symbolisiert Schutz und Vollkommenheit.
5. Der Magier symbolisiert bewußte Handlungen, Die Hohepriesterin symbolisiert unbewußtes, intuitives Handeln.
6. Die Zwei ist die Zahl der Dualität, der Gegensätze und der Frau.
7. Die Krone der Isis steht in enger Verbindung mit den Mondphasen und symbolisiert die Kraft des Mondes, der in enger Verbindung mit der Weiblichkeit steht.
8. Als Symbol ihrer Weisheit.
9. Die linke Seite zeigt in der Symbolik das Unterbewußtsein an.

Die Herrscherin
1. Venus symbolisiert Ästhetik, Liebe, Harmonie und Kunst.
2. Astarte war die syrische Fruchtbarkeitsgöttin.
3. Ein sechszackiger Stern, der als magisches Symbol zur Bannung von negativen Kräften benutzt wird.
4. In der Alchimie.
5. Die Drei ist die göttliche Zahl der Vollendung.
6. Ein Fluß symbolisiert die Einheit und Stabilität. Der Fluß ist immer der gleiche (Stabilität), aber das Wasser ändert sich stetig (Wandel).
7. Ein Hexagramm.

8. Astarte wurde mit der Großen Göttin gleichgesetzt. Die Karte der Herrscherin zeigt Symbole der Großen Göttin: z. B. Kornähren als Symbol der Fruchtbarkeit.

Der Herrscher

1. Die Herrscherin symbolisiert die Mutter, die Frau und damit die weibliche Macht, die oftmals mit Güte eingesetzt wird, während Der Herrscher den Vater, den Mann und damit die männliche Macht symbolisiert, die oft auch mit Strenge durchgesetzt wird.
2. Der Reichsapfel ist das Symbol der weltlichen Macht.
3. Der Fluß bedeutet Wandel und Stabilität, steht aber auch im Zusammenhang mit Wasser und symbolisiert dadurch auch die Seele und das Unterbewußte. Der Fluß im Hintergrund des Herrschers ist jedoch nur ein schmales Rinnsal – er pocht zu sehr auf Stabilität, hat sich dadurch zu sehr von seinem Unterbewußtsein abgeschnitten. Er ist nur schwer wandlungsfähig.
4. Die Rüstung symbolisiert die Regeln der Gesellschaft, an die sich Der Herrscher hält.
5. Als Zeichen dafür, daß er seine weltliche Macht bewußt einsetzt.
6. Der Thron ist das Symbol der Macht. Da er aus Stein ist, symbolisiert er die nach festgelegten Regeln und Traditionen ausgeübte Macht, aber auch daß Der Herrscher manchmal zu starr seine Macht ausübt.
7. Ja. Sie zeigen zum einen die Verbindung des Herrschers zur Zahl Vier auf, zum anderen auch die Verbindung des Herrschers zum astrologischen Zeichen des Widders, der Kraft und Vitalität symbolisiert.
8. Er kann auch eine Sache symbolisieren. Besonders in Rechtsstreitigkeiten kann Der Herrscher auch das Gericht, den Gerichtshof, den Rechtsstreit und den Richterspruch an sich anzeigen.

Der Hierophant

1. Waite benannte die Karte »Papst« in »Hierophant« um. Hierophant war ursprünglich die Bezeichnung der Hohenpriesterin der Eleusinischen Mysterien im antiken Griechenland.
2. a) Die Zeit ist noch nicht reif (wenn die Kleine Arkana in Kombination mit dem Hierophanten positiv zu bewerten ist).

b) Das soziale Umfeld verhindert mit aller Macht die Problemlösung (wenn die Kleine Arkana eher negativ zu bewerten ist).
3. Nur, wenn ausdrücklich nach einer kirchlichen Angelegenheit gefragt wurde!
4. Grau ist die Farbe der Autorität, aber auch der Zurückgezogenheit.
5. Sie zeigen in der Symbolik die beiden Schlüssel, die der Papst von Petrus erhielt, um die Mysterien zu erschließen. In der Deutung zeigen sie an, daß der Fragende die Schlüssel zur Lösung des Problems schon vor Augen hat.

Die Liebenden

1. Ja. Besonders bei den Liebenden sollte darauf geachtet werden, da sich ihre Aussage grundlegend ändert, je nachdem ob es eine private oder geschäftliche Frage ist.
2. Violett ist die Farbe der Kunst und sie verbindet mit höheren geistigen Welten.
3. Violett symbolisiert auf der Karte der Liebenden, daß die niederen Instinkte des Menschen auf eine höhere Ebene gehoben werden.
4. Ein Cherub ist ein in der Hierarchie der Engel hochgestellter Engel, der oftmals mit sechs Flügeln dargestellt wird.
5. Hinter dem Mann befindet sich der Baum des Lebens.
6. Ein Berg bedeutet in der Symbolik die Vermittlung zwischen Himmel und Erde, zwischen Gegensätzen.

Der Wagen

1. Der Wagen kann in der Divination ein Streitwagen oder ein Triumphwagen sein. Ob Herz und Verstand in Einklang miteinander sind, zeigt die Kleine Arkana, die in Kombination mit dem Wagen liegt.
2. Ein Wagen steht in der Symbolik in enger Verbindung mit dem Rad und damit auch dem ewigen Kreislauf der Natur. Zum anderen symbolisiert ein Wagen das Lenken des Lebens mit dem Verstand (Kraft des Verstandes).
3. Der Wagen am Ende eines Kartenbildes bedeutet immer Sieg.
4. Sie symbolisieren Herz und Verstand, aber auch Gegensätzlichkeiten, die miteinander in Einklang gebracht werden müssen.

5. Der Wagenlenker wird innerlich zerrissen, oder aber der Wagen fährt sich fest und blockiert damit ein Weiterkommen.
6. Er ist in der Lage, seinen Geist unter Kontrolle zu halten und damit sein Leben kraft seines Verstandes zu lenken.

Die Kraft

1. Tiere gelten generell als Symbol der Instinkte.
2. Der Löwe symbolisiert die Emotionen.
3. Weiß symbolisiert Reinheit und Unschuld.
4. Um ihre unendliche Schöpferkraft zu symbolisieren.
5. Nein. Ob es gut oder weniger gut ist, die Emotionen unter Kontrolle zu halten, zeigt sich anhand der Kleinen Arkana.
6. Der Wagen symbolisiert das Vorwärtskommen, die Kraft des Verstandes und Bewegung, die aus dem Einklang von Herz und Verstand resultiert, während Die Kraft das Kontrollieren der Emotionen bedeutet.
7. Ja, sie zeigt einen Rückzug an. (Nachdem sich der Mensch mit dem Wagen, der vorangehenden Karte, die Außenwelt eröffnet hat, folgt der Rückzug in das eigene Selbst.)

Der Eremit

1. Grau ist die Farbe der Autorität und der Zurückgezogenheit.
2. Es sind alchimistische Symbole auf den Karten zu entdecken. Und sowohl in der Alchimie als auch im Tarot geht es um die Formung des Menschen zu »menschlichem Gold«.
3. Er symbolisiert den Rückzug und den geistigen Führer.
4. Sich zurückziehen, um sich nur auf ein Problem zu konzentrieren und dieses von allen Seiten zu durchleuchten.
5. Neun ist die Zahl der geistigen Wiedergeburt.
6. Der Eremit zieht sich zurück, um seinen Geist zur Vollkommenheit zu bringen und damit zur geistigen Wiedergeburt zu gelangen (die Bedeutung der Zahl Neun).

Rad des Schicksals

1. Die Sphinx zeigt den ägyptischen Gott Anubis, die Schlange zeigt den ägyptischen Todesgott Seth, und der Dämon zeigt den ägypti-

schen Gott Horus. Zusammen stellen sie den Kreislauf des Lebens dar.
2. Die Zehn ist die heilige Zahl der Vollendung.
3. Das Tetragrammaton wird aus drei hebräischen Buchstaben gebildet (der Buchstabe Heh kommt zweimal vor) und bildet den unaussprechlichen Namen Gottes.
4. Generell zeigt das Rad des Schicksals einen Umbruch im Geschehen.
5. Das Rad des Schicksals dreht sich entweder nur sehr schwer oder hin zum Negativen.
6. Wenn es die Kleine Arkana anzeigt, ja.
7. Es kommt auch hier auf die Kleine Arkana an.
8. Die vier Evangelisten.

Gerechtigkeit

1. Das Schwert symbolisiert Entscheidungen.
2. Gerechtigkeit.
3. Die Elf ist die Zahl der Sünde und der Reuigen.
4. Über unsere Taten wird gerecht geurteilt – so kann die elfte Karte, die Karte der Gerechtigkeit, auch zur Reue führen.
5. Nein.
6. Grün ist die Farbe der Harmonie und des Ausgleichs.
7. Sie ist das Symbol der Erhabenheit über die niederen Instinkte.
8. Eigentlich nein. Die Gerichtsbarkeit fällt in den Bereich des Herrschers. Allein in einem bereits laufenden Rechtsverfahren kann die Gerechtigkeit ein gerechtes Urteil anzeigen.

Der Gehängte

1. Die Zwölf ist die Zahl des Himmels und des Universums.
2. Der Strahlenkranz zeichnet den Gehängten als Erleuchteten aus und zeigt seinen Einklang mit dem Universum.
3. Ja, z. B. in der germanischen Sage.
4. Durch die Umkehr der Sichtweise kann Selbsterkenntnis erlangt werden, die dann zum Ziel führt.
5. Der Betreffende steht nicht mit beiden Beinen in der Angelegenheit, möchte vielleicht auch, daß andere für ihn handeln.

6. Der Baum ist das Symbol des Wachstums (zu höheren Bewußtseinsphären)

Tod

1. Generell zeigt diese Karte einen radikalen Wandel, einen totalen Umbruch oder Abbruch.
2. Die Fahne weist durch ihre Farbgebung auf die Dualität hin.
3. Dies hängt vom Betrachter ab – sie kann als beides interpretiert werden.

4.–5. Im Volksglauben ist die Dreizehn die Zahl des Unglücks, in Mythen und Religionen jedoch eine Zahl des Mysteriums

6. Das Pferd steht in der Symbolik in enger Verbindung mit dem Tod, symbolisiert aber auch Kraft und den Seelenführer.
7. Das Schiff symbolisiert das Leben, das eine Wandlung erfährt.
8. Der Fluß ist das Symbol des Wandels und der Stabilität gleichzeitig, steht aber auch in enger Verbindung mit der Seele (Wasser).

Mäßigkeit

1. »Das Unmögliche möglich machen« durch das Zusammenführen von Gegensätzen.
2. Ja.
3. Symbol der Veränderung.
4. Symbol der Seele (Wasser).
5. Er stellt einen Ausgleich her.
6. Das astrologische Symbol der Sonne.
7. Sie zeigen den alchimistischen Feuerzustand, in dem der Ausgleich stattfindet.
8. Nein. Sie kann nur blockiert werden durch eine Kombination mit einer negativen Kleinen Arkana.

Der Teufel

1. Sehr große Angst und Abhängigkeit.
2. Er »strahlt« aus, d. h. die Angst oder Abhängigkeit des Fragestellers überschattet die restlichen Karten.
3. Ja.
4. Symbol für das Auslöschen des Lebens.

5. Das Pentagramm ist das Symbol der Quintessenz und der universellen Magie.
6. Der Magier kann als der »weiße Magier« bezeichnet werden, seine Macht wird für gute Dinge verwendet, Der Teufel hingegen wird manchmal auch als »der Schwarzmagier« bezeichnet. Auch ist das Wissen des Teufels nur unvollständig.
7. Daß diese Abhängigkeiten zum größten Teil eine Illusion sind. (Hinweis zu den Ketten, die zwar wirken, als würden sie fesseln, doch auch dies ist eine Illusion!)

Der Turm
1. Es gibt zwei Grundaussagen: 1) Eine blitzartige Erkenntnis, die weh tut, aber Gutes bringen kann und 2) ein heftiger Streit wie aus dem Nichts, bei dem aber die Grundfesten bestehenbleiben.
2. Nein, denn ein heftiger Streit kann bisweilen klärend wirken, bzw. die blitzartige Erkenntnis ist zwar mit Schmerz verbunden, doch kann auch sie befreien. Es kommt auf die Kleine Arkana an.
3. Der Fels ist das Symbol des Bestandes (trotz Streit oder Erkenntnis bleiben die Grundfesten bestehen).
4. Der hebräische Buchstabe Jod bedeutet »Gnade« und symbolisiert damit, daß die vermeintliche Bestrafung (durch Gottes Zorn) als Befruchtung des Geistes und nicht als Strafe zu sehen ist.
5. Die Sechzehn ist die Zahl der Vollkommenheit und Glückseligkeit.
6. Der Blitz ist das Symbol der Macht Gottes und der plötzlich freigesetzten Energien.
7. Auch die Karte Der Turm spricht von plötzlich freigesetzten Energien.
8. Beim Gehängten erfolgt die »Befruchtung des Geistes«, die Erkenntnis durch einen selbst herbeigeführten Rückzug. Auf der Karte des Turmes erfolgt Erkenntnis durch Einflüsse von außen.

Der Stern
1. Der Stern symbolisiert in einer Kartenlegung den Lebensweg.
2. Sie sind ein alchimistisches Symbol und zeigen das Große Werk an.
3. Sie zeigt damit an, daß ein Ausgleich zwischen den Gegensätzen stattfindet.

4. Die Siebzehn ist die Zahl der Nachfolge.
5. Transformation = Umwandlung.
6. Der Mensch kann nun die Transformation beginnen. Er kann sein niederes Selbst geläutert auf eine höhere geistige Stufe bringen.

Der Mond

1. Der Mond zeigt in der Kartenlegung Betrug, Lüge und Hinterlist an.
2. Ja. Und zwar für den Fragesteller. Die positive Kleine Arkana bezieht sich dann auf denjenigen, der die Lüge in die Welt gesetzt hat.
3. Die Achtzehn ist die Zahl des Unterbewußtseins, aber auch eine Unglückszahl.
4. Der Krebs ist das Symbol des Unbewußten und des kollektiven Unbewußten.
5. Die beiden Türme sind das Symbol des himmlischen Jerusalem, das durch Betreten der Pforte (also zwischen den beiden Türmen hindurch) erreicht werden kann.
6. Auf der Karte des Todes zeigen sich die beiden Türme schon in weiter Entfernung.
7. Die eigenen Instinkte müssen überwunden werden, man muß tief in das Unterbewußte hinabtauchen, um die eigene Seele erreichen zu können. Gleichzeitig darf man keine Angst vor den eigenen Instinkten zeigen. Nur so kann man im Tarotzyklus voranschreiten und die Umwandlung erreichen.

Die Sonne

1. Sie zeigt Freude, Optimismus und Zufriedenheit an.
2. Nein.
3. Sie schmälern die Freude, den Optimismus und die Zufriedenheit, verdunkeln also die Karte.
4. Die Neunzehn ist die Zahl des Kosmos und wird auch die »Goldene Zahl« genannt.
5. Die Mauer symbolisiert Schutz und Abgrenzung gleichzeitig.
6. Das Kind hat die Mauer überwunden und damit die Vergangenheit hinter sich gelassen. Zum anderen schützt die Mauer den Garten der eigenen Seele. Somit bedeutet die Mauer innerhalb des Tarotzyklus, daß die Transformation einen großen Schritt vorangegangen ist.

Gericht

1. Das Gericht zeigt in einer Kartenlegung, daß den Betreffenden ein starker innerer Ruf erreicht.
2. Die Zwanzig ist die Zahl der Verbindung von Jenseits und Diesseits.
3. Auch die Karte spricht von einer Verbindung. Sie zeigt an, daß eine Verbindung zwischen Unterbewußtsein und Bewußtsein geschlagen werden muß.
4. Die Posaune ist das Symbol der Stimme Gottes und des Rufes zum Weltgericht.
5. Ja. Denn sie symbolisiert den starken inneren Ruf – dieser ist so mächtig wie der Ruf zum Weltgericht.

Die Welt

1. Sie zeigt das Erreichen des Zieles und damit Vollendung und Harmonie.
2. Auch innerhalb des Tarotzyklus ist das Ziel erreicht – die Harmonie und der Ausgleich zwischen dem Unterbewußtsein und dem Bewußtsein.
3. Die 21 ist die Zahl der Weisheit.
4. Beide sind als einzige Figuren in Bewegung dargestellt.
5. Der Lebensbaum ist ein Symbol aus der hebräischen Kabbala.

Tarotkurs
Teil II, Die Kleinen Arkana

Zwei der Münzen

1. Der Betreffende laviert herum, er ist sich nicht sicher, was er machen soll.
2. Die Münzen werden den materiellen Dingen, Reichtum, Geld, aber auch innerem Reichtum zugeordnet.
3. Man ist sehr fröhlich, obwohl man sich nicht entscheiden kann.
4. Man steht nicht mit beiden Beinen in der Entscheidung und man wartet ein wenig darauf, daß andere einem die Entscheidung abnehmen.
5. Zahlenkarten, Hofkarten und Asse.
6. Feuer = Stäbe, Wasser = Kelche, Erde = Münzen, Luft = Schwerter.
7. Ein Satz des Tarot sind die Zahlenkarten Zwei bis Zehn, Bube, Ritter, Königin, König und As eines jeden Elementes.

Drei, Vier und Fünf der Münzen

1. Sie zeichnet den Betreffenden als Künstler aus, der kunstfertig an seinen Ideen arbeiten kann.
2. Das Element Erde wird der Materie, der Erdgebundenheit zugeordnet, auch dem Materiellen.
3. Nein, es kann sich auch um inneren Reichtum handeln.
4. a) Privat: Kunstfertig an einer Freundschaft »arbeiten«,
   b) Beruflich: Kunstfertig an einem Vertrag arbeiten (auf einen Vertrag hinarbeiten).
5. Geiz.
6. a) Privat: Man geizt in einer Freundschaft mit Gefühlen.
   b) Beruflich: Ein Vertrag, der wenig Geld verspricht, oder ein Vertrag, der nicht abgeschlossen wird (aus Geiz).
7. Sie zeigt an, daß man an der Lösung eines Problems vorbeiläuft.
8. Zusammen mit dem Teufel oder dem Mond kann sie in einer Geldfrage »Armut« bedeuten.
9. Man läuft fröhlich an der Lösung des Problems vorbei. Würde man mehr auf die inneren Instinkte horchen, könnte man die Lösung finden. Ansonsten droht man abzustürzen!

Sechs, Sieben und Acht der Münzen

1. Jemand will gerecht sein, ist es aber nicht. Jemand teilt sich auf.
2. Der Betreffende sagt nicht, daß er sich zwischen zwei Personen aufteilt. Er belügt die beiden Personen, die nichts von der Existenz des anderen wissen (oder nur ahnen) oder auch nur eine der beiden Personen.
3. Fülle, Leben und Wiedergeburt.
4. Symbol der Macht, Stärke und der Willenskraft, die sich an der Vernunft orientiert.
5. Man kann ernten.
6. a) Beruflich: Eine Ernte ist zu erwarten, die den Lebensweg bereichert (Beförderung etc.).
   b) Privat: Der Betreffende hat etwas in der Vergangenheit getan, was ihn nun mit einer guten Ernte den weiteren Lebensweg beschreiten läßt. (Er wird viele Perspektiven haben.)
7. Symbol des männlichen, aktiven Prinzips.

8. Der Meißel zeigt hier an, daß man aktiv sein muß, um die Grundfesten zu erarbeiten.
9. An den Grundfesten arbeiten.
10. Die Drei der Münzen zeigt den Künstler. Er muß nur noch wenig an der Sache arbeiten, kann Feinarbeit leisten. Die Acht der Münzen verlangt volle Arbeit an den Grundfesten. Hier muß erst der Grundstock an einer Sache gelegt werden.
11. Der Betreffende ist sich seiner Aufgabe voll bewußt. Er weiß, daß er an den Grundfesten arbeiten muß, hat dazu viele Ideen und erdet diese auch. Er beweist sich als Könner im Legen des Grundstockes, auf dem er dann aufbauen kann.

Neun und Zehn der Münzen

1. Taktik und Taktieren. Entweder bedächtiges Vorgehen oder rasches Handeln einsetzen.
2. Erscheinen diese Karten auf der Position des Umfeldes, dann ist diese Kombination besonders gefährlich! Sie zeigt an, daß jemand von außen mit sehr viel Taktik den Betreffenden in Angst oder Abhängigkeit versetzen will. Ansonsten zeigt diese Kombination, daß der Betreffende zu viel Angst hat oder zu abhängig ist, um taktieren zu können. Er muß sich erst von Angst und Abhängigkeit befreien.
3. Symbol der Hoffnung und der edlen Gesinnung.
4. Generell ist die Schnecke ein altes Fruchtbarkeitssymbol und das Symbol der Auferstehung. Auf der Karte zeigt sie an, daß der Betreffende auch das bedächtige Vorgehen wählen kann.
5. Großer Reichtum und Fülle, die nicht gesehen oder erkannt werden.
6. Auf die eigenen Instinkte hören, der eigenen Stimme lauschen, dann kann man sich der eigenen Weisheit öffnen und damit den Reichtum und die Fülle entdecken.
7. Man ist sehr fröhlich, hört aber nicht auf die eigenen Instinkte. Daher läuft man am Reichtum vorbei, kann sogar den Abhang hinunterstürzen. Mehr auf die eigenen Instinkte hören!
8. Die Anordnung entspricht dem kabbalistischen Lebensbaum.

Die Hofkarten – Bube, Ritter, Königin und König der Münzen

1. Verehrung und das »Auf-Händen-Tragen« einer Person oder Sache.
2. Generell symbolisieren Buben Männer, Frauen oder eine Sache, wobei die Buben meistens Situationen symbolisieren.
3. Ein Mensch, Mann oder Frau, der zu sehr im Materiellen gefangen ist und sich dadurch von seiner Seele völlig abgeschnitten hat.
4. Ritter symbolisieren Mann oder Frau.
5. Eine reiche Frau, die viel zu geben hat. In einer Frage nach Kindern kann sie auch die Schwangerschaft anzeigen oder generell eine schwangere Frau symbolisieren.
6. Ein reicher Mann, der durch hartes Arbeiten seine Güter erworben hat, doch mittlerweile alles für selbstverständlich hält.
7. Nein. Sie kann in Ausnahmefällen auch einen Mann symbolisieren oder anzeigen, daß ein Mann die Eigenschaften der Königin an den Tag legen sollte – wärmenden Schutz, etwas beschützend festhalten und trotzdem teilen können u. ä.
8. Allgemein symbolisieren Könige Männer, in Ausnahmefällen auch Frauen, die die bestimmten Eigenschaften an den Tag legen sollen.

As der Münzen

1. Die Chance auf sehr großen Reichtum – innerlich oder finanziell.
2. Der Betreffende steht nicht mit beiden Beinen in dieser Chance. Er wartet ab und ergreift die Chance nicht.
3. a) Ein Mann bietet dem Betreffenden die Chance auf sehr großen Reichtum.
   b) Ein Mann hat die Chance auf sehr großen Reichtum.
   c) Sich sehr gerecht und sozial verhalten in bezug auf die Chance, die Chance ergreifen, aber sich dabei immer an die Regeln der Gesellschaft halten.
4. Sie stellen die Qualität ihres Satzes in der reinsten Form dar.

Der Satz der Stäbe

Zwei, Drei und Vier der Stäbe

1. Der Betreffende hält eine Welt in Händen, die er nicht verlassen oder aufgeben will.

2. Der Betreffende verspürt einen sehr starken inneren Ruf, will aber seine Welt nicht verlassen. (Diese Kombination kann zu einem sehr großen inneren Zwiespalt führen!)
3. Fernweh. Ideen werden losgeschickt, um Neuland zu erobern, doch vorerst hält sich der Betreffende noch am Alten fest.
4. a) Die blitzartige Erkenntnis, daß man an Fernweh leidet bzw. Ideen hat, aber immer noch am Alten festhält.
   b) Ein heftiger Streit über diese Gefühle des Betreffenden.
5. Der Betreffende kann die schützenden Mauern verlassen, die er sich selbst errichtet hat oder die ihm aufgezwungen wurden. Sie kann aber auch eine Verlobung andeuten bzw. zeigt an, daß eine Brücke geschlagen wird.
6. a) Der Betreffende kann auf dem Lebensweg wieder voranschreiten, ohne sich hinter Mauern verstecken zu müssen.
   b) Der Betreffende schafft auf seinem Lebensweg einen großen Sprung von einem Bereich zu einem anderen.
7. Dem Element Feuer.
8. Wachstum und Neubeginn.
9. Die Frage dreht sich um einen Neubeginn oder um Wachstum.

Fünf, Sechs und Sieben der Stäbe
1. Konkurrenzkampf, auch Scheinkampf.
2. Sich als Meister im Konkurrenzkampf bewähren und zeigen.
3. Ein Sieg.
4. Unbezwungene Freude über einen Sieg. Der Betreffende hat seine Instinkte und seine Erfahrungen eingesetzt, um zum Sieg zu gelangen.
5. Der Betreffende wehrt etwas ab oder er selbst wird abgeblockt. Auch: ein Angriff, gegen den man gewappnet sein muß.
6. Der Betreffende versucht, seine Angst abzublocken, er wehrt sich dagegen (auch gegen Abhängigkeit). Er versucht, den Illusionen des Teufels zu widerstehen!
7. Es sind zwei verschiedene Schuhe: Der Betreffende soll auf jede Situation vorbereitet sein!

Acht, Neun und Zehn der Stäbe

1. Streß.
2. Der Betreffende hat sich zurückgezogen, um das Problem näher zu beleuchten. Diese Zurückgezogenheit bereitet ihm allerdings Streß.
3. Der Betreffende hat sich in einer Angelegenheit Blessuren zugezogen und stärkt sich nun den Rücken. Er sollte darauf achten, sich auch eine Rückzugsmöglichkeit offenzuhalten.
4. Der Betreffende steht nicht mehr mit beiden Beinen in der Angelegenheit, weil er sich schon einmal weh getan hat.
5. Der Betreffende hat sich zu viel aufgehalst, zu viel vorgenommen, will zu viel auf einmal beginnen, dadurch sieht er seine eigenen Schritte nicht mehr.
6. Der Betreffende ist optimistisch eingestellt, obwohl er sehr viel am Hals hat.

Die Hofkarten – Bube, Ritter, Königin und König der Stäbe

1. Eine Neuigkeit, die einen Neubeginn betrifft und/oder bereits erwartet wird.
2. Eine Neuigkeit, die den Lebensweg betrifft und vielleicht einen Neubeginn in bezug auf den Lebensweg beinhaltet.
3. Der Betreffende (durch den Ritter symbolisiert) brennt vor Tatendrang, muß aber auch endlich etwas tun, um die Dinge in Bewegung zu bringen, ansonsten verbrennt er innerlich.
4. Der Betreffende weiß nicht, wie er weiter voranschreiten soll, er tappt im dunkeln, daher verbrennt er innerlich beinahe.
5. Eine Frau, die sehr optimistisch ist, sich immer nach der Sonnenseite des Lebens richtet und beinahe wie »magisch« vor Unglück bewahrt wird.
6. Eine Freundschaft mit sexuellen Aspekten – ausgehend von der Frau.
7. Einen leidenschaftlichen Mann, der voller Tatendrang steckt.
8. a) Fragesteller ein Mann: Er steckt voller Tatendrang, steht aber nicht mit beiden Beinen in der Angelegenheit.
   b) Fragesteller eine Frau: Sie steht nicht mit beiden Beinen in einer Angelegenheit, die diesen Mann betrifft.

As der Stäbe

1. Chancen.
2. Die Chance auf einen fruchtbaren Neubeginn oder die Chance auf ein sexuelles Erlebnis.
3. Die Chance auf ein sexuelles Abenteuer oder einen fruchtbaren Neubeginn – Vorsicht: Lug und Trug stecken dahinter.
4. Die Chance auf ein sexuelles Abenteuer oder einen fruchtbaren Neubeginn – doch Vorsicht: Angst und/oder Abhängigkeit könnten die Folgen sein bzw. dahinterstecken.
5. Man hat eine große Chance auf einen fruchtbaren Neubeginn, der den Betreffenden auf dem Lebensweg weiterbringen kann.

Der Satz der Schwerter

Zwei, Drei und Vier der Schwerter

1. Wut und Angst.
2. Der Betreffende hat sehr große Angst vor der Wut und der Angst in ihm selbst und/oder der Betreffende weiß um eine Abhängigkeit und hat deshalb Wut und Angst im Bauch.
3. Kummer. Privat: Liebeskummer.
4. Der Betreffende beschreitet momentan seinen Lebensweg mit Kummer im Herzen.
5. Ruhe, Genesung, Meditation.
6. Sie kann auf eine Genesung nach langer Krankheit hinweisen. Ansonsten ruht sich der Betreffende aus, indem er nicht mehr mit beiden Beinen in einer Angelegenheit steht.

Fünf, Sechs und Sieben der Schwerter

1. Ein höhnischer Sieger. Ob dies der Betreffende ist oder sein Gegner, ist nicht eindeutig festzustellen.
2. Angst vor dem höhnisch Besiegtwerden und/oder durch einen höhnischen Sieg in Abhängigkeit geraten (der Gegner erweist sich als höhnischer Sieger, der den Betreffenden über die Abhängigkeit auch noch verlacht etc.).
3. Ein Übergang mit Hindernissen; eine Reise.
4. Man möchte einen Neubeginn wagen, wird jedoch durch einen Betrug daran gehindert.

5. Diebstahl. Etwas wird weggenommen.
6. Man strahlt Optimismus und Freude aus, weil man jemandem etwas wegnehmen kann oder obwohl einem selbst etwas genommen wurde.

Acht, Neun und Zehn der Schwerter
1. Der Betreffende fühlt sich handlungs- und entscheidungsunfähig, ist es aber nicht. Eine Entscheidung ist innerlich bereits gefallen. Sie muß noch ausgesprochen werden.
2. Große, enorme Angst davor, die Entscheidung kundzutun. Der Betreffende fühlt sich auch so abhängig von jemand oder etwas, daß er denkt, sich nicht selbst entscheiden zu können.
3. Trauer um eine geliebte Sache oder einen geliebten Menschen. Manchmal auch den wahr gewordenen Alptraum.
4. Generell: Ein Mann trauert um eine geliebte Sache oder einen geliebten Menschen. (Um diese Aussage zu spezifizieren, müßte man die Frage bzw. die umliegenden Karten kennen. Sie könnte auch bedeuten: In einem Rechtsstreit kommt es zu einem großen Verlust, der heftige Trauer mit sich bringt.)
5. Hysterie und Panik, die nicht nötig sind. Die Seele ist nicht wirklich aufgewühlt.
6. Der Betreffende kann das Unmögliche möglich machen, wenn er seine Panik aufgibt und das Schwert »aus dem Ohr zieht«, d. h. auch auf Ratschläge hört.

Die Hofkarten – Bube, Ritter, Königin und König der Schwerter
1. Eine Situation, in der Wachsamkeit gefordert ist. Aber auch: Der Betreffende ist auf der Hut, sollte sich aber auf eine bessere Grundlage stellen.
2. Schmetterlinge symbolisieren Veränderung und daß der physische Tod die Seele nicht zerstören kann.
3. Wachsamkeit ist gefordert, doch der Betreffende steht nicht darin.
4. Rasches Handeln. Auch ein Mensch, der zielstrebig und rasch vorwärtsgeht.
5. Der Betreffende würde gerne zielstrebig und rasch handeln, er hat die Schlüssel zur Lösung bereits in der Hand, doch das soziale Umfeld verhindert dies.

6. Sie symbolisiert eine logisch denkende Frau, die etwas kühl wirken kann, da sie bereits viel durchlebt hat.
7. a) Diese Frau kann das Unmögliche möglich machen.
   b) Das Unmögliche möglich machen in bezug auf diese Frau.
8. Ein logisch denkender Mann, der sehr entscheidungsfreudig ist und seine Handlungen nie von Emotionen bestimmen läßt.
9. a) Dieser Mann hat Angst und befindet sich in Abhängigkeit.
   b) Die Angst und/oder die Abhängigkeit gehen von diesem Mann aus. Er verbreitet sie.

As der Schwerter
1. Die Chance auf eine intellektuelle Entscheidung.
2. Der Betreffende weiß um die Chance und auch, wie er sie nutzen kann, aber das soziale Umfeld verhindert dies.
3. Der Betreffende steht nicht mit beiden Beinen in dieser Entscheidung drin.
4. a) Beruflich: Großer Erfolg, wenn der Betreffende die Chance auf diese Entscheidung nutzt.
   b) Privat: Eine Beziehung; die Liebe erringen, wenn der Betreffende die Chance auf die Entscheidung nutzt.

Der Satz der Kelche
Zwei, Drei und Vier der Kelche
1. Eine Verbindung wird geschlossen. (Beruflich: ein Vertrag wird geschlossen.)
2. Vorsicht vor dieser Verbindung: Man wird belogen oder hintergangen. Beruflich: Der Vertrag hat einen »Bocksfuß«.
3. Eine Feier steht an. Fröhliches Beisammensein unter Freunden.
4. Auf einer Feier kann der Betreffende das Unmögliche möglich machen.
5. Der Betreffende nimmt etwas nicht an, das ihm angeboten wird. (Er hat bereits etwas angenommen, jetzt will er aber nicht mehr.)
6. Der Betreffende steht nicht mit beiden Beinen in der Angelegenheit und will deshalb auch nichts annehmen.
7. Eine Lüge wird nicht geglaubt. Ein Betrug wird nicht angenommen.

Fünf, Sechs und Sieben der Kelche

1. Der Betreffende denkt, in einer Angelegenheit ist alles verloren. Er muß sich nur umdrehen, um sich blicken, um zu erkennen, daß noch nicht alles verloren ist.
2. Die Fröhlichkeit ist momentan getrübt. Dies müßte nicht sein – denn noch ist nicht alles verloren!
3. Schöne Erinnerungen werden wachgerufen.
4. Eine Freundschaft löst schöne Erinnerungen aus. (Beruflich: Der Betreffende fühlt sich durch einen Vertrag an vergangene, schöne Zeiten erinnert.)
5. Illusionen.
6. Es wäre eine Illusion zu glauben, daß man die Emotionen unter Kontrolle halten kann.

Acht, Neun und Zehn der Kelche

1. Der Betreffende wendet sich von der Sache ab, da er erkennt, daß er nicht mehr erreichen kann. Er wählt einen anderen Standort, um sich einen besseren Überblick über die Sache zu verschaffen.
2. a) Privat: Man wendet sich von einer Freundschaft ab, da man das Gefühl hat, innerhalb der Freundschaft nichts mehr erreichen zu können.
   b) Beruflich: Man wendet sich von einem Vertrag oder einem Vertragsabschluß ab, da man das Gefühl hat, man möchte mehr erreichen, kann dies aber nur, wenn man einen anderen Standpunkt wählt. Beide Aussagen beinhalten nicht den radikalen Wandel – ein radikales Sich-Abwenden kommt nur mit der Karte des Todes zustande!
3. Sich stolz präsentieren.
4. Der Betreffende präsentiert sich stolz; jedoch ohne wirklichen Grund. Er betrügt seine Umgebung oder sich selbst.
5. Familienglück. Beruflich sind dann die Arbeitskollegen die Familie.
6. Der Betreffende fühlt sich abhängig von seiner Familie und hat dadurch große Angst.

Die Hofkarten – Bube, Ritter, Königin und König der Kelche

1. Generell symbolisiert der Bube der Kelche eine gute Nachricht, die völlig überraschend eintrifft. In Ausnahmefällen kann er auch die Geliebte/den Geliebten symbolisieren.
2. a) Eine Frau ist die Überbringerin der guten, überraschenden Neuigkeit.
   b) Diese Frau erhält die Neuigkeit.
   c) Eine Frau, die einen Geliebten hat.
3. Ein kreativer Mensch.
4. a) Dieser Mensch wird betrogen und/oder belogen.
   b) Dieser Mensch betrügt und/oder von ihm geht die Intrige aus.
5. Eine sensible, kreative Frau mit sehr viel Einfühlungsvermögen, die sich aber auch gut mit sich selbst beschäftigen kann.
6. a) Diese Frau hat sich in sich zurückgezogen, um ein Problem von allen Seiten beleuchten zu können.
   b) Der Fragesteller hat sich in sich zurückgezogen, um über diese Frau nachdenken zu können.
7. Ein erfolgreicher Mann, der früher sehr kreativ war, sich aber mittlerweile zu sehr von seiner Kreativität entfernt hat.
8. a) Dieser Mann hält seine Emotionen sehr stark unter Kontrolle.
   b) Der Betreffende hält seine Emotionen in bezug auf diesen Mann sehr stark unter Kontrolle.

As der Kelche

1. Die Chance auf eine spirituelle Erfahrung, eine spirituelle Begegnung.
2. Diese Kombination kann die Begegnung mit der großen Liebe anzeigen!
3. Große Angst vor einem spirituellen Erlebnis oder aber Abhängigkeit von spirituellen Erfahrungen – Vorsicht, hier könnte sich jemand zu sehr in esoterischen Lehren gefangen haben, sich zu sehr darin verwickeln, ohne sich wirklich damit auszukennen. Auch große Vorsicht: Es könnte ein Hinweis auf eine Sekte sein (doch Vorsicht auch bei der Anwendung dieser Deutung)!
4. Wenn der Betreffende die Chance dieser Erfahrung oder Begegnung nutzt, kann er das Unmögliche möglich machen.

Tarotkurs
Teil III, Legen und Deuten der Karten

Das Rüstzeug zum Legen der Karten

1. Nein, denn dann weiß der Fragesteller nicht, welche Karten sich worauf beziehen.
2. Man sollte die Frage genau definieren. Hat man zwei Möglichkeiten, zwischen denen man sich nicht entscheiden kann und wobei die Karten helfen sollen, dann muß man zuerst nach der einen Möglichkeit fragen und dann nach der anderen. Die Frage wird also gesplittet.
3. Man zieht die Karten vom Stapel herab und deckt sie mit der rechten (oder linken) Hand auf.
4. Zuerst die 22 Großen Arkana mischen und dabei die Frage formulieren, anschließend die 56 Kleinen Arkana mischen und dabei die gleiche Frage formulieren. Erst dann werden die Karten aufgedeckt.
5. Nein.
6. Nein, denn bei der doppelten Kreuzauslage zeigen die Kleinen Arkana, ob die positiven oder negativen Aspekte einer Karte zum Vorschein kommen.
7. 1. Die Grundlage, 2. Unmittelbare Einflüsse, 3. Zukünftige Ereignisse in drei Wochen, 4. Vergangenheit, 5. Das Verhalten, 6. Zukünftige Ereignisse in ca. vier Wochen, 7. Der Fragesteller/Charakter der Frage, 8. Das Umfeld, 9. Hoffnungen und Ängste, 10. Das Ergebnis.

Die ersten Schritte in der Deutung der Karten

1. Aus der logischen Abfolge, der Elementeverteilung und der Quersummenkarte.
2. Die Reihenfolge verändert sich.
3. Die vierte und fünfte Position werden vor der dritten erklärt.
4. Aus dem Verhalten (Position 5).
5. Es kann sich verändern, wenn das Verhalten geändert wird.
6. Ja.
7. Eine Entscheidung, die einen Neubeginn betrifft, steht an.
8. Eine Entscheidung in Gefühlsfragen oder einer Beziehungsangelegenheit steht an.

9. Ein finanzieller Neubeginn, ein Neubeginn, der die Geschäfte betrifft oder den inneren Reichtum.
10. Der Reichtum innerhalb einer Beziehung steht im Mittelpunkt der Frage.
11. Alle Werte der Karten werden addiert, das Ergebnis wird auf eine Zahl zwischen 1–22 reduziert.
12. Nein. Wenn aber die errechnete Große Arkana im Legebild vorhanden ist, dann sollte auch die mit ihr kombinierte Kleine Arkana in die Deutung der Quersummenkarte mit einbezogen werden.

Die Bedeutung der Karten auf den Positionen 1, 2 und 4

1. Weil die Vergangenheit entscheidend Einfluß auf die Zukunft nimmt und daher vorher besprochen werden sollte.
2. Position 1 ist die Ausgangssituation, die Grundlage, Position 2 ist der unmittelbare Einfluß darauf.
3. Sie kann blockierend oder »hebend« wirken.
4. Vergangenheit – diese kann nah oder fern sein, steht aber immer im engen Zusammenhang mit der Frage.
5. Die meisten gefragten Dinge nahmen ihren Anfang bereits in der Vergangenheit, und diese wirkt immer noch nach.

Die Bedeutung der Karten auf den Positionen 5, 3 und 6

1. Aus der Verhaltenskarte resultiert das weitere Kartenbild.
2. Zukünftige Ereignisse in ca. drei Wochen.
3. Das Verhalten, das der Betreffende an den Tag legen sollte oder nicht.
4. Zukünftige Ereignisse in ca. vier Wochen.
5. Nur der Zeitfaktor ist unterschiedlich – drei und vier Wochen.

Die Bedeutung der Karten auf den Positionen 7 und 8

1. Der Fragesteller oder der Charakter der Frage.
2. Es kann sein, daß der Fragesteller selbst nicht ganz die Wahrheit sagt, eine Fangfrage stellt oder eben in der gefragten Angelegenheit selbst betrügt, intrigiert etc.
3. Das Umfeld.
4. Das Umfeld wirkt hemmend und blockierend auf den Fragesteller ein.
5. Das Umfeld unterstützt den Fragenden.

Die Bedeutung der Karten auf den Positionen 9 und 10

1. Hoffnungen und Ängste des Fragestellers.
2. a) Es werden auf dieser Position keine realen Begebenheiten angezeigt.
   b) Spiegeln sich Hoffnungen und Ängste in der Einstellung des Fragestellers (Position 7) wider?
3. Das Ergebnis.
4. Generell in drei Monaten.
5. Nein, wird eine Frage mit einem anderen Zeitfaktor gestellt (z. B. wie verläuft dieser Vormittag?), dann ist das Ergebnis das zeitliche Ende der Frage (also z. B. das Ende des Vormittages).
6. Generell einen Sieg. Auch wenn negativ zu interpretierende Kleine Arkana erscheinen, diese schmälern den Sieg nur. Ausnahme: Sieben der Kelche. Diese zeigt an, daß der Sieg eine Illusion wäre.
7. Die Verhaltenskarte überprüfen. Gegebenenfalls neu fragen. (Wie soll ich mich verhalten, um diese Angst/Abhängigkeit zu verhindern?)
8. »Augen zu und durch«, denn im Endeffekt geht es gut aus.